BENEDICT WELLS

LA FINE DELLA SOLITUDINE

Traduzione di
Margherita Belardetti

Romanzo

SALANI EDITORE

Titolo dell'originale:
VOM ENDE DER EINSAMKEIT

ISBN 978-88-9381-014-2

Per essere informato sulle novità
del Gruppo editoriale Mauri Spagnol visita:
www.illibraio.it

Quest'opera è stata pubblicata grazie al contributo per la traduzione del Goethe-Institut, finanziato dal Ministero degli Esteri tedesco.

GOETHE INSTITUT

Gruppo editoriale Mauri Spagnol
Milano
www.salani.it

Per mia sorella

Spingi la seggiola
Sull'orlo dell'abisso
E ti racconterò la mia storia

F. Scott Fitzgerald

PRIMA PARTE

Conosco la morte da un pezzo, e ora anche la morte conosce me.

Apro gli occhi con cautela, sbatto le palpebre. Lentamente l'oscurità si dirada. Una stanza spoglia, illuminata solo dai bagliori verdi e rossi di piccoli apparecchi e dal raggio di luce che filtra attraverso la porta accostata. La calma notturna di un ospedale.

Ho l'impressione di essermi risvegliato da un lungo sogno, durato giorni. Un dolore sordo e caldo alla gamba destra, al ventre, al petto. Nella testa un brusio leggero, che aumenta. A poco a poco intuisco cosa deve essere successo.

Sono sopravvissuto.

Affiorano immagini. Sono in moto, esco dalla città. Accelero. Davanti a me la curva. Le ruote non fanno più presa sulla strada, vedo l'albero venirmi incontro, tento invano di schivarlo, chiudo gli occhi.

Che cosa mi ha salvato?

Abbasso lo sguardo, mi sbircio. Collare rigido, gamba destra immobilizzata, probabilmente ingessata, clavicola fasciata. Prima dell'incidente ero piuttosto in forma, anzi molto in forma, per la mia età. Forse è stato questo che mi ha salvato.

Prima dell'incidente... Non si sarà trattato invece di tutt'altro? Non ho nessuna voglia di ricordarmelo. Preferisco pensare al giorno in cui ho insegnato ai bambini a far rimbalzare un sasso sull'acqua. Alle mani gesticolanti di mio fratello, quando discute con me. Al viaggio in Italia con mia moglie e a noi due che, di primo mattino, passeggiavamo lungo un'insenatura, sulla costiera amalfitana, mentre tutt'intorno l'aria schiariva e il mare spumeggiava dolcemente contro gli scogli...

Mi appisolo. In sogno siamo su un balcone. Lei mi guarda con insistenza negli occhi, come se mi leggesse dentro. Con il mento accenna al cortile, dove i nostri bambini stanno giocando con i ragazzi dei vicini. Mentre nostra figlia scala arditamente un muro, nostro figlio se ne sta in disparte e si limita a osservare.

«Ha preso da te» dice.

La sento ridere e le prendo una mano...

Un cicalino ripetuto. Un infermiere sistema la flebo nuova. È sempre notte fonda. 'Settembre 2014' scritto su un calendario alla parete. Tento di tirarmi su.

«Che giorno è oggi?» La mia voce ha un suono alieno.

«Mercoledì» dice l'infermiere. «È rimasto due giorni in coma».

Sembra che parli di qualcun altro.

«Come si sente?»

Mi lascio ricadere. «Mi gira un po' la testa».

«È assolutamente normale».

«Quando potrò vedere i bambini?»

«Domani mattina avvertirò subito la sua famiglia».

L'infermiere si avvia verso la porta, si ferma un attimo sulla soglia. «Se ha bisogno, suoni. La dottoressa viceprimario le darà presto un'occhiata».

Dal momento che non rispondo, se ne va.

Che cosa fa sì che una vita diventi quella che è?

Nel silenzio ascolto ogni pensiero e all'improvviso sono completamente sveglio. Inizio a passare in rassegna ogni singola tappa del mio passato. Volti che credevo dimenticati mi vengono incontro, vedo me stesso ragazzo nel campo sportivo del collegio, vedo la luce rossa della mia camera oscura ad Amburgo. Dapprima i ricordi sono confusi, ma nelle ore seguenti si fanno nitidi. I miei pensieri vagano sempre più a ritroso nel tempo, e infine approdano alla catastrofe che ha gettato un'ombra sulla mia infanzia.

Correnti
(1980)

Quando avevo sette anni, la mia famiglia fece una vacanza nel Sud della Francia. Mio padre, Stéphane Moreau, era originario di Berdillac, un paese nei pressi di Montpellier. Milleottocento abitanti, una *boulangerie*, una *brasserie*, due aziende vinicole, una falegnameria e una squadra di calcio. Andavamo a trovare la nonna, che negli ultimi anni non si era mai mossa da lì.

Come per tutte le lunghe trasferte in autostrada, nostro padre indossava una vecchia giacca di pelle marrone chiaro, e teneva la pipa all'angolo della bocca. Nostra madre, che aveva sonnecchiato per la maggior parte del viaggio, mise una cassetta dei Beatles. Si girò verso di me.

«Per te, Jules».

Paperback Writer, ai tempi il mio pezzo preferito. Ero seduto dietro di lei e canticchiavo. I miei fratelli coprivano la musica con il loro vociare. Mia sorella aveva dato un pizzicotto sull'orecchio a mio fratello. Martin, da noi chiamato semplicemente 'Marty', cacciò un urlo e si lagnò con i nostri genitori.

«Brutto spione». Liz gli diede un altro pizzicotto sull'orecchio.

Litigarono ancor più furiosamente, finché la mamma si girò e li guardò. Il suo sguardo era un capolavoro. Esprimeva al contempo comprensione per Marty, alle prese con una sorella così perfida, e per Liz, alle prese con un fratello tanto molesto, ma soprattutto esprimeva la convinzione di quanto fosse assurdo qualsiasi litigio e alludeva persino all'eventualità che, per i bravi bambini, al prossimo distributore ci sarebbe stato un bel gelato. I miei fratelli la piantarono immediatamente.

«Ma perché dobbiamo andare ogni anno a trovare la nonna?» chiese Marty. «Perché una volta tanto non andiamo in Italia?»

«Perché è giusto così. E perché la vostra *mamie* è felice di vedervi» disse il papà in francese, senza distogliere lo sguardo dalla strada.

«Non è vero. Non le stiamo per niente simpatici».

«E poi ha un odore così strano» aggiunse Liz. «Puzza di vecchi mobili imbottiti».

«No, di cantina muffosa» le fece eco mio fratello.

«Non parlate così della vostra *mamie*!» Il papà stava affrontando una rotonda.

Guardai fuori dal finestrino. In lontananza distese di arbusti di timo, gariga, cespugli bassi, querce spinose. L'aria nel Sud della Francia era più profumata, i colori più intensi che a casa. Mi infilai una mano in tasca e giocherellai con i franchi d'argento avanzati dall'anno prima.

Verso sera arrivammo a Berdillac. A posteriori lo ricordo come un anziano brontolone, ma in fondo amabile, che sonnecchia tutto il giorno. Come in molte parti della Linguadoca, le case, di pietra arenaria, avevano semplici scuri alle finestre e tetti di tegole rossicce, stinti dalle intemperie, al tramonto immersi in una luce morbida.

La ghiaia scricchiolò sotto le ruote, quando la station wagon si fermò davanti alla casa in fondo a Rue Le Goff. L'edificio sprigionava un che di sinistro, la facciata era ricoperta d'edera, il tetto malandato. C'era puzza di passato.

Nostro padre scese per primo e si avviò con passo elastico verso l'ingresso. Quelli dovevano essere, come si suol dire, i suoi 'anni d'oro'. A trent'anni suonati aveva ancora i capelli folti, neri. Era di una cortesia squisita con chiunque. Spesso, quando parlava, vicini e colleghi gli si radunavano intorno e lo ascoltavano incantati. Il segreto stava nella sua voce: morbida, non troppo bassa, non troppo alta, con giusto un filo di accento, prendeva a un laccio invisibile i suoi interlocutori e li attirava a sé. Come revisore dei conti era molto stimato, ma per lui importava solo la famiglia. Ogni domenica cucinava per tutti, aveva sempre tempo per noi bambini e la sua risata sprizzava ottimismo. Quando in seguito ho visto alcune sue foto, tuttavia, mi sono reso conto che già allora qualcosa non quadrava. Gli occhi. Lasciavano trapelare un brillio di sofferenza, forse di paura.

La nonna comparve nel vano della porta. Immusonita, guardò suo figlio a stento, come se si vergognasse di qualcosa. Si abbracciarono.

Noi bambini osservavamo la scena dalla macchina. A quanto si diceva, la nonna da giovane era stata una campionessa di nuoto, ovunque benvoluta, in paese. Secoli addietro, probabilmente. Le sue braccia ora davano un'idea di fragilità, e lei aveva una faccia rugosa da tartaruga e sembrava tollerare a fatica il baccano che facevano i suoi nipoti. Noi avevamo paura di lei e della sua casa spartanamente arredata, con la carta da parati d'altri tempi e i letti di ferro. Chissà perché nostro padre ci teneva tanto a venire ogni estate. «Era come se, anno dopo anno, si sentisse in dovere di far ritorno nel luogo delle sue più grandi umiliazioni» avrebbe detto una volta, in seguito, Marty.

Però c'erano anche: profumo di caffè al mattino. Raggi di sole sulle piastrelle del salotto. Lieve tintinnio in cucina, quando i miei fratelli andavano a prendere le posate per la colazione. Mio padre sprofondato nel giornale, mia madre assorta nei programmi per la giornata. E poi gite alle grotte, giri in bicicletta, partite a bocce nel parco.

A fine agosto, infine, la sagra annuale del vino di Berdillac. Di sera suonava l'orchestrina, le case erano addobbate di lampioni e ghirlande e il profumo della carne grigliata riempiva le strade. Io e i miei fratelli, seduti sulla scalinata davanti al municipio, stavamo a guardare gli adulti che ballavano nella piazza del paese. Tenevo in mano la macchina fotografica affidatami da mio padre. Una Mamiya, pesante e costosa; io avevo l'incarico di immortalare le immagini della festa. Lo consideravo un onore, nostro padre non cedeva a nessun altro la sua macchina. Gli scattai alcune foto, pieno di orgoglio, mentre conduceva con eleganza la mamma sulla pista da ballo.

«Il papà balla bene» disse Liz con aria da intenditrice.

Mia sorella, una ragazzina alta con i riccioli biondi, aveva undici anni. Già allora era affetta da quella che io e mio fratello chiamavamo 'teatromania'; Liz si comportava sempre come se fosse su un palcoscenico. Era raggiante, come se avesse innumerevoli riflettori puntati addosso, e in quel momento parlò a voce così alta e chiara che anche quelli nelle file più indietro la sentirono senza problemi. Davanti agli estranei le piaceva dimostrarsi precoce, ma in realtà si era appena lasciata alle spalle la fase delle fiabe. Mia sorella disegnava e cantava, giocava volentieri all'aperto con i figli dei vicini, spesso non faceva la doccia per giorni e giorni, e se una volta voleva diventare un'inventrice, la volta dopo sognava di essere un elfo. Nella sua testa sembravano accadere mille cose contemporaneamente.

All'epoca la maggior parte delle ragazzine la prendeva in giro. Spesso vedevo mia madre fermarsi in camera sua a parlare, per calmarla, quando le compagne di classe l'avevano fatta arrabbiare di nuovo o le avevano nascosto lo zainetto per l'ennesima volta. A seguire potevo entrare anch'io nella sua stanza. Liz allora mi gettava impetuosamente le braccia al collo, sentivo il suo fiato caldo sulla pelle, e lei mi raccontava da capo tutto quello che aveva raccontato a nostra madre, e forse anche di più. Io amavo mia sorella oltre ogni dire, e le cose non sono cambiate nemmeno quando, anni dopo, mi ha piantato in asso.

*

Anche passata la mezzanotte, sul paese gravava una cappa umida d'afa. Gli uomini e le donne che si trovavano ancora sulla pista da ballo – compresi i nostri genitori – a ogni brano musicale cambiavano partner. Scattai un'altra foto, benché ormai faticassi a reggere la Mamiya.

«Passami la macchina fotografica» disse mio fratello.
«No, il papà l'ha data a me. Devo starci attento io».
«Solo un attimo, solo per fare una foto, tu sei negato».
Marty mi strappò l'apparecchio.
«Non essere così odioso con lui» disse Liz. «Era così contento di tenerla».
«Sì, ma fa delle foto schifose. Non sa usare il flash».
«Fai sempre il saputello... non c'è da stupirsi che tu non abbia neanche un amico».
Marty scattò un paio di foto. Era il secondogenito. Dieci anni, occhiali, capelli castani, viso pallido, insignificante. Mentre in me e in Liz si vedeva chiara l'impronta dei nostri genitori, Marty nell'aspetto non aveva niente in comune con loro. Sembrava piovuto da chissà quale terra di nessuno, uno straniero intrufolatosi tra noi. Non mi stava per niente simpatico. Nei film che vedevo, i fratelli maggiori erano sempre degli eroi, pronti a intervenire in favore dei fratelli più piccoli. Lui, invece, era un solitario, che se ne stava tutto il giorno barricato in camera, a giocare con la sua colonia di formiche o ad analizzare campioni di sangue di salamandre e topi dissezionati – la sua scorta di animaletti morti era inesauribile. Liz lo aveva chiamato 'mostro ripugnante', e ci aveva abbastanza azzeccato.
Di quella vacanza in Francia, oltre al drammatico episodio finale, mi sono rimasti solo pochi frammenti. Cionondimeno ricordo ancora bene il senso di estraneità che ci sopraffaceva, tutti e tre noi fratelli, mentre osservavamo, alla festa, i ragazzi francesi che giocavano a calcio nella piazza del paese. Eravamo nati a Monaco e ci sentivamo tedeschi. A casa nostra, a parte alcune pietanze particolari, non c'era niente che rimandasse

alle nostre origini francesi, e di rado parlavamo francese. Eppure i nostri genitori si erano conosciuti a Montpellier. Mio padre si era trasferito lì dopo gli studi perché voleva tagliare i ponti con la famiglia. Mia madre perché amava la Francia (e perché voleva tagliare anche lei i ponti con la sua famiglia). Quando i miei parlavano di quei tempi, raccontavano di serate in cui andavano al cinema, di altre in cui mia madre suonava la chitarra, della festa di laurea di un'amica comune a cui si erano conosciuti, o di quando entrambi – mia madre era già incinta – si erano trasferiti a Monaco. Dopo simili racconti, io e i miei fratelli avevamo sempre l'impressione di conoscere i nostri genitori. Ma in seguito, quando sono mancati, ci siamo resi conto di non sapere niente di loro, proprio niente.

*

Facemmo una passeggiata, ma alla partenza nostro padre non ci disse dove eravamo diretti, e anche camminando non aprì praticamente bocca. In cinque risalimmo un'altura e raggiungemmo un boschetto. Davanti a una quercia imponente, in cima al colle, mio padre si fermò.

«Vedete cosa c'è inciso qui?» chiese, ma aveva l'aria assente.

«*L'arbre d'Eric*» lesse Liz. «L'albero di Eric».

Tenevamo gli occhi fissi sulla quercia. «Qualcuno ha tagliato un ramo». Marty indicò il punto rotondo, rigonfio, sul tronco.

«Sì, è vero» mormorò papà.

Io e i miei fratelli non avevamo mai conosciuto lo zio Eric, ci avevano detto che era morto già da molti anni.

«Perché si chiama così, quest'albero?» chiese Liz.

L'espressione di nostro padre si illuminò. «Perché è sotto questo albero che mio fratello ha conquistato la sua ragazza. L'ha portata qui, si sono seduti sulla panca a guardare la valle di sotto, e lui, dopo averle recitato alcune poesie, alla fine l'ha baciata».

«Poesie?» fece Marty. «E ha funzionato?»

«Funziona sempre. E per questo qualche burlone ha inciso con un coltello queste parole nella corteccia».

Puntò gli occhi verso l'azzurra frescura del cielo mattutino, e nostra madre si appoggiò a lui. Io guardai l'albero e ripetei tra me: '*L'arbre d'Eric*'.

*

E poi venne la fine delle vacanze, l'ultima gita. Durante la notte era nuovamente piovuto. Sospese alle foglie, grosse gocce di rugiada. L'aria del mattino aderiva fresca alla mia pelle. Come sempre quando mi alzavo presto, provavo la sensazione magnifica che la giornata mi appartenesse. Qualche giorno prima avevo conosciuto una ragazza del posto, Ludivine, e lo raccontai a mia madre. Mio padre, come gli accadeva tutte le volte che le vacanze in Francia erano finite, era sollevato all'idea di potersi lasciare alle spalle tutta la faccenda per un anno. A volte si fermava per fare qualche foto, fischiettando in continuazione, assorto. Liz era in testa; Marty si trascinava per ultimo, eravamo costretti ogni due per tre ad aspettarlo.

Nel bosco ci trovammo davanti un fiume pieno di detriti, attraversato da un tronco d'albero. Dal momento che dovevamo comunque raggiungere l'altra sponda, io e i miei fratelli chiedemmo il permesso di passarci sopra in equilibrio.

Papà salì sul legno e lo testò. «Potrebbe essere pericoloso» disse. «Io di certo non ci passo».

Anche noi salimmo sul tronco. Solo allora ci rendemmo conto di quanto fosse profondo lì sotto, e sdrucciolevole la corteccia, e sassoso e largo il fiume. Il tragitto misurava sì e no dieci metri, ma chi fosse scivolato e precipitato giù si sarebbe sicuramente ferito.

«Tanto tra poco c'è un ponte» disse Liz. Benché solitamente sperimentasse di tutto, quella volta se la batté e tirò dritta, seguita da mio fratello. Solo io restai lì. All'epoca la paura mi era sconosciuta, soltanto pochi mesi prima ero stato l'unico della mia classe ad avere il coraggio di buttarsi giù in bicicletta da un pendio ripidissimo. Dopo pochi metri avevo perso il controllo, mi ero ribaltato e rotto un braccio. Ma appena la frattura era guarita, tolto il gesso ero già in cerca di una nuova, rischiosa avventura.

Tenevo gli occhi fissi sul tronco davanti a me e senza stare a pensarci troppo mossi un passo dopo l'altro.

«Sei pazzo» gridò Marty, ma io non ascoltavo. Una volta fui sul punto di scivolare, alla vista del fiume sassoso sotto di me ebbi un capogiro, ma ero già arrivato quasi a metà. Il cuore mi batteva a mille, gli ultimi due metri li feci di corsa e raggiunsi felicemente l'altra riva. Dal sollievo alzai le braccia di slancio. Fino al ponte la mia famiglia camminò sulla sponda sinistra, io da solo sulla destra, di tanto in tanto li guardavo e sogghignavo. In vita mia non ero mai stato tanto orgoglioso.

*

Il fiume portava fuori dal bosco. Diventava più largo, la corrente più rapida, la pioggia dei giorni precedenti aveva fatto innalzare il livello. La sponda era fangosa, intrisa d'acqua, un cartello avvertiva i gitanti di non avvicinarsi troppo.

«Se uno ci finisce dentro, annega». Marty guardava l'acqua mugghiante.

«Speriamo che ci caschi tu, così finalmente ci liberiamo di te» disse Liz.

Lui le andò vicino, minaccioso, ma lei scantonò abilmente e prese sottobraccio nostra madre in quella maniera spontanea e disinvolta che era solo sua.

«Hai fatto di nuovo l'insolente?» chiese mamma. «Di questo passo mi sa tanto che dovremo lasciarti qui, dalla nonna».

«No» rispose Liz con un raccapriccio in parte di maniera, in parte autentico. «No, per favore».

«Purtroppo non mi lasci altra scelta. La nonna avrà molta cura di te». Imitò gli occhiacci di rimprovero della nonna e Liz rise.

Nostra madre era indubbiamente la star della famiglia, almeno per noi bambini. Snella, piacente, a Monaco aveva amici dappertutto e dava feste a cui partecipavano anche artisti, musicisti o attori di teatro che aveva conosciuto chissà dove. In realtà non le rendo giustizia quando la definisco 'piacente' o 'snella'. Sono misere parole, assolutamente inadatte a esprimere la nostra sensazione che ci fosse capitata in sorte come madre un mix di Grace Kelly e Ingrid Bergman. Da bambino mi pareva assurdo che non facesse la vita di un'attrice famosa, che fosse una semplice insegnante. Lei si occupava dei suoi doveri famigliari spesso con un sorriso divertito e al contempo affettuoso, e solo più avanti mi sono reso conto di quanto dovesse sentirsi oppressa.

Riposammo su un prato vicino alla sponda del fiume. Nostro padre pressò il tabacco nella pipa, noi mangiammo i panini al prosciutto che ci eravamo portati. Più tardi la mamma intonò alla chitarra un paio di canzoni di Gilbert Bécaud.

Quando lei e mio padre presero a cantare, Marty alzò gli occhi al cielo. «Per favore, finitela. È penoso».

«Ma non c'è nessuno» disse nostra madre.

«Sì, invece, loro!»

Mio fratello indicò la riva opposta, dove si era appena fermata un'altra famiglia. I bambini dovevano essere nostri coetanei e avevano con sé un bastardino che ruzzava di qua e di là tra loro.

Arrivò mezzogiorno, il sole era alto in cielo. Nella calura io e Marty ci togliemmo la T-shirt e ci sdraiammo su una coperta. Liz scarabocchiava su un bloc-notes; tracciava disegnini e mille volte il suo nome. A quell'epoca provava in continuazione con quale scrittura risultasse più bello e lo scriveva ovunque, sulla carta, sul tavolo, sulla cartelletta o sui tovagliolini. *Liz, Liz, Liz.*

I nostri genitori vollero fare due passi e sparirono in lontananza, abbracciati; noi fratelli restammo lì sul prato. Il paesaggio era saturo di sole. Marty e Liz giocavano a carte, io strimpellavo la chitarra e osservavo la famiglia sull'altra sponda. Sentivo continue risate, frammiste all'abbaiare del cane. Un ragazzino lanciava di tanto in tanto un bastone, che la bestiola andava subito a recuperare, finché evidentemente il ragazzino finì per annoiarsi e nascose il bastone sotto una coperta. Il cane però voleva giocare ancora, correva senza sosta da ogni singolo componente della famiglia e alla fine si avviò per un tratto lungo il fiume, in direzione della corrente. Un grosso ramo era rimasto impigliato tra gli arbusti, sulla sponda. Il cane cercò di strapparlo via con i denti, senza riuscirci. In quel punto la corrente era forte, rapinosa. Ero il solo a osservare la scena e sentii che mi si rizzavano i capelli in testa.

Il cucciolo strattonava il ramo e, nella sua baldanza, si avvicinava sempre più al tumulto e al fragore dell'acqua. Volevo avvertire la famiglia lì davanti, quando udii un guaito: un pezzo di argine si era staccato e il cane era caduto in acqua. Era aggrappato al ramo solo con le zampe anteriori e con i denti. Uggiolava e faceva grandi sforzi per riguadagnare la sponda cedevole, ma la corrente era troppo forte. I suoi guaiti crebbero di intensità.

«Oh Dio mio» esclamò Liz.

«Non ce la fa» disse Marty. Aveva un tono perentorio, come se fosse lui l'arbitro della situazione.

La famiglia sull'altra sponda corse verso il cane. L'avevano appena raggiunto, quando il ramo si districò dagli arbusti e fu trascinato via insieme al bastardino.

Per un po' il cane si tenne a galla, poi sparì nella corrente. Mentre i bambini lì di fronte gridavano e piangevano, mi voltai e guardai in faccia i miei fratelli. I loro sguardi non li ho più dimenticati.

*

Di sera, a letto, sentivo ancora i guaiti del cane. Liz era stata mogia per tutto il giorno, Marty aveva a malapena aperto bocca. La cosa più strana, comunque, era che i nostri genitori non fossero stati presenti al momento dell'incidente. Naturalmente al loro ritorno avevano cercato di consolarci, ma questo non cambiava in alcun modo il dato di fatto che io e i miei fratelli avessimo vissuto da soli quell'esperienza traumatica.

Mi rigirai nel letto per buona parte della notte. Come la felicità spensierata della famiglia dirimpetto fosse stata distrutta nel giro di pochi secondi era un pensiero che non mi dava pace. Mi tornò in mente lo zio Eric e come a un certo punto ci avessero detto che era 'deceduto'. Fino a quel momento avevo vissuto sentendomi protetto, ma evidentemente esistevano forze e correnti invisibili in grado di operare cambiamenti fulminei. Perché, a quanto pareva, esistevano famiglie risparmiate dal destino e altre che attiravano le disgrazie, e quella notte mi chiesi se anche la mia appartenesse a quest'ultima categoria.

Punto di svolta
(1983-1984)

Tre anni e mezzo dopo, dicembre 1983: ultimo Natale con i miei genitori. Nel tardo pomeriggio stavo alla finestra della mia camera, mentre gli altri addobbavano il soggiorno. Come ogni anno mi chiamavano soltanto quando tutto era pronto, ma quanto dovevo aspettare ancora? Sentivo là fuori mio fratello brontolare e la risata argentina, pacificante di mia madre. Sentivo mio padre e mia sorella discutere sulla tovaglia da prendere. Per distrarmi guardavo il cortile, gli alberi invernali spogli, l'altalena e la casetta sull'albero. Molte cose erano cambiate negli ultimi anni, ma non il colpo d'occhio sull'amato cortile.

Bussarono alla porta. Mio padre entrò, indossava un pullover di cachemire blu marino e mordicchiava il cannello della pipa. Ormai era sulla quarantina. I capelli neri diradati sul davanti, il sorriso giovanile sparito... Che cosa gli era capitato? Solo pochi anni prima aveva un'aria allegra e speranzosa, e invece lì, in camera mia, c'era quel personaggio dimesso.

Lui e mamma ormai facevano di rado qualcosa insieme, in compenso mio padre spariva spesso per ore, per fare foto. Foto che comunque non ci faceva mai vedere, e persino quando giocavo con i miei amici avvertivo alle mie spalle la sua presenza e le sue occhiate indispettite. Dal suo punto di vista il mondo era un luogo di incessanti pericoli. Per esempio quando ci spostavamo in macchina, e mia madre era al volante. («Vai troppo forte, Lena, così ci ammazzi tutti».) Oppure quando io, come ogni estate, volevo attraversare il fiume vicino a Berdillac passando sul tronco. («Jules, veramente. Non posso più sopportare di vedere una cosa del genere. Se cadi ti rompi l'osso del collo!») O quando Liz voleva andare a un concerto con le sue compagne di scuola. («Te lo vieto, chissà che gentaglia c'è in giro in quei posti!») Se mio padre avesse scritto un prontuario, probabilmente si sarebbe intitolato *Lascia perdere.*

Si sbrigliava solo quando giocava a calcio al parco, con gli amici, e io allora lo ammiravo per come teneva la palla guizzando sul campo e facendo correre gli avversari a vuoto. Da ragazzo in Francia aveva giocato nella lega giovanile e aveva tuttora un senso infallibile dello spazio, riusciva a prevedere le mosse dell'avversario e a infilarsi nei punti scoperti. Come se fosse l'unico a capire veramente il gioco.

Venne vicino a me, alla finestra. Odorava di tabacco e della sua lozione da barba asprigna e muschiata. «Sei contento che è Natale, Jules?»

Annuii, e lui mi diede delle piccole pacche sulle spalle. Prima, quando la sera tornava dal lavoro, spesso andavamo insieme a zonzo per Schwabing. C'erano ancora le vecchie osterie all'angolo delle strade e i locali dove bere un caffè in piedi, le cabine telefoniche gialle, luride, e i negozi di generi vari, dove si vendevano cioccolata, calze di lana o – la mia passione – pezzi di suolo lunare con tanto di certificato. Il quartiere aveva l'aria di un villaggio troppo cresciuto, dove il tempo trascorreva un po' più lento. Ogni tanto mangiavamo un gelato in un parco e mio padre una volta mi raccontò di quando, da giovane, aveva lavorato per sei mesi nel porto di Southampton, per pagarsi gli studi e imparare l'inglese, o degli scherzi di suo fratello Eric quando erano piccoli, e quelle erano le storie che mi piacevano di più.

Particolarmente impresso nella mia memoria, tuttavia, è il consiglio che mi diede durante la nostra ultima passeggiata. All'inizio non sapevo che farmene, delle sue parole, ma nel corso degli anni sono diventate per me una sorta di lascito.

Eccole: «La cosa più importante è che trovi un *vero* amico, Jules». Si era accorto che non avevo capito e mi aveva lanciato un'occhiata penetrante. «Un vero amico è qualcuno che c'è sempre, che ti resta accanto per tutta la vita. Devi trovarlo, è più importante di tutto, anche dell'amore. Perché l'amore può finire». Mi aveva afferrato per le spalle. «Mi ascolti?»

Giocherellavo con un bastone trovato per terra. Lo lanciai lontano. «Chi è il tuo vero amico?» gli domandai.

Mio padre si limitò a scuotere la testa. «L'ho perso» disse poi, con la pipa tra le labbra. «Non è strano? Perso, e basta».

Non sapevo bene come reagire e forse intuivo anche che quelle parole, intese per la mia felicità, davano voce alla sua disillusione. Cionondimeno mi sono impresso in mente il suo consiglio. Vorrei non averlo fatto.

«Ho sentito che tra poco riceverai un regalo formidabile» disse mio padre in francese, al momento di uscire dalla mia camera.

«Davvero? Che cosa?»

Sorrise. «Ti toccherà ancora aspettare un paio di minuti».

Non mi fu facile. Fuori già si udivano le note del pianoforte – *Stille Nacht* e *A la venue de Noël*. E poi finalmente Liz e Marty arrivarono di corsa lungo il corridoio e spalancarono la porta.

«Dai, vieni!»

L'albero, alto fino al soffitto del soggiorno, era decorato con palle colorate, pupazzetti di legno e candele. Sotto si accatastavano i regali. C'era profumo di cera e di rami di abete. Sulla tavola troneggiava un grosso tacchino, accompagnato da pasticcio di patate, spezzatino di agnello, roastbeef, marmellata di mirtilli rossi, dolci glassati e vol-au-vent. Il cibo era sempre troppo, tanto che nei giorni seguenti si mangiavano gli avanzi come snack freddi, direttamente dal frigo, cosa che mi piaceva in modo particolare.

Dopo cena intonammo alcuni canti di Natale, poi seguì l'ultimo rituale prima del grande spacchettamento dei regali: nostra madre suonò *Moon River* alla chitarra. Ogni volta assaporava fino in fondo quel momento.

«Volete sentirlo davvero, questo pezzo?» chiese.

«Sì!» esclamammo tutti.

«Mah, non so. Mi sa che lo dite solo per cortesia».

«Non è vero, vogliamo sentirlo!» gridammo più forte di prima.

«Datemi un nuovo pubblico» sospirò nostra madre, delusa. «Questo è stufo e non ne vuole più sapere di me».

Strillammo sempre più forte, finché finalmente lei riprese in mano la chitarra.

Era sempre nostra madre, per noi, il fulcro della famiglia. Se c'era lei nelle vicinanze, le baruffe dei miei fratelli diventavano insignificanti battibecchi, capaci di far ridere, e le crisi scolastiche si trasformavano in modesti contraccolpi, risolvibili senza problemi. Posava come modella per i disegni di Liz o si faceva mostrare al microscopio da Marty i risultati delle sue ricerche. A me ha insegnato a cucinare, e mi ha persino rivelato la ricetta segreta del suo 'dolce irresistibile', una pappa collosa di cioccolato che creava immediata dipendenza. E benché fosse piuttosto pigra – scena tipica: nostra madre sdraiata sul divano che ci dirige verso il frigo per farsi portare qualcosa – e fumasse di nascosto, tutti noi volevamo diventare come lei.

Finalmente attaccò a suonare, e la sua voce riempì la stanza.

Moon River, wider than a mile,
I'm crossing you in style some day.
Oh, dream maker, you heart breaker,
wherever you're going I'm going your way.

Era il momento dell'anno in cui regnava l'armonia. Liz ascoltava a bocca aperta, mio fratello armeggiava commosso con gli occhiali e mio padre aveva gli occhi tristi, ma un'espressione deliziata. Accanto a lui sedeva zia Helene, la sorella maggiore di mia madre, una donna allegra, corpulenta, che viveva da sola in un appartamento nel quartiere di Glockenbach e ogni volta ci faceva regali spropositati. A parte la nonna, lontanissima in Francia, era tutta lì la famiglia che ancora avevamo: un ramo esile sull'albero genealogico dei Moreau.

Al momento di aprire i pacchi afferrai per primo il regalo di mio padre, era grosso e tozzo. Strappai la confezione: una vecchia Mamiya. Lui mi guardava con trepidazione. Quell'apparecchio mi era familiare, ma dalla festa a Berdillac non avevo più fatto foto. Per giunta la Mamiya era usata e piena di graffi, l'obiettivo sembrava l'occhio gigantesco di un ciclope, i pulsanti scricchiolavano al momento di azionarli. Deluso, la misi da parte e aprii gli altri regali.

Da mia madre ricevetti un taccuino rilegato in cuoio rosso e tre romanzi: *Tom Sawyer*, *Il piccolo principe* e *Il mulino dei dodici corvi*. Ancora leggeva ad alta voce per me, la sera, ma sempre più spesso lasciava che lo facessi io e mi lodava se lo facevo bene. Di recente avevo scritto una storia di mio pugno, su un cane magico. A mia madre era piaciuta molto. Presi il mio taccuino rosso e più tardi, mentre gli altri giocavano a dama, ci scrissi i miei pensieri.

*

Poco prima di Capodanno vedemmo nostro padre piangere per la prima e ultima volta. Quel pomeriggio ero sdraiato sul letto e stavo scrivendo un nuovo racconto. Era la storia di una biblioteca in cui di notte i libri parlano, si vantano del loro autore o si lagnano del posto scadente su uno degli scaffali in ultima fila.

Mia sorella entrò in camera mia senza bussare. Fece un ghigno da cospiratrice e richiuse la porta.

«Che c'è?»

In realtà potevo già restringere il campo della sua risposta. Liz aveva compiuto quattordici anni e c'erano giusto tre cose che le interessassero: disegnare, i film d'amore di dubbio gusto e i ragazzi. Era la più carina della sua classe; bionda, riccia, con una voce profonda e un sorriso irresistibile e seducente. In cortile all'intervallo la si vedeva spesso attorniata dalle compagne, a cui raccontava quale ragazzo aveva baciato e quanto noiosa o, nel migliore dei casi, mediocre fosse stata l'esperienza. Mai una volta che fosse bella. Si trattava sempre di ragazzi più grandi di città; i suoi compagni di classe non avevano nessuna chance. A volte ci provavano lo stesso, ma lei non li prendeva minimamente in considerazione.

Si sedette sul mio letto e mi diede uno spintone. «Brutto traditore».

Stavo ancora scrivendo il mio racconto, e la ascoltai appena. «Perché?»

«Hai baciato una ragazza».

Mi avvamparono le guance. «Come fai a saperlo?»

«Ti ha visto una mia amica. Ha detto che eri proprio qui davanti alla porta di casa e che hai ficcato la lingua in gola a quella tipa. Come due labrador, ha detto».

Liz scoppiò a ridere, mi strappò di mano il taccuino e si mise a scarabocchiare ovunque disegnini e il suo nome. *Liz, Liz, Liz.*

La storia del bacio era vera. Con le ragazze ci parlavo come fossero maschi e ogni tanto mi ritrovavo lettere d'amore sotto il banco. La vita pareva colma di promesse del genere, e io diventavo sempre più sicuro di me. Benché fossi capoclasse, chiacchieravo spesso durante le lezioni o mettevo i piedi sul banco con un sorrisetto di sufficienza, finché l'insegnante non mi redarguiva. Più tardi il mio comportamento mi sembrò arrogante, ma allora mi piaceva fare il bello e cattivo tempo con gli amici ed essere al centro dell'attenzione. Iniziavo a bazzicare ragazzi più grandi e facevo spesso a botte. Se qualcuno diceva una parola di troppo su di me, lo aggredivo immediatamente. Non facevo mai proprio sul serio, ma neanche per scherzo. Un paio dei ragazzi più grandi già si facevano le canne e bevevano, ma io ancora esitavo se mi offrivano da bere o da fumare, e nemmeno raccontavo in giro che mi piaceva leggere e inventare storie. Sapevo che mi avrebbero preso in giro e che dovevo nascondere accuratamente quella mia inclinazione.

«E allora? Come è stato il bacio?» Liz mi lanciò il taccuino in grembo.

«Non ti riguarda».

«Dai, racconta. Di solito noi ci raccontiamo tutto».

«Sì, ma adesso non mi va».

Mi alzai e andai nello studio di nostro padre, che odorava sempre un po' di vecchie scartoffie polverose e di muffa. Quando mi accorsi che mia sorella mi aveva seguito, mi finsi indaffarato e iniziai a frugare nei cassetti della scrivania. Per lo più c'erano solo astucci di occhiali, boccette d'inchiostro e foglietti ingialliti. Ma nel cassetto più basso trovai una Leica. Scocca nera e obiettivo d'argento. Era ancora nella confezione originale, non avevo mai visto mio padre usarla per fare foto. Nel cassetto c'era anche una lettera, scritta in francese, la calligrafia mi era sconosciuta.

Caro Stéphane, questa macchina fotografica è per te. Possa ricordarti chi sei e tutto ciò che nella vita non deve andare distrutto. Ti prego, cerca di capirmi.

Di chi era quella lettera? La rimisi nel cassetto ed esaminai la macchina fotografica, aprii lo scomparto per la pellicola e girai a destra e a sinistra la ghiera dell'obiettivo. La polvere danzava nella luce che cadeva dalla finestra.

Liz aveva appena scoperto il suo riflesso in un piccolo specchio. Entusiasta di quel colpo d'occhio, si osservò da ogni lato, poi mi rivolse di nuovo la parola.

«E se io non avessi mai baciato nessuno?»

«Che cosa?»

Mia sorella si mordicchiava il labbro inferiore e taceva.

«Ma se non fai altro che raccontare ogni momento con quanti te la fai». La macchina fotografica penzolava dalla mia mano. «Non parli d'altro».

«Il mio primo bacio dev'essere qualcosa di speciale, io...»

Si udì uno scricchiolio. Nostro fratello, che aveva un fiuto infallibile per il momento e il luogo dove in casa veniva scambiato un segreto, comparve nel vano della porta. Il suo ghigno diabolico lasciava intendere che aveva origliato.

Marty all'epoca aveva tredici anni, un secchione solitario che portava gli occhiali con la montatura di nichel, pallido e secco come un gessetto. Un ragazzino che odiava i ragazzini, che tampinava gli adulti o altrimenti preferiva restare solo. Era sempre vissuto all'ombra di sua sorella, che lo provocava a ogni occasione, a scuola lo ignorava e lo prendeva in giro perché non aveva amici. E ora – dono del cielo – gli erano venute tra le mani informazioni segrete che avrebbero potuto rovinare in pochi secondi la fama di Liz a scuola.

«Interessante» disse. «È per questo che ti neghi a tutti, perché te la fai sotto? Perché sei una mocciosetta che preferisce fare scarabocchi ridicoli e lasciarsi coccolare dalla mamma?»

Lei impiegò un attimo a riprendersi.

«Se lo racconti a qualcuno, io...»

«Tu cosa?» Marty rise e fece un rumore smodato di baci.

Liz gli si avventò addosso. Si presero per i capelli e a pedate. Io cercavo solo di dividere i miei fratelli, e non vidi chi dei due me la fece cadere di mano. Vidi solo la macchina fotografica volare per la stanza e precipitare sull'obiettivo... Maledizione.

Immediatamente calò il silenzio. Io raccattai la Leica, l'obiettivo si era rotto.

Ci consultammo per un po' sul da farsi.

«Rimettiamola nel cassetto e basta» propose Liz. «Magari neanche se ne accorge».

E come sempre l'ebbe vinta lei.

Quel giorno nostro padre rincasò eccezionalmente presto. Sembrava molto scosso e sparì subito nel suo studio.

«Venite!» ordinò Liz.

Tutti e tre restammo a osservarlo dallo spiraglio della porta mentre andava su e giù per la stanza, ravviandosi in continuazione i capelli. Poi sollevò il ricevitore del telefono e compose il numero sul disco.

«Sono di nuovo io» disse con il suo accento morbido. «Stéphane. Volevo dirle che sta commettendo un errore. Lei non può così, semplicemente...»

Con ogni evidenza il suo interlocutore lo mise subito a tacere, e nostro padre si accasciò visibilmente. Infilava di continuo nel discorso un «Ma lei...» o un «Eppure è...», una volta persino un «Per favore» supplichevole, ma in pratica non riuscì più a prendere la parola.

«Avrebbe almeno dovuto accennarlo» disse infine. «Dopo dodici anni. Io mica posso...»

Di nuovo fu brutalmente interrotto. Poi riattaccò.

Andò in mezzo alla stanza e lì restò per alcuni secondi, immobile, come se qualcuno gli avesse staccato la spina. Uno spettro.

Finalmente riprese vita. Si avvicinò alla scrivania e io capii subito quale cassetto avrebbe aperto. Dapprima lesse la lettera, poi tirò fuori la Leica dalla sua scatola. Nel vedere l'obiettivo rotto, trasalì. Ripose la macchina fotografica e la lettera nel cassetto, poi andò alla finestra. E pianse. Per noi era impossibile capire se fosse per la telefonata o per la Leica, o forse per il peso che gli gravava addosso negli ultimi anni. Sapevamo solo che non volevamo vederlo così, e in silenzio andammo nelle nostre camere.

*

Dopo Capodanno i nostri genitori decisero di assentarsi per un fine settimana. Un viaggio non programmato, che aveva presumibilmente a che fare con il licenziamento di nostro padre, ma mamma ci disse solo che andavano a trovare degli amici a Montpellier e che noi non potevamo accompagnarli. Avrebbe badato a noi la zia.

«Non ci serve la tata» fu il commento di Liz. «Io ho già quattordici anni».

Mamma le diede un bacio sulla fronte. «Infatti, più che altro è per i tuoi compari maschi».

«Grazie, ricevuto» disse Marty, senza alzare gli occhi dal suo giornalino.

Nel nostro condominio, a Monaco, vivevano soltanto altri nove inquilini, tra cui Marleen Jacobi, una giovane vedova di straordinaria bellezza che vestiva esclusivamente di nero. La si vedeva sempre da sola, e io non riuscivo a capacitarmi di come si potesse vivere così appartati. Invece Liz la ammirava molto e ogni volta che la incontrava sulle scale o per strada si emozionava, mi dava un pizzicotto sul braccio o una gomitata.

«Quanto è bella!» diceva, senza fiato.

Tale era il suo invaghimento che Marty e io iniziammo a prenderla in giro. «La Jacobi è passata un attimo fa» dicemmo a nostra sorella quel pomeriggio. «L'hai mancata per pochi secondi. Era *bellissima,* mai stata così bella».

«Ma dai» fece Liz ostentando una noia esagerata. «Non credo neanche a mezza parola di quello che dite».

«Invece è vero, ha chiesto di te» continuammo noi. «Ti vuole sposare».

«Siete puerili e idioti» rispose lei stravaccandosi sul divano del soggiorno, accanto a nostra madre. «Mamma» disse, rivolgendomi un ghigno, «indovina un po' chi ha appena baciato una ragazza...»

Mia madre guardò immediatamente me. «È vero?» chiese, e credo che lo dicesse in tono di approvazione.

Non ricordo più di cosa parlammo poi, so solo che mia madre d'un tratto si alzò dal divano e mise un disco. *Via con me* di Paolo Conte. Mi tese le braccia.

«Jules, dammi retta» disse mentre ballavamo. «Se vuoi conquistare una ragazza, invitala a ballare con questa canzone. Con questa canzone la conquisti di sicuro».

Mia madre rideva. Solo a distanza di anni mi sono reso conto che quella è stata l'unica volta in cui ha parlato con me da pari a pari.

La sera, poco prima che i miei partissero, ebbi un piccolo litigio con mio padre, che ricostruisco al meglio così come mi è rimasto impresso a lungo nella memoria.

Passavo per caso davanti alla camera da letto in cui mio padre stava facendo la valigia. Aveva l'aria stressata.

«Sei qui, bene» disse. «Devo parlarti».

Mi appoggiai allo stipite della porta. «Cosa c'è?»

Lui non sputò subito il rospo, prima esternò i suoi eterni dubbi sul fatto che i miei amici più grandi non gli piacevano e che frequentavo un 'brutto ambiente'. Poi però toccò l'argomento del suo regalo di Natale, la macchina fotografica.

«L'hai lasciata lì da parte. Non ci hai mai fatto neanche una foto, dico bene? Anzi, non l'hai nemmeno guardata».

All'improvviso provai pena per mio padre, distolsi lo sguardo.

«È di grande valore. Alla tua età io ne sarei stato felicissimo».

«Non so come si usa. È così pesante e vecchia».

A quel punto mio padre raddrizzò la schiena e mi venne vicino. Un uomo straordinariamente alto, allampanato. «È un classico, capisci?» Per un attimo il suo viso tornò ad avere un che di giovane. «Meglio delle nuove macchine fotografiche. Ha l'*anima.* Quando torniamo ti faccio vedere come si usa e come si sviluppano le foto. D'accordo?»

Io annuii dubbioso.

«Hai occhio, Jules. Io sarei felice se tu in futuro facessi il fotografo» disse mio padre, e anche quelle parole non le ho più dimenticate.

Cos'altro ricordo di quella sera? Di certo mia madre che, nel congedarsi, mi diede un bacio sulla fronte. In vita mia avrò pensato di sicuro migliaia di volte a quell'ultimo bacio e a quell'ultimo abbraccio, al suo profumo e alla sua voce rassicurante. Ci ho pensato talmente tanto da non avere più la certezza che siano veri.

*

Io e i miei fratelli trascorremmo il fine settimana a casa. Giocammo a Barricata con la zia (come sempre, l'unico scopo di Liz era quello di murare Marty con le sue pedine bianche) e la sera cucinai per tutti un'omelette con i funghi, secondo la ricetta che mi aveva insegnato mamma.

Sabato io e Liz andammo al cinema, per cui c'era solo Marty in casa, quando nostro padre telefonò. A sorpresa i nostri genitori intendevano prolungare il viaggio di un paio di giorni. Avevano noleggiato una macchina per fare un salto a Berdillac.

Non avevo niente in contrario e già pregustavo i piccoli regali e il formaggio che avrebbero portato dal Sud della Francia.

E poi arrivò l'otto gennaio, una domenica. A posteriori ho spesso cercato di attribuirmi un oscuro presagio, ma probabilmente era un'idea insensata. Verso sera squillò il telefono. Quando la zia alzò il ricevitore, sentii immediatamente un cambio di atmosfera e mi sedetti. Anche Marty si fermò all'istante. Tutti gli altri dettagli invece mi sono sfuggiti. Non so cosa avevo fatto al mattino, cosa ho fatto dopo la telefonata o per quale ragione quella sera mia sorella non ci fosse.

Ciò che mi è rimasto di quel giorno è un ultimissimo ricordo, a cui peraltro attribuii importanza solo molto più tardi.

Quel pomeriggio mi aggiravo euforico per il soggiorno. Liz disegnava una storia a fumetti, mio fratello le sedeva accanto e scriveva con la sua minuscola calligrafia illeggibile a Gunnar Nordahl. Era il suo amico di penna in Norvegia, ma io e Liz dicevamo sempre che Gunnar Nordahl non esisteva e che Marty se l'era inventato di sana pianta.

Mi piazzai in posizione di guardia davanti a mio fratello. Ero nella mia fase Muhammad-Ali e mi ritenevo un suo eccellente imitatore; su di me facevano presa soprattutto le sue provocazioni smargiasse.

«Ehi, sorcio» dissi a Marty. «È arrivata la tua ora. Non sei altro che un povero Zio Tom».

«Jules, scocci. E poi non sai neanche cosa vuol dire 'Zio Tom'».

Gli tirai un pugno su una spalla. Visto che non reagiva, un altro. Mio fratello fece allora per colpirmi, ma io saltai indietro e boxai a vuoto. «Librarsi come una farfalla, pungere come una vespa».

In effetti come imitatore non ero un granché, ma lo 'shuffle di Ali', la danza rapida su due piedi, mi riusciva benissimo.

Liz ci guardò, col cuore in gola.

Sferrai a Marty un altro pugno. «Al prossimo round sei finito» gridai, con gli occhi sbarrati. «Mi sono battuto con un alligatore, ho messo le manette al fulmine e chiuso in gattabuia il tuono. Settimana scorsa ho ucciso una roccia, ferito una pietra e fatto tanto di quel male a un mattone da spedirlo all'ospedale. Tu invece sei talmente brutto che non voglio neanche vederti, mentre ci battiamo».

«Non rompere».

«Esatto, non rompere» disse Liz prendendolo in giro. «Sta scrivendo di nuovo al suo amico immaginario norvegese».

«Ah, mi rompete veramente» si lamentò Marty.

A quel punto gli mollai un colpo sulla nuca, così forte da farlo sbagliare mentre scriveva. Si alzò di scatto e mi corse dietro. Ci azzuffammo, all'inizio pareva una cosa seria, ma poi – visto che io continuavo a strillare e a gridare che ero il più grande – Marty fu costretto suo malgrado a ridere, e ci lasciammo.

All'incirca in quel momento i miei genitori salivano sulla loro Renault a noleggio per andare a trovare la nonna a Berdillac. Contemporaneamente una giovane avvocatessa saliva sulla sua Toyota. Era invitata a cena a Montpellier e ci teneva a essere puntuale. La sua vettura sbandò sulla carreggiata bagnata e invase la corsia opposta, dove si scontrò con la Renault dei miei genitori. Due persone morirono all'istante.

La giovane avvocatessa se la cavò per un pelo.

Cristallizzazione
(1984-1987)

Ciò che segue è cupo stupore e nebbia fitta, solo di rado rischiarata da alcuni brevi ricordi. Sono nella mia camera, a Monaco, in piedi accanto alla finestra, e guardo il cortile con l'altalena, la casetta sull'albero e la luce del mattino che si impiglia nei rami. È l'ultimo giorno nel nostro appartamento, completamente vuoto. Sento Marty che mi chiama.

«Jules, vieni?»

Mi giro esitando. Mi passa per la mente che non vedrò mai più il mio amato cortile, eppure non sento niente, nemmeno che la mia infanzia è finita.

Poco dopo, la prima notte in collegio. Arriviamo in ritardo, vengo separato dai miei fratelli. A fianco di un educatore, percorro con la mia valigia il corridoio spoglio, ricoperto di linoleum, che puzza di aceto. L'educatore cammina troppo svelto, io resto indietro. Alla fine apre una porta. Una stanza con tre letti, due già occupati. Gli altri ragazzini sbattono le palpebre, assonnati. Per non disturbarli ulteriormente spengo la luce e mi spoglio al buio. Nascondo un animale di pezza sotto il cuscino. Una volta a letto, penso ai miei genitori e ai miei fratelli, che sono nelle vicinanze, eppure lontanissimi, ma non piango, neanche un secondo.

Ricordo anche un giorno d'inverno, qualche settimana dopo. Folate di vento spazzano i colli innevati nei dintorni. Chiudo la giacca a vento, tengo una mano davanti al viso e avanzo a fatica. Il naso mi gocciola, le scarpe comprimono la neve fresca, che scricchiola a ogni passo. Il gelo è uno shock per i miei polmoni. Dopo un'ora mi siedo su una panca ghiacciata e guardo in giù, verso la valle. Ogni cosa è muta, estranea. Mi immagino spiccare un balzo, venire catturato dall'aria a pochi metri dalla crosta scintillante della neve, in un attimo che toglie il respiro. Mi immagino acquistare rapidamente quota, schizzare verso l'alto, sempre più veloce; immagino il vento che mi sferza la faccia, mentre io a braccia aperte fuggo in volo verso l'orizzonte. Osservo il collegio, così piacevolmente lontano, e mi figuro cosa staranno facendo gli altri senza di me. Andranno in slitta e parleranno di ragazze, faranno gli scemi o bisticceranno, a volte passando il limite, per poi, un istante dopo, scordarsi di tutto. A poco a poco dall'imbrunire sempre più fitto affiorano le prime luci e io penso alla mia vita di un tempo a Monaco, spezzata dal caso, ma la nostalgia ormai è solo una cicatrice che va sbiadendo.

Quando più tardi raggiungo l'istituto, il cielo è già nero come la notte. Apro la porta dell'ingresso principale. Dalla mensa mi volano incontro voci allegre e un odore penetrante, aggressivo: odore di cibo, di sudore e di deodorante. L'aria è densa di aspettative, risate e paura repressa. Mi avvio per il corridoio e vedo venirmi incontro un ragazzo che non conosco. Guarda diffidente verso di me, che sono il nuovo. Istintivamente raddrizzo la schiena, cerco di sembrare più adulto e di non commettere errori. Il ragazzo mi passa accanto senza una parola.

Vado nella mia stanza, mi siedo sul letto e mi spazzo via la neve dai capelli. Sto lì e basta, con i miei undici anni, uno spettro, un essere minuscolo. Irrigidito e vuoto, seduto in camera, mentre tutti gli altri sono a cena. Più tardi per quell'assenza riceverò una punizione. Guardo il buio di fuori.

*

L'istituto in cui finimmo i miei fratelli e io, dopo la morte dei nostri genitori, non era affatto uno di quei luoghi elitari su cui all'inizio forse fantasticavamo – dotato di campi da tennis e da hockey e di laboratori di ceramica – bensì un misero collegio statale, in campagna, composto da due edifici grigi e una mensa, all'interno del comprensorio del liceo locale. La mattina andavamo a scuola con i ragazzi del posto, il pomeriggio e la sera li trascorrevamo nelle nostre stanze, al lago o sul campo di calcio. Si fa l'abitudine a una simile vita da caserma, eppure, anche a distanza di anni, capitava di deprimersi nel momento in cui, dopo le lezioni, gli studenti esterni tornavano dalle loro famiglie mentre tu restavi nel convitto come un carcerato e ti sentivi come se avessi una tara. Le camere, spartane, si dividevano con estranei che a volte diventavano amici. Dopo un anno era obbligatorio cambiare stanza. Difficile dover dispiegare la propria esistenza in spazi e tempi così limitati. C'erano molti litigi, ma anche nottate intere di chiacchiere. Molto di rado affrontavamo argomenti veramente importanti, argomenti che alla luce del giorno non avremmo mai ripetuto, per lo più parlavamo di insegnanti o di ragazze. «Oggi in mensa mi ha guardato di nuovo?»

oppure «Ma come, non la conosci? Caspita, Moreau, è la più carina di tutta 'sta merda di scuola».

Molti degli interni avevano già manifestato qualche stranezza a casa, o erano ripetenti, o avevano preso droghe. Di tanto in tanto finivano in collegio – come relitti arenati sulla spiaggia – anche soggetti spiccatamente criminali, dal momento che, essendo statale, era tenuto ad accogliere pressoché chiunque. Di fronte stava la gioventù del paese, allibita, cui toccava vedere come i matti di città irrompessero nel loro idillio. «Sei anche tu dell'*internato*?» ti chiedevano, ma con 'internato' non intendevano tanto collegio, quanto manicomio. In mensa ingollavamo tutto, non ce n'era mai abbastanza. Dentro di noi, una fame che non poteva mai essere saziata. In compenso nell'istituto c'era un sottofondo costante di pettegolezzi: si registrava esattamente chi parlava con chi, quali amicizie nascevano e chi era molto gettonato con le ragazze. Non tutti i cambiamenti incontravano approvazione. C'erano indumenti nuovi che sulle prime venivano esibiti con fierezza dal proprietario e poi, se non trovavano consenso, sparivano alla svelta dentro l'armadio. Alcuni interni cercavano di rifarsi un'immagine durante le vacanze estive, tornavano da casa con rinnovata sicumera, ma la maggior parte di loro già dopo pochi giorni era di nuovo tale e quale a prima. Eri e restavi quello che gli altri ritenevano tu fossi.

Mentre, negli anni precedenti, in cuor mio mi ero sentito sicuro, ora c'erano momenti in cui, notando la luce fioca della sera calare in un corridoio in penombra, o gli alberi al crepuscolo allargare ombre spettrali tutt'intorno, qualcosa in me all'improvviso si ritraeva. Il pensiero di trovarmi su un pianeta che viaggiava nello spazio a velocità incredibile mi terrorizzava tanto quanto quello, nuovo e perturbante, dell'inevitabilità della morte. Come una crepa che si dilata, le mie paure crebbero. Iniziai a temere il buio, la morte, l'eternità. Questi pensieri conficcarono una spina nel mio mondo e, quanto più ci riflettevo, tanto più mi allontanavo dai miei compagni, spesso spensierati e allegri. Ero solo. E a quel punto incontrai Alva.

*

Uno dei primi giorni nella nuova scuola raccontai una barzelletta durante la lezione. Nella mia vecchia classe era quello che tutti si sarebbero aspettati da me, ma ora, ancor prima di arrivare al clou, mi resi conto che lì non avrebbe funzionato. Guardavo le facce estranee dei miei compagni e sentivo la sicurezza svanire, e alla fine non rise nessuno. Con ciò il mio ruolo fu segnato. Io ero il nuovo, il tipo strambo che non faceva caso a quello che si metteva la mattina e che per nervosismo invertiva le sillabe: per esempio 'relagato' invece che 'regalato'. Perciò, per non diventare lo zimbello della classe, non aprii praticamente più bocca, e così me ne stavo isolato all'ultimo banco. Finché, dopo qualche settimana, una ragazza si sedette accanto a me.

Alva aveva i capelli rosso rame e gli occhiali con la montatura di corno. Alla prima occhiata, una ragazzetta di campagna graziosa, timida, che riportava sui suoi quaderni quanto scritto sulla lavagna con diverse matite colorate. Eppure emanava anche altro. C'erano giorni in cui Alva sembrava schivare i compagni di proposito. Allora guardava incupita dalla finestra, completamente assente. Non sapevo perché si fosse voluta sedere vicino a me, non scambiavamo neanche una parola. Le sue amiche ridacchiavano, quando ci guardavano, e due settimane dopo mi ritrovai di nuovo solo soletto nel mio angolino. Nello stesso modo sorprendente in cui era arrivata, Alva se ne era andata a sedere altrove.

Da allora, durante le lezioni, le lanciavo spesso delle occhiate. Quando era interrogata alla lavagna, osservavo la sua postura insicura e le sue mani intrecciate dietro la schiena. Ascoltavo la sua voce morbida e le fissavo i capelli rossi, gli occhiali, la pelle bianca e il viso grazioso e pallido. Più di ogni cosa, tuttavia, mi piacevano i suoi incisivi, tra cui ce n'era uno un po' scostato. Alva, nel parlare, cerava di non aprire troppo la bocca, in modo che nessuno se ne accorgesse, e quando rideva ci teneva una mano davanti. Però a volte sorrideva e non ci badava, e allora si vedeva il canino sghembo che a me piaceva tanto. Il fulcro della mia vita era tutto lì, nel lanciarle occhiate, a distanza di parecchie file di banchi; quando finalmente lei ricambiava, distoglievo lo sguardo ed ero felice.

Qualche mese dopo capitò un fatto. Era un afoso pomeriggio d'estate e all'ultima ora ci avevano dato il permesso di vedere un film tratto da un romanzo di Erich Kästner. Nel bel mezzo della storia, Alva pianse. Stava tutta rannicchiata sulla sedia, le spalle che sussultavano, e alla fine le sfuggì un singhiozzo. Anche gli altri alunni se ne accorsero. La professoressa arrestò in tutta fretta la proiezione – sul fotogramma di una scena in un campeggio estivo – e andò da lei. Mentre uscivano insieme dalla classe, riuscii a cogliere di sfuggita il viso congestionato di Alva. Credo che fossimo tutti spaventati, ma in pochi parlarono. Ci fu solo uno che disse che il padre di Alva non veniva mai ai colloqui con i professori e che in generale era un tipo bizzarro, forse era quello il motivo. Ho ripensato spesso a quell'osservazione, ma non ne ho mai parlato con Alva. Comunque sia, la sua sofferenza si consumava tutta al chiuso e da allora lei la custodì con cura.

Qualche giorno più tardi stavo tornando da solo, dopo la scuola, verso l'istituto.

«Jules, aspetta!» Alva mi tirò per la camicia, mi girai. Mi accompagnò verso l'ingresso.

«Cosa fai adesso?» chiese, mentre ce ne stavamo lì incerti sulla soglia. Parlava sempre con un filo di voce, bisognava chinarsi per sentirla. Benché fosse un'esterna e abitasse dai suoi, sembrava tornare a casa malvolentieri.

Alzai gli occhi verso il cielo rannuvolato. «Non so... Ascolto un po' di musica, forse».

Evitò di guardarmi e arrossì.

«Vuoi che la ascoltiamo insieme?» domandai, e lei annuì.

Per fortuna i miei compagni non erano in stanza. Da mamma avevo ereditato il giradischi e la sua collezione, quasi un centinaio di LP tra cui Marvin Gaye, Eartha Kitt, Fleetwood Mac e John Coltrane.

Misi *Pink Moon* di Nick Drake, uno dei dischi preferiti di mia madre. Prima mi interessavo pochissimo alla musica, ma adesso, ogni volta, il crepitio della puntina che si posava sul vinile era pura felicità.

Alva era molto concentrata e anche ascoltando non mutò atteggiamento. «Mi piace moltissimo» disse. Stranamente non si era seduta su una seggiola, ma sulla mia scrivania. Prese un libro dal suo zainetto e si mise a leggere senza aggiungere altro, come se in camera mia si sentisse a casa. Mi piaceva che fosse così a suo agio nelle mie vicinanze. Il sole pomeridiano sbucò dalle nubi e fece brillare la camera di una luce ambrata.

«Cosa stai leggendo?» le chiesi dopo un po'. «È bello?»

«Mhm». Alva annuì e mi mostrò il titolo: *Il buio oltre la siepe*, di Harper Lee. Alva aveva undici anni come me. Osservai di nuovo come tornava a immergersi nel testo. I suoi occhi inseguivano veloci le righe, da sinistra a destra e ritorno, incessantemente.

Alla fine chiuse di scatto il libro e ispezionò le mie cose. Una strana creatura, che si era persa in camera mia e ora esaminava i fumetti dell'Uomo Ragno e le macchine fotografiche che stavano sullo scaffale. Per prima prese la Mamiya, poi i modelli più recenti con cui mio padre aveva fotografato spesso negli ultimi anni. Toccava tutti gli oggetti intenzionalmente, come se volesse accertarsi che fossero reali.

«Non ti ho mai visto fare foto».

Mi strinsi nelle spalle. Alva prese una foto di famiglia, dove comparivano mio padre e mia madre.

«I tuoi genitori sono morti».

Quella frase mi stupì, credo che spensi persino la musica per un momento. Da quando ero in collegio non ne avevo fatto parola con nessuno.

«Come fai a saperlo?» chiesi.

«Ho chiesto a una educatrice».

«Perché?»

Non rispose.

«Sì, sono morti sei mesi fa». Era come se, a ogni parola, avessi dovuto conficcare una vanga in un terreno gelato.

Alva annuì e mi guardò negli occhi a lungo, insolitamente a lungo. Non dimenticherò mai come, in quel frangente, entrambi riuscimmo a gettare uno sguardo dentro l'anima dell'altro. Per un breve istante vidi il dolore nascosto dietro le sue parole e i suoi gesti, e lei a sua volta intuì quello che custodivo nel profondo di me. Ma non ci spingemmo oltre. Ognuno di noi si fermò sulla soglia altrui, evitando domande.

*

Neanche tre anni dopo, alla fine del 1986, Alva e io eravamo grandi amici. Spesso, durante la settimana, ascoltavamo musica insieme. Di tanto in tanto mi raccontava qualcosa di sé, del genere che ammirava gli sportivi e che i suoi genitori erano medici o che, finita la scuola, voleva andare in Russia, la patria dei suoi scrittori preferiti. Ma non parlavamo mai delle cose davvero importanti, nemmeno del motivo per cui quella volta aveva pianto in classe, mentre guardavamo il film.

Il nostro quattordicesimo compleanno era alle porte e in classe si era scavato un solco profondo. Da una parte stavano Alva e quei compagni che sembravano già più grandi di qualche anno, dotati di un'aria in un certo senso più robusta e chiassosa. Dall'altra gli immaturi, gli emarginati, quelli goffi, indietro nello sviluppo, tra cui ero anch'io. Da anni non ero più cresciuto e, se nell'infanzia avevo mostrato i segni di una qualche inclinazione, in quella fase della mia adolescenza vivevo in uno stato di costante mancanza di talento. Da sempre ero uno a cui piaceva fantasticare, ma che, di pari passo, aveva anche un lato diverso, più selvaggio. Ora di quel mio aspetto non c'era più traccia, e io mi ritraevo sempre di più in me stesso, a volte odiandomi segretamente per come ero diventato.

Una sera d'autunno feci visita a mio fratello. Ala ovest, secondo piano, una zona pericolosa per i collegiali più piccoli come me, ancora privi delle astuzie della pubertà. A quel piano, dove erano alloggiati solo sedicenni e diciassettenni, si avvertiva quella peculiare *irrequietezza*, quella sorta di raptus che, per esuberanza di energia e di noia, ti fa venire voglia di batterti, di fare a botte, di menar le mani o urlare. Osservavo alcuni dei grandi passeggiare nervosamente in corridoio; altri stavano seduti nelle loro camere, con la porta aperta, e fissavano il muro, quasi escogitassero qualcosa; altri ancora mi scrutavano con disapprovazione, come predatori nel cui territorio penetri un intruso. Esagero, ma non troppo.

Mio fratello stava proprio in fondo al corridoio. A differenza mia o di mia sorella, per Marty gli ultimi anni erano passati senza quasi lasciare traccia; lui del resto era quello che aveva avuto meno da perdere. Era come una formica, che procede imperterrita anche dopo la guerra nucleare. Alto un metro e novanta, era un gigante allampanato dai movimenti spigolosi, i lunghi capelli legati in una coda. Come se qualcuno avesse costretto Woody Allen a rivivere l'adolescenza: indossava solo abiti neri e un soprabito nero di pelle, faceva tutto il giorno allusioni intellettuali che nessuno di noi capiva e con il suo naso a becco e gli occhiali sembrava uno spaventapasseri esistenzialista. Con le ragazze non aveva fortuna, ma a sedici anni era a capo di una banda di tipi bizzarri e stravaganti. L'armata fantasma di Marty includeva tutti gli stranieri del collegio, più ogni genere di nerd e saccentoni, compreso il suo compagno di stanza di lunga data, Toni Brenner, l'unico austriaco della scuola che, a motivo del suo marcato accento viennese, nel sistema di coordinate dell'istituto era stato confinato ai margini.

Poco prima della porta di Marty due ragazzi mi sbarrarono il passo. Un tipo smilzo – era pieno di brufoli e con la sua risata roca e i capelli ritti sembrava una iena – e un attaccabrighe corpulento, di cui non ricordo l'aspetto.

«Ehi, Moreau!» disse lo smilzo agguantandomi. «Frena!» Entrambi sogghignavano con aria di superiorità.

Siete ridicoli, pensai, chi vi credete di essere, brutti pagliacci scemi. Per un attimo dentro di me divampò una fiammata di rabbia, come una volta, quando facevo a botte. Ma poi mi afflosciai. A chi volevo mostrare i denti? Non avevo nemmeno cambiato la voce, ero uno stramaledetto scherzo di natura.

Chiamai mio fratello a squarciagola. La sua porta distava solo un metro. Nessuna reazione. Lo chiamai di nuovo: «*Aiutami, Marty. Ti prego!*» Gridavo, gridavo ma la sua porta restò chiusa.

I due, che non mi mollavano, sogghignarono di nuovo, poi mi trascinarono verso le docce. Strada facendo si unirono a loro numerosi altri ragazzi giubilanti, finché furono in cinque a tenermi. Mi divincolavo e mi difendevo, ma non avevo nessuna chance. Mi misero sotto la doccia, vestito, finché non fui completamente fradicio. C'era odore di shampoo dozzinale e di marciume, chiusi gli occhi, sentivo le risate degli altri. Poi uno disse che sarebbe stato uno spasso lasciarmi nudo al piano delle ragazze. Mi agguantarono di nuovo, tra grandi schiamazzi.

«Vi odio!» Strinsi le labbra per trattenere le lacrime.

«Finitela!» disse qualcuno. Un ragazzo con i capelli biondo cenere era entrato nel locale: Toni, il compagno di stanza di mio fratello. Il mio cuore fece un balzo. Era uno sciatore provetto, non alto ma molto muscoloso, che ogni giorno o quasi si temprava per ore in palestra. Toni si avvicinò al ragazzo smilzo, la iena, e lo scaraventò in fondo al bagno con una tale violenza che gli altri arretrarono.

Poi venne verso di me. «E tu, tutto a posto?»

Tremavo ancora, l'acqua della doccia era gelida. Toni mi mise un braccio intorno alle spalle e mi accompagnò in camera di mio fratello. Zoppicava leggermente per i postumi della seconda operazione al ginocchio. Ancora non si sapeva se avrebbe potuto continuare la sua carriera sciistica.

All'improvviso mi fece un sorrisetto. «Ha già risposto alla lettera?»

Voleva tirarmi su di morale. Come molti altri, Toni era innamorato cotto di mia sorella. Qualche mese prima avevo consegnato a Liz una lettera d'amore, a cui lei peraltro non aveva mai risposto. Da allora Toni mi chiedeva ogni volta, per scherzo, se Liz avesse finalmente letto la lettera.

In camera di mio fratello grondavo ancora acqua sul pavimento. Marty, che negli ultimi anni aveva sviluppato una notevole dipendenza dal computer, alzò gli occhi dal suo PC. «Che diavolo ti è successo?»

Lo ignorai e diedi uno sguardo fuori: le finestre illuminate dell'edificio di fronte, il profilo del bosco di notte, in lontananza. Marty riprese a digitare sulla tastiera del suo Commodore usato, ma da quella sua operosità esibita trapelava il senso di colpa.

«Non sei venuto ad aiutarmi» dissi. «Mi sono sgolato a chiamarti».

«Non ti ho sentito».

«Sì che mi hai sentito. Ero proprio qui, davanti alla tua porta».

«Davvero, non ti ho sentito, Jules».

Gli lanciai un'occhiata furiosa. «Se solo tu avessi aperto la porta mi avrebbero lasciato andare. Bastava che tu uscissi».

Ma mio fratello restò testardamente della sua idea, tanto che alla fine dissi: «Almeno ammetti di avermi sentito. Così ti perdono».

Quando Marty, dopo qualche secondo, ancora non mi rispose, lasciai la stanza. In quegli anni, tutte le volte che pensavo a mio fratello, avevo sempre davanti agli occhi l'immagine di una porta chiusa.

*

Andammo al lago, volevo mostrare una cosa ad Alva. Era una giornata pallida e gelida e per la prima volta da anni mi ero portato dietro una delle macchine fotografiche di mio padre. Mentre io ero tutto imbacuccato, con giacca a vento, sciarpa e cappuccio, mi colpì come Alva fosse vestita in maniera trasandata. Jeans leggeri e un golfetto stinto. Come una bambina abbandonata, fuggita da una setta; eppure – benché dovesse morire di freddo – non lo dava a vedere.

Imbruniva già, quando raggiungemmo il lago. Alcuni allievi dell'istituto pattinavano sul ghiaccio.

«Vieni con me». Condussi Alva in un luogo un po' in disparte. Le voci degli altri si percepivano appena, eravamo soli sul lago gelato.

Alva gridò. Aveva visto la volpe. Attraverso il ghiaccio si scorgeva la coda irrigidita, ma una parte del corpo ancora sbucava dal lago gelato, il pelo irsuto cosparso di cristalli scintillanti. Come se fosse rimasta congelata nel bel mezzo di un movimento.

«Che morte spaventosa!» Il fiato di Alva fumava. «Perché mi fai vedere una cosa del genere?»

Passai i guanti sul ghiaccio e spazzai via la neve, per distinguere meglio gli occhi morti della volpe.

«Una volta ho visto annegare un cane. Ma questa è un'altra cosa. Pensavo che magari potesse interessarti. Dà una tale impressione di quiete, di eterno».

«A me sembra orribile». Alva girò le spalle.

«Adesso ti pare orribile, ma ci scommetto quello che vuoi che tra vent'anni ti ricorderai della volpe congelata». Scoppiai a ridere. «Persino sul letto di morte penserai ancora alla volpe congelata».

«Non fare lo scemo, Jules».

Scattai alcune foto, poi tornammo in paese. Gli ultimi scampoli di colore impallidivano all'orizzonte e il paesaggio intorno a noi si perdeva nell'oscurità. Faceva sempre più freddo, stringevo i pugni nelle tasche. Finalmente raggiungemmo il caffè.

Una volta dentro, Alva si sfregò le mani. Negli ultimi tempi si metteva lo smalto sulle unghie e io osservai diffidente la punta delle sue dita rosso fiamma; un segnale di svolta e di trasformazione. Bevemmo una cioccolata e parlammo di mia sorella, che era di nuovo nei guai perché *se l'era filata* di notte, di nascosto.

«Ho sentito dire che presto la cacceranno via» dissi. «Non prende niente sul serio».

«Mi è simpatica, tua sorella» si limitò a dire Alva. Lei e Liz si erano incontrate una volta di sfuggita in camera mia. «E la trovo bellissima. Mi piacerebbe tanto avere una sorella maggiore così bella».

Non sapevo cosa rispondere. Poi vidi la Iena passare davanti alla vetrina. Lo seguii con gli occhi, pieno di rabbia. Alva invece mi squadrava in un modo che mi inquietava. Una volta, senza pensarci, le avevo raccontato della mia esperienza umiliante nel locale delle docce e ora temevo che mi reputasse un debole.

«Avrei dovuto dargli un fracco di botte» dissi, spaccone, prima di bere un sorso di cioccolata. «Una volta sì che lo avrei… Non so perché non l'ho fatto».

Alva rise. «Jules, io trovo giusto che tu non l'abbia fatto. È alto il doppio di te». Inarcò un sopracciglio. «In realtà quanto sei basso, tu?»

«Uno e sessanta».

«Ma va', sicuramente non sei così alto. Mettiti un po' di fianco a me».

Ci alzammo e restammo in piedi accanto al tavolo. Alva mi sopravanzava di qualche increscioso centimetro. Per un paio di secondi restammo così, vicinissimi, uno di fronte all'altra. Respiravo il suo nuovo profumo, troppo dolce. Poi lei tornò a sedersi.

«Ah, guarda che hai i baffi di cioccolata» disse.

«Sai cosa penso a volte?» Mi passai una mano sopra il labbro e la guardai, aggressivo. «Tutto questo è una specie di semina. Il collegio, la scuola, quello che è successo ai miei genitori. Tutto viene seminato in me, senza che però io possa vedere come diventerò. Solo quando sarò adulto verrà il raccolto, e allora sarà troppo tardi».

Aspettavo la sua reazione. Con mia sorpresa, Alva sorrise.

Non capivo. Poi mi girai e scorsi dietro di me un ragazzo delle superiori, un tipo alto, che di certo aveva già sedici anni. Venne verso di noi con un ghigno da attore consumato. Alva lo guardò come non aveva mai guardato me e, mentre lui le parlava, sentii in bocca il gusto di cenere dell'inferiorità, che negli anni seguenti non sarebbe mai scomparso del tutto.

*

Davanti alla mensa notai mia sorella. Troneggiava su una panca, come una regina; era attorniata dai suoi compagni e fumava. Aveva diciassette anni, indossava una felpa con il cappuccio, color verde oliva, e le All-Stars. I capelli biondi le piovevano sul viso. Per essere una donna era inusualmente alta, almeno uno e ottanta, e tuttora le piaceva di più correre che camminare, scambiava spesso l'ammirazione con l'affetto e faceva quello che le andava. Liz aveva un interesse giocoso per il corpo maschile; se uno le piaceva, non conosceva dubbi o strategie, se lo pigliava e basta. Durante le vacanze andava spesso via con amici più grandi, e già due volte era stata riportata a casa – non senza orgoglio – dalla polizia.

Stava giusto raccontando di una discoteca a Monaco, i compagni la ascoltavano rapiti. In quel momento le si avvicinò un assistente. «Liz, per favore, vieni? Il doposcuola è già iniziato».

«Finisco la sigaretta» disse mia sorella. «E comunque non capisco perché devo ancora seguire 'sto doposcuola di merda».

Liz aveva una voce profonda, capace di mettere in soggezione. Poi parlava sempre in un tono un po' troppo alto, come se fosse su un palcoscenico. E in un certo senso lo era.

Iniziò a litigare davanti a tutti con l'assistente, continuando a sbraitare, furibonda: «Non la faccio, 'sta cazzata, puoi scordartelo».

Dava del tu a tutti gli assistenti.

«A parte il fatto che non sto bene...» aggiunse, con la cicca all'angolo della bocca. «Sono malata».

Scoppiò a ridere da sola. Tirò una lunga boccata e sospirò. «Sì, d'accordo, arrivo tra cinque minuti».

«Tre minuti» disse il giovane assistente.

«Cinque» ribatté Liz. E gli sorrise in modo così fascinoso e sfacciato che l'altro fu costretto a evitare il suo sguardo.

Tutto ciò avveniva poco prima delle vacanze di Natale. Sulle porte d'accesso ai piani erano appese le ghirlande, e a cena c'erano panpepato, mandarini, noci e ponce. Un sentimento collettivo di attesa, di presagio di gioia, aleggiava sopra l'istituto come una campana; per me invece le vacanze erano un inciampo. Nel comprensorio del collegio non c'erano genitori, e questo fatto mi accomunava agli altri. Quando invece ero da mia zia a Monaco, mentre i miei compagni stavano a casa, dalle loro famiglie, per me ogni volta era un dolore.

Nostra zia all'epoca aveva da poco passato i cinquanta, era affettuosa e mite, la sera spesso con un bicchiere di vino in mano e le parole crociate in grembo. La perdita della sorella più giovane aveva bandito l'allegria dal suo volto, negli ultimi anni era ingrassata e aveva l'aria di chi sta a guardare un gioco di cui non capisce più le regole. Eppure riusciva sempre a farsi balenare in faccia un sorriso, tutte le volte che avevamo bisogno di essere rincuorati. Veniva con noi al bowling e al cinema, ci raccontava dei nostri genitori, e pareva anche essere la sola in grado di capire qualcosa della complicata natura di Marty. Dopo cena loro due si trattenevano spesso in cucina, bevevano il tè e parlavano. Nelle sue vicinanze la voce di mio fratello perdeva l'abituale coloritura saccente e a volte, quando raccontava delle sue disavventure con le ragazze, lasciava persino che la zia lo abbracciasse.

Nelle vacanze di Natale trasformavamo il suo appartamento in una distesa di materassi. Liz, che ammucchiava tutto alla rinfusa. E Marty, che disponeva le sue cose ordinatamente e lisciava con tale accuratezza il suo letto che nessuno quasi osava sedercisi sopra. Strana, la rinnovata vicinanza con i miei fratelli. Di solito facevamo ben poco insieme, il collegio offriva troppi mondi paralleli; sedere a pranzo a un solo tavolo di distanza era già quasi come essere in un altro paese. Ora invece ce ne stavamo tutti e tre davanti al televisore a guardare un documentario sul faraone egiziano Ramses II. Ramses, a quanto pareva, era convinto di detenere il potere non solo dalla nascita, bensì già dal grembo materno. Si definiva 'una potenza innata'. Io e i miei fratelli ci appropriammo del concetto. «Sei una potenza innata?» ci chiedevamo a vicenda, scoppiando a ridere. E se parlavamo di qualcuno che aveva fatto fiasco in qualcosa dicevamo: «Be', che ci vuoi fare? Mica era una potenza innata».

La mattina di Natale, andando in cerca di candele, scoprii mia sorella nello sgabuzzino. Si affrettò a richiudere subito la porta. «Merry Christmas, piccolo». Liz mi abbracciò, poi riprese a rollare il suo joint. Io guardavo rapito come leccava la cartina, chiudendo gli occhi.

«Cosa c'è fra te e Alva?» Aspirò una boccata e soffiò il fumo in piccoli anelli. «Sarebbe la tipa giusta per te».

«Niente, siamo solo amici».

Mia sorella annuì con aria di commiserazione, poi mi diede una gomitata leggera. «Ma un bacio a una ragazza l'hai mai dato?»

«No, più a nessuna da quella volta... Non ti ricordi?»

Liz si limitò a scuotere la testa. Viveva da sempre solo nel presente e dimenticava un sacco di cose, mentre a me piaceva rimuginare a lungo sulle esperienze vissute e riflettere sul modo di incasellarle.

«Non c'è da stupirsi che tu non abbia la ragazza». Esaminò i miei vestiti, che avevo comprato con nostra zia da Woolworth. «Ti vesti come un fottuto moccioso di otto anni. Bisogna che andiamo urgentemente a comprare qualcosa».

«Devo diventare più cool, quindi?»

Liz mi osservò pensierosa dall'alto della sua statura. «Occhio. Quello che sto per dirti è molto importante, non devi dimenticartelo mai».

La guardavo avidamente, sapevo che avrei creduto a ogni sua parola.

«Tu non sei cool» mi disse. «Purtroppo è così, e non potrai mai farci niente. Per cui non ci provare neanche. L'unica cosa che puoi fare, almeno, è sembrarlo».

Annuii. «È vero che tra poco te la fili?»

Liz tirò su col naso. «Cosa? Chi l'ha detto?»

«Non so, lo dicono in giro. E se ti beccano con della droga? Voglio dire, non con il fumo, ma con... altre sostanze».

«Non mi beccheranno. Sono una potenza innata».

Mi aspettavo che aggiungesse «E comunque io quella roba non la prendo», ma non mi diede quella soddisfazione. «Sai» disse, con un sorriso duro, «ne sono successe parecchie nelle ultime settimane. A volte penso veramente che, in effetti...»

Faticava a trovare le parole.

«Cosa intendi? Cos'è successo?»

Era evidentemente divertita dal modo in cui la guardavo a occhi sgranati, però si limitò a scuotere il capo. «Ah, niente, piccolo, lascia stare. Non me la filo, non mollo la scuola, ok?» mi strizzò l'occhio. «Più facile che mi boccino».

Più tardi addobbammo il soggiorno insieme alla zia, ascoltando canzoni alla radio, e per un momento tutto fu come una volta, solo che mancavano due persone. Come una volta, solo che niente lo era più davvero.

*

La vigilia di Natale la situazione degenerò. Quell'anno per la prima volta Liz non ci regalò i suoi disegni, in compenso ci accompagnò alla chitarra mentre cantavamo. In collegio la vedevo spesso esercitarsi assorta, seduta su un gradino, una panca o sulla pista di atletica. Ma, pur avendo una bella voce, si rifiutò di cantare *Moon River*, come faceva una volta nostra madre.

«Che mi venga un colpo, piuttosto, ma quella fottuta canzone non la suono». Liz si studiò le unghie. «L'ho sempre odiata».

«Ti piaceva» disse Marty con un filo di voce. «A noi tutti piaceva».

Dopo cena giocammo a Barricata. Per un bel po' parve che fosse Marty a vincere, finché io e mia sorella, alleandoci, lo murammo con le pedine bianche. Attaccò a mugolare e a riempirci di insulti, tanto più che poi Liz vinse e proruppe in urla trionfanti.

Al momento di mettere via il gioco, mia sorella si infilò una pedina bianca nella tasca dei pantaloni.

«Come portafortuna» mi sussurrò.

Per me fu il momento più bello di quel Natale. La serata volgeva al termine in modo pacifico, finché la zia ci chiese del collegio.

Mentre io tacevo e Marty non la smetteva più di lagnarsi (a quei tempi avrebbe potuto attaccare briga anche in una stanza vuota), Liz parlò in modo provocatoriamente esplicito di serate al lago, feste e ragazzi. Disseziono con gran gusto tutti i punti deboli degli insegnanti, o il comportamento goffo dei suoi spasimanti, inframmezzando il discorso con risate sadiche.

Marty fece una smorfia. «Liz, devi sempre menartela con le tue storie? Non è che voglio interromperti, però scocci». Classica frase alla Marty. Diceva sempre: «Non è che voglio...» e poi faceva l'esatto opposto.

Liz fece un gesto di sufficienza. «Ti rode soltanto perché ancora non hai la ragazza. Lo sai come la chiamano la tua stanza in collegio? La cella delle seghe».

«La... che cosa?» chiese la zia.

«Ah, chiudi il becco» Marty si stava tormentando il colletto del cappotto di pelle, che non toglieva neanche in ambienti riscaldati. Aveva il viso color carta straccia, i lunghi capelli unti, e per di più si era lasciato crescere da poco il pizzetto. Un sudicio, piccolo malavitoso di Philly, sempre pronto a svaligiare un supermercato e a scappare con cinque dollari e un cartone di latte. «Bada piuttosto a quello che dicono a scuola di te» aggiunse.

«Perché, cosa dicono?» ribatté Liz.

«Ah, no, niente» disse Marty, che evidentemente aveva capito di aver commesso un errore.

Liz guardò prima lui, poi me. «Tu lo sai cosa intende?»

Io tacqui. Naturalmente sapevo cosa intendeva mio fratello. Anche a me erano giunte all'orecchio le storie che circolavano su nostra sorella. Dovevano essere balle. Messe in giro da pretendenti rifiutati o da ragazze gelose. Ma che ne sapevo davvero di mia sorella?

«Cosa dicono a scuola?» chiese ora anche la zia.

«Che è una... una *puttana*» disse Marty, lui stesso spaventato dal potere distruttivo delle sue parole. Vedevo benissimo che avrebbe preferito tacere, ma sembrava succube di una coercizione dal profondo. «Che va con gli uomini in cambio di droga» proseguì. «Che uno l'ha messa persino incinta».

Si udì un rumore secco. Liz aveva gettato il cucchiaino del dessert sul piatto. Scattò in piedi e lasciò la stanza. Pochi secondi e sentimmo sbattere la porta d'ingresso. Corsi alla finestra e vidi mia sorella sparire a passi rapidi nel buio.

Il mattino seguente tornò, è vero, ma poche settimane dopo Natale Liz mollò la scuola e sparì per anni dalla mia vita. Disse a una compagna che l'esame di maturità non faceva per lei e che voleva esplorare il mondo. Anzi, doveva. All'epoca mi interrogai a lungo sul perché. Ogni giorno aspettavo un segno da Liz, una lettera di spiegazioni, una cartolina o una telefonata. Come un naufrago che gira indefesso i bottoni di una ricetrasmittente nella speranza di captare finalmente una voce. Ma da mia sorella non giunse altro che un fruscio di fondo, lungo anni.

Reazioni chimiche
(1992)

Aspettavo nel parcheggio del collegio e osservavo le scie luminose degli aerei all'orizzonte rossastro. Come spesso accadeva quando uno spettacolo naturale si associava alle mie nostalgie e ai miei ricordi, sentivo una lieve morsa allo stomaco. Avevo diciannove anni, ero alle soglie dell'esame di maturità. Il futuro si spalancava davanti a me e io provavo l'ingannevole euforia di un uomo giovane che in vita sua ancora non ha commesso nessun grave errore.

Un quarto d'ora dopo si presentò finalmente la Fiat rossa. Mi sedetti davanti e baciai Alva sulla guancia.

«In ritardo come sempre» dissi.

«Mi piace farti aspettare».

Sollevò il piede dalla frizione e accelerò di botto.

«Com'è andata a casa?» chiese. «Qualche storia di donne che è giusto sappia?»

«Be', non sono certo un tipo musone, come ben sai...»

«Jules, tu sei un tipo mostruosamente musone».

Alva non intendeva demordere e chiese di una certa ragazza della nostra classe – sarebbe sbagliato farne qui il nome. «Cosa c'è tra di voi? L'hai vista durante le vacanze?»

«L'imputato si avvale della facoltà di non rispondere».

«Avanti, dai. Cosa c'è tra di voi?»

Sospirai. «Non ci siamo visti».

«Be', Monsieur Moreau, mi sarei aspettata qualcosa di più da lei».

«Molto divertente. Credo proprio che non mi voglia».

«Ma lo sai quanto sei bello? Certo che ti vuole».

Alva fece un gran sorriso. Le piaceva rassicurarmi e accoppiarmi con qualunque ragazza.

A questo punto devo aggiungere che negli ultimi anni ero cresciuto molto in altezza. Avevo i capelli neri come quelli di mio padre, e da lui avevo ereditato anche la barba esuberante, che rasavo di rado. Mi stupivo del mio aspetto adulto e di quanto si fosse fatto indagatore e brusco il mio sguardo.

Negli ultimi anni di liceo avevo avuto due brevi storie, che però mi avevano toccato ben poco. Molto di più mi interessava la fotografia. Imparai tutto sulle reazioni chimiche necessarie a sviluppare un negativo; nelle cantine del collegio c'era una stanza vuota, che potevo utilizzare come camera oscura.

Spesso sentivo l'impulso di stare nella natura, ero capace di sedere per ore in riva al lago, con la macchina fotografica di mio padre, o di andare a zonzo per prati e boschi, per poi tornarmene a casa a tarda sera con il mio bottino. Tramite l'obiettivo della Mamiya le cose prendevano vita, la corteccia degli alberi all'improvviso assumeva una fisionomia, la struttura dell'acqua rivelava un senso, anche le persone facevano tutto a un tratto un effetto diverso, e a volte capivo i loro sguardi solo quando li osservavo attraverso il mirino dell'apparecchio.

«Di scuse non ne voglio più sentire» insistette Alva al mio fianco. «Non puoi mica fare il timidone in eterno, ti restano solo poche settimane». E ancora, implorante: «Non vorrai lasciare la scuola senza aver avuto una storia con lei!?»

Guardai in silenzio dal finestrino. Il paesaggio si oscurava, era come se venisse stesa la mano di fondo della notte.

Dopo un po' Alva mi diede un colpetto. «A cosa pensi quando guardi in questa maniera?»

«Perché, in che maniera guardo?»

Alva fece un'imitazione piuttosto efficace di un sognatore perso nel suo mondo, vagamente inebetito.

«A cosa pensi?» tornò a chiedere, ma io non risposi.

Da che ero arrivato al collegio ci eravamo visti quasi ogni giorno. Alva era diventata il mio surrogato di famiglia, e per molti versi mi era più intima dei miei fratelli e di mia zia. Eppure negli ultimi anni era cambiata. Ancora c'erano momenti in cui riuscivo a strapparle qualche rara risata spensierata o in cui, ascoltando musica, ci guardavamo e *sapevamo* esattamente quello che l'altro stava pensando. Ma in parallelo si era venuta a creare un'altra Alva. Una che mi sfuggiva sempre più spesso e sedeva fumando su una panchina, piena di odio per se stessa, e diceva cose del tipo che forse sarebbe stato meglio se non fosse mai nata.

Con quei capelli rossi e la pelle diafana non le mancavano certo gli spasimanti, ma il primo ragazzo l'aveva avuto solo verso la fine dei sedici anni. In seguito aveva imbastito un paio di storie, senza troppa convinzione, con dei ragazzi del liceo. Ma mentre Liz, a mio parere, era semplicemente appassionata di sesso e sapeva vedere qualcosa di speciale in ogni uomo, Alva sembrava piuttosto usare il suo corpo come un'arma contro se stessa. E se uno sviluppava un sentimento, lei subito lo scacciava. Come se una parte di lei si fosse frantumata in mille schegge, che ferivano chi si avvicinava troppo.

A diciassette anni, poi, si era totalmente estraniata dagli uomini. Ogni forma di approccio pareva letteralmente disgustarla, tanto che correva voce che fosse interessata alle donne. O che fosse *stramba.* A lei non importava. In compenso studiava come una matta e leggeva libri di filosofia; Sartre e Kierkegaard a non finire. Vero, da poco aveva di nuovo un ragazzo, ma di quell'argomento non parlavamo mai.

Quella sera eravamo diretti in un locale. Lungo il tragitto Alva dovette chiamare la madre da una cabina telefonica. «Con Jules» la sentii dire. «No, non lo conosci, quello era un altro». La sua voce si alzava sempre più di tono. «Torno quando mi pare!» gridò alla fine, prima di sbattere il ricevitore sulla forcella.

Sua madre vigilava occhiuta e maligna ovunque la figlia andasse, e più di una volta Alva l'aveva minacciata di sparire dopo la maturità e di non farsi più vedere. Ma cosa esattamente fosse accaduto tra le due non mi era chiaro. Alva mi teneva da sempre alla larga dalla sua famiglia e bloccava qualsiasi domanda sui genitori. In un paio di occasioni ero andato a prenderla a casa, ma ogni volta mi aspettava già davanti alla porta, in modo da non farmi entrare.

«Tutto ok?» le chiesi, quando tornò in macchina.

Annuì e avviò il motore, ma dentro si arrovellava e i suoi occhi ora avevano una sfumatura più cupa. Alva guidava veloce già di suo, ma quella volta prese le curve addirittura sfrecciando. Abbassò il finestrino, e i capelli cominciarono a svolazzarle al vento della corsa. Era uno di quei momenti in cui riuscivo a intuire che, non posso esprimermi altrimenti, poteva in qualche modo diventare un *pericolo* per me. Portava avanti quel gioco da mesi, con il sottoscritto. Sapeva benissimo che avevo paura, quando guidava troppo forte, e anche che non volevo ammetterlo davanti a lei. Per questo prendeva le curve a velocità sempre più sostenuta, con la sua Fiat rossa, evidentemente divertita nel vedermi rattrappito sul mio sedile, chiuso in un silenzio testardo. Ogni volta si spingeva un tantino oltre. E quella sera, quando capii che non era intenzionata a smettere ma che, anzi, avrebbe superato ogni limite, mi arresi.

«Va' più piano» dissi, mentre si apprestava a tagliare una curva a tutta velocità.

«Hai paura?»

«Sì, cavolo. Per favore, va' più piano».

Alva staccò all'istante il piede dall'acceleratore e mi rivolse un sorriso trionfante e stranamente enigmatico.

Parcheggiò la Fiat rossa davanti al Jackpot, lo scalcinato locale del paese, luogo d'incontro dei liceali degli ultimi due anni. Il jukebox suonava per lo più un rock vetusto, il tavolo da biliardo era malandato. Sul retro, dove c'era il tirassegno, due slot machine esercitavano un misterioso potere d'attrazione sulle anime perse del circondario.

Invece di entrare, restammo per un po' fuori, seduti in macchina. Alva abbassò il volume della radio e aprì una lattina di birra. Poi, con un'occhiata eloquente: «Apri un po' lo sportello del cruscotto».

Dentro ci trovai un regalo dalla forma squadrata, impacchettato con una carta dai colori vivaci. «Per me?»

Lei annuì, io strappai la carta. Un album di ricordi con foto di noi due, bambini e adolescenti, corredate da poesiole affettuose. Doveva averci lavorato per ore.

Ero talmente commosso che per un momento restai senza parole. «Cosa ti è saltato in mente?»

Ostentando una certa indifferenza, lei disse: «Boh, pensavo che ti avrebbe fatto piacere».

Osservai le foto. Noi due al lago, o in viaggio insieme verso qualche concerto o qualche festival, a una festa di strada a Monaco o nella mia camera in collegio. Abbracciai Alva e, quando vide la mia gioia, lei arrossì.

Come faceva spesso, parlò di *Il cuore è un cacciatore solitario* di Carson McCullers, il suo libro preferito. «Devi deciderti a leggerlo» disse.

«Sì, lo so, lo leggerò presto».

«Fallo, Jules. Voglio sapere cosa ne pensi. Già solo come i personaggi si aggirano nella notte, solitari, inquieti... e alla fine finiscono tutti in un caffè, l'unico aperto anche a tarda ora». Si infervorò, come sempre quando parlava di libri. «Mi piacerebbe così tanto essere anch'io uno di quei personaggi letterari. Andarmene in giro per la città, con il buio, e poi, passata mezzanotte, entrare in un caffè».

La voce di Alva era sommessa, ma i suoi occhi sfavillavano, e questo a me piaceva molto.

Le raccontai delle mie vacanze a Monaco e di come fossi andato a rivedere la casa dove ero cresciuto. «È stata completamente ristrutturata. Anche l'altalena e la casetta sull'albero in cortile sono sparite, al loro posto adesso ci sono dei fiori. È tutto così diverso, così estraneo. Mentre ero lì mi sono sentito osservato, come un ladro».

A differenza di me, Alva parlava di rado della sua infanzia. Solo una volta mi aveva confidato che, da bambina, quando in famiglia capitava qualche giornata particolarmente bella, anche lei soffriva all'idea che quel momento dovesse passare. E quanto più ci riflettevo, tanto più mi ritrovavo in quell'osservazione stringata.

Vidi due compagni di scuola uscire dal Jackpot.

«Vuoi provare?» chiese Alva.

Non sapevo cosa rispondere, ma innanzitutto ci tenevo a darmi un tono. Poi mi accorsi che rollava un joint. Fino a quel momento non avevo mai assunto droghe.

«Sì, certo» dissi. «Dove l'hai presa?»

«Sono il boss di un narco-cartello, non te l'ho mai detto?»

«Il boss? Hai già fatto fuori qualcuno?»

«Un paio di volte, per forza di cose».

Mi lanciò un'occhiata cupa, assolutamente convincente.

In realtà Alva fino a quel momento ci era andata molto piano con la droga. Quando ebbe ultimato il joint, fece un tiro e me lo porse.

«Devi inspirare profondamente e trattenere il fumo».

Annuii, sulle prime tossii, ma nel giro di poco me la cavai bene e mi girò la testa. Mi aggrappai al sedile e ripensai alla casa che avevo dovuto lasciare da bambino. Con mio sconcerto faticavo a rievocarla in immagini precise; riuscivo a malapena a ricordarmi l'aspetto delle singole stanze. Dov'era appeso l'orologio in cucina? Che foto c'erano in camera mia negli ultimi tempi?

Mentre ci pensavo, affiorò dai miei ricordi un taxi che voltava l'angolo, alla luce di un lampione, di notte.

Rivedevo quella scena in continuazione. Volevo gridargli dietro qualcosa, ma il taxi era già sparito. Sapevo che quell'immagine era molto importante per me, ma al tempo stesso mi pareva che quel ricordo non fosse sufficientemente a fuoco, come una foto ancora immersa nel liquido di sviluppo.

«Che c'è?» mi chiese Alva.

«Niente, perché?»

«Stai tremando».

Me ne accorsi anch'io, così inspirai ed espirai profondamente un paio di volte. Alla fine mi calmai e il pensiero del taxi che si dileguava sbiadì.

«E che fanno i tuoi fratelli?» proseguì lei. «Ogni quanto li vedi?»

Feci un lungo tiro e mi chiesi se fosse il caso di raccontarle come tra me e i miei fratelli si fosse insinuata una sorta di estraneità, ma mi limitai a scrollare le spalle. «Mia sorella adesso sta a Londra, credo. E mio fratello a Vienna».

«Per cui non li vedi molto spesso?»

«No... In realtà quasi mai».

Alva mi tolse di mano il joint e tirò così forte da farlo avvampare. Alzò il volume della radio e chiuse gli occhi. Per un momento restò immobile. Poi, sempre con gli occhi chiusi, mi afferrò la mano. Non fece altro, non si avvicinò, mi tenne soltanto la mano. Io gliela strinsi. Lei pure. Poi la ritrasse.

*

Nel fine settimana arrivò, a sorpresa, Marty. Era da tempo che non veniva. Diede un'occhiata alla mia camera, poi ci avviammo verso la sua macchina, una

Mercedes usata. Non sapevo mai bene cosa combinasse mio fratello, oltre agli studi di informatica, ma a quanto pareva aveva le mani in pasta in molteplici progetti di successo. Di recente aveva fondato, insieme a Toni, il suo ex compagno di stanza, e a un facoltoso compagno di università, un'impresa che si occupava di concetti per me astrusi quali 'networking' e 'informazione'. L'infelicità degli anni del collegio sembrava avergli temprato la volontà; con il passato, il presente e il futuro, Marty aveva costruito una scala a tre pioli che lo portava vertiginosamente in alto.

«Pensi che andrà bene la tua ditta?» chiesi.

«Ci cercheranno tutti». Mio fratello sogghignò. «Siamo una potenza innata!»

Avevamo raggiunto la sua macchina. Fui contento di vedere che c'era anche Toni. Era ancora muscoloso come ai tempi di scuola. Stava appoggiato con aria rilassata alla portiera e mangiava una mela a morsi.

«Moreau Jules» disse.

«Brenner Anton».

Ci abbracciammo. Quando, anni prima, ero entrato a far parte della squadra di atletica leggera, Toni e io avevamo fatto spesso sollevamento pesi insieme, nella palestra del collegio. Al termine, ogni tanto andavamo a berci una birra. Mi aveva insegnato qualche trucco con le carte e dei giochetti di prestigio, inoltre stravedeva per Liz. In seguito, quando dopo l'ennesima operazione al ginocchio fu costretto a rinunciare per sempre allo sport, dichiarò che come premio di consolazione si riteneva in diritto di sposare Liz.

Interpellato in proposito, ora si limitò a fare una smorfia. «Si è decisa finalmente a rispondere alla mia lettera d'amore?»

Andammo tutti insieme al lago. Mentre Marty, in uno sprazzo di genialità, profetizzava l'avvento di Internet («Verrà un mondo nuovo, Jules, capisci? Del vecchio mondo abbiamo già preso le misure, ma ben presto saremo di nuovo tutti pionieri»), io osservavo la sua mise: capelli con la riga in mezzo, occhiali senza montatura, giacca, scarpe di pelle intrecciata. Dal bozzolo del nerd di nero vestito era uscito un solerte fuoriclasse tipo Harvard. Benché mio fratello non avesse un viso particolarmente bello, con quel naso lungo e la bocca sottile («Un viso come uno schizzo di Sempé fatto alla carlona» aveva detto una volta Liz), adesso era infinitamente meglio dei tempi di scuola, e sprigionava dinamismo.

«Tuo fratello diventerà un manager coi fiocchi, l'ho sempre saputo» disse Toni. «A me non resta che mettermi a rimorchio».

Tuttavia Marty aveva ancora i suoi tic. Sentiva l'impulso di passare in tutte le pozzanghere che incrociavamo. Già in collegio non riusciva a uscire dalla sua stanza senza abbassare la maniglia a ripetizione. Quattro volte, poi dodici, poi ancora otto. Con la precisione scientifica di un folle sembrava aver sviluppato un sistema dotato di una sua logica interna ma, benché contassi sempre anch'io, non l'ho mai scoperta.

Entrambi mi chiesero dell'istituto. Come dire? Dopo nove anni padroneggiavo talmente il ruolo dell'allegro collegiale compagnone che di tanto in tanto mi convincevo io stesso, per qualche istante, di essere *veramente* così spensierato. Però dei miei genitori non parlavo mai. Il mio più acceso desiderio era quello di non essere più uno stramaledetto orfano, bensì un ragazzo normale. I ricordi dei miei genitori li lasciavo a prender polvere, ben impacchettati, in un angolo della mia coscienza, e se un tempo andavo a far visita spesso alla loro tomba a Monaco, da un bel pezzo non lo facevo più.

«Non è che voglio farti preoccupare» disse Marty, «ma Liz sta male. Di recente è stata da me a Vienna e mi è sembrata molto malmessa. Prende troppa robaccia».

«Ma l'ha sempre fatto».

«Parlo di vera droga, di droga pesante. Credo che nel frattempo si sia pentita di aver mollato la scuola».

«Cosa te lo fa pensare?»

«Aveva un'aria triste, mentre mi accompagnava all'università. E poi lo so e basta. Si è pentita».

Non seppi cosa rispondere. Per anni praticamente non avevo più avuto notizie di Liz, adesso almeno uno sporadico contatto c'era. L'ultima volta l'avevo vista a Monaco. Un incontro fuggevole, come sempre.

Per cambiare discorso, mio fratello mi raccontò di Elena, la sua ragazza, conosciuta all'università. Quando gli chiesi se la amava, Marty fece un gesto di sufficienza. «L'amore» disse, «è un concetto stupido, letterario, Jules. È solo una questione di reazioni chimiche».

*

Percorsi con un ottimo tempo la pista dei cento metri piani. Alva era sdraiata sull'erba e leggeva. Il prato sabbioso e la pista erano in uno stato pietoso, eppure il campo sportivo era una sorta di anima del collegio. Lì si incontravano, al pomeriggio, le diverse compagnie, a fare progetti per la sera, leggere o ammazzare il tempo.

Ero un bravo corridore. Non avevo mai stabilito un

record, ma vinto spesso, nelle gare, questa o quella corsa per la nostra squadra di atletica leggera. Mi fermai davanti ad Alva, ansante. Aveva in mano un libriccino della Biblioteca Universale Reclam. Quando leggeva, in lei qualcosa cambiava. Aveva il viso rilassato, la bocca socchiusa, e all'improvviso un'aria inattaccabile e protetta.

Riuscii a cogliere al volo due versi, e li lessi ad alta voce:

Grande è la morte.
Noi siamo suoi...

«Molto incoraggiante» dissi. «E come prosegue?»

Alva chiuse il libro di scatto. «Dai, fai un altro giro!» esclamò divertita.

Dopo l'allenamento feci la doccia, mi cambiai e tornai da lei con la mia macchina fotografica. Le scattai un paio di foto, poi mi stesi sull'erba lì accanto. Credo fosse stata lei a dire per prima che a tempo debito avrebbe assolutamente voluto avere dei bambini.

«E quanti?» chiesi io.

«Vorrei due femmine. Una molto autonoma che mi contraddice spesso, l'altra che mi è attaccatissima e viene spesso da me a chiedere consiglio. Scrive anche poesie che non hanno mai senso».

«E se fossero tutte e due piene di complessi o strambe?»

«Be', sì, un filo strambe mi va bene». Sorrise. La piccola ruga in mezzo alla sua fronte sparì.

Poi disse, seria: «Bisogna che ti avverta, Jules, se a trent'anni non avrò figli e tu nemmeno, allora li vorrò da te. Tu saresti un buon padre, ne sono certissima».

«Il che però significherebbe che prima dovremmo andare a letto insieme».

«È un inconveniente che metterò in conto».

«Tu, forse, ma chi ti dice che io ci starei?»

Inarcò un sopracciglio. «Perché, non ci staresti?»

Per un momento la conversazione si arenò.

Fissavo, pieno di imbarazzo, l'edificio del collegio. Il cemento surriscaldato del parcheggio scintillava sotto il sole come tante schegge di vetro illuminate.

«Sì che ci starei, non è una brutta idea» dissi io. «Non vorrei mai essere un padre vecchio. Trent'anni sono il limite anche per me. Dunque do la mia disponibilità a metterti incinta, in caso di bisogno».

«E se a trent'anni non ci frequentassimo più?»

«Questo non succederà mai».

Mi guardò a lungo. «Cose del genere possono sempre succedere».

Gli occhi da gatto di Alva erano verdi, non del verde scuro sbiadito delle banconote da un dollaro, bensì chiaro e brillante. Il verde formava un contrasto affascinante con il rosso dei capelli, il suo sguardo però aveva spesso un che di assente, quasi gelido. Non era lo sguardo di una diciannovenne, ma di una donna indifferente, non più giovane. Quando però disse: «Cose del genere possono sempre succedere», qualcosa nei suoi occhi cambiò, la freddezza scomparve.

Una goccia le cadde sul braccio, guardammo all'insù. Pesanti nuvole si erano sovrapposte al sole, un tuono possente scoppiò all'improvviso. Pochi secondi dopo ci si rovesciò addosso un acquazzone violento.

Afferrammo le nostre cose e fuggimmo in camera mia. Alva scovò il gin che mi aveva portato Toni, quando era venuto a trovarmi. Iniziò a riempire i nostri bicchieri a più riprese e, prima che ce ne rendessimo davvero conto, a poco a poco vuotammo la bottiglia. L'alcol mi rendeva euforico. Alva invece era tesa.

«Mi ha mollato lui» disse di punto in bianco.

Il suo ragazzo era un tipo sui venticinque anni, dall'aria rozza, che vendeva auto in città. Non mi stava per niente simpatico. Alva scosse il capo. «Ma probabilmente io mi sono comportata di merda nei suoi confronti. Me lo merito».

«Non è vero. E comunque tu vali troppo per quell'idiota».

«Credimi, me lo merito, che mi abbia piantato». Poi, quasi con scherno: «Jules, tu in me vedi sempre quella che non sono».

«No, è il contrario. Sei tu che non vedi chi sei».

Fece spallucce, scolò il suo bicchiere e subito tornò a riempirlo. Barcollava leggermente. 'Grazie, Toni' pensai. 'Non so perché tu mi abbia portato il gin, ma resto in debito con te'.

Ripensai a quando Alva mi aveva preso la mano in macchina. «Ti ricordi quando in quinta ti sei seduta vicino a me?»

«Come ti viene in mente?»

«Così... E tu perché l'hai fatto?»

«Eri nuovo e ti vestivi strano, calzini rossi, calzini blu, non c'era una cosa a posto. E avevi un'aria così triste e abbandonata, e tutti ti prendevano in giro».

«Davvero? Non me ne ero assolutamente accorto».

«Ridevano anche perché invertivi sempre le sillabe. 'Geconlatore', questa me la ricordo ancora. Oppure 'dedito d'ubole', invece che 'debole d'udito'». Alva sollevò il giubbino zavorrato con cui correvo sempre, e lo esaminò. «Per quello mi sono seduta vicino a te, perché tu non fossi così solo. Ma poi, quando tutti hanno cominciato a farmi arrabbiare e a dire che ero pazza di te, mi sono seduta da un'altra parte».

«Mossa vile da parte tua».

«Sì, è vero».

Ci guardammo a lungo.

«Alva, sei ubriaca» dissi.

«No, Jules, tu sei ubriaco. Da quando ti sei messo a bere gin?»

«Da sempre, ogni giorno una bottiglia prima delle lezioni». Mi avvicinai di un passo e le tolsi di mano il giubbino. «Ci sono talmente tante cose che non sai di me».

Mi fissava. «Ah sì, e cosa?»

Calò il silenzio. Quanto più a lungo la domanda restava senza risposta, tanto più, da scherzosa, diventava seria. Feci una risatina, che somigliava più a un rantolo.

Dal momento che Alva non voleva prendere in mano la situazione, io, dando seguito a un impulso profondo, misi *Via con me* di Paolo Conte, la canzone che mia madre aveva messo per me poco prima di morire.

Guardavo fisso Alva, che aveva ancora i capelli bagnati sulla faccia. L'abito le stava incollato addosso, lei se lo tirò giù con cura sulle gambe nude. In quell'istante iniziai a muovermi a ritmo di musica. Le ginocchia mi tremavano.

«Balli davvero bene» disse, stupita.

Non le risposi, la invitai a unirsi a me. Scosse la testa, io protesi la mano. «Dai» la incoraggiai. «Solo questa canzone... Dai!» Feci l'imitazione di un italiano gesticolante e mossi teatralmente le labbra seguendo il testo della canzone.

It's wonderful, it's wonderful, it's wonderful
Good luck my baby
It's wonderful, it's wonderful, it's wonderful
I dream of you...

Alva ridacchiò, ma subito il viso le si incupì e mi sembrò che all'improvviso fosse altrove con la mente. Ogni tensione era scomparsa dal suo corpo, e una volta scosse persino il capo. La delusione mi tolse il respiro. Strinsi le labbra, ballai ancora un po' da solo, da buffone coraggioso. Alla fine però spensi la musica, e poco dopo Alva prese le sue cose e se ne andò.

*

Le vacanze di Pentecoste trascorsero senza avvenimenti di rilievo, tranne il fatto che un giorno trovai mia zia in cucina, con aria assorta e uno strano brillio negli occhi. Spaventato, constatai quanto fosse diventata vecchia. E poi capii. In quel giorno sarebbe caduto il compleanno di mia madre. Mi vergognai di essermene completamente dimenticato. Tuttavia acconsentii solo per cortesia alla proposta di sedermi con lei sul divano a guardare foto di famiglia.

Vidi mia madre in tenera età, poi teenager e giovane donna con i capelli corti alla moda e la minigonna, in mezzo a un gruppo di studenti. Il suo sguardo adorante era tutto per il bell'uomo che le stava accanto, che indossava una camicia bianca con una cravatta corta e le maniche arrotolate, aveva la pipa tra le labbra e parlava con gli occhi luminosi, rivolto agli altri.

«Tuo padre sapeva essere così affascinante, così acuto» disse mia zia. «Gli piaceva tantissimo discutere per ore».

Nella foto seguente scorsi mia nonna francese, che già allora aveva quella piega amara intorno alla bocca. C'era anche il piccolo Marty con la sua colonia di formiche. Liz vestita da principessa, il fiocco rosa tra i capelli e, in secondo piano, io che la fissavo a bocca aperta. In un'altra foto, ancora io, a nove anni, in cucina, tutto concentrato, chino su una pentola. Immediatamente mi salirono al naso quei profumi familiari di cibo. Erano anni che non cucinavo più... ma cucinare era stata davvero una mia passione, o me ne convincevo solo ora, per via delle foto? Provai a cercare nella mia memoria, e in effetti trovai ricordi molto precisi.

In un'altra foto comparivo con il mio ghigno strafottente di un tempo davanti a un castello per arrampicarsi, al parco giochi, attorniato da numerosi ragazzini e ragazzine.

«Volevi essere sempre al centro dell'attenzione» disse mia zia. «Eri spericolato. Guai se qualcuno non ti obbediva a bacchetta, diventavi una furia. E per te il pericolo non era mai abbastanza».

A me pareva che parlasse di un altro.

«Davvero?» chiesi.

«Eri un bambino speciale» aggiunse. «Marty faceva sempre il furbetto, Liz era quella piena di glamour, ma tu eri davvero unico, molto più sensibile della maggior parte dei bambini». Sorrise. «Anche se non la smettevi mai di chiacchierare».

Alla fine arrivò una foto in cui mia madre mi osservava pensierosa, mentre io scrivevo qualcosa sul mio taccuino rosso.

La zia non girò la pagina, si soffermò su quella foto. «Ti amava così tanto» disse. «Eri il suo tesoro».

Tenevo gli occhi fissi sull'immagine con mia madre. Da piccolo mi chiamava 'lumachina', perché, quando ero in mezzo alla natura, spesso rizzavo le antenne come una lumaca, per assorbire al meglio tutte le impressioni. Ogni volta che mi sentivo insicuro andavo da lei a chiedere consiglio. Era la mia bussola. Osservavo il suo sguardo, il suo viso familiare, la sua mano posata sulla mia spalla.

Notai stupito che mi erano spuntate le lacrime.

«È così...» attaccai.

La zia mi prese la testa e mi abbracciò. Appena sentii il suo calore, non potei fare a meno di piangere come non piangevo da anni.

«Mi manca così tanto» continuavo a ripetere e sentii che la zia, per consolarmi, mi carezzava la schiena.

*

La festa si tenne in un rifugio senza elettricità e senza acqua corrente. Tutti gli esami scritti di maturità erano fatti, la morsa ferrea del sistema scolastico si allentava, mancavano solo gli orali. I miei compagni avevano deciso di far festa ancora una volta tutti insieme. La musica risuonava dal lettore CD portatile, ridevamo più forte del necessario e facevamo battute sceme. La maturità ci faceva sentire come se avessimo assaltato una banca e ci restasse solo da decidere come impiegarlo, il denaro.

Alva d'un tratto era sparita. Capitava spesso che si appartasse, ma passata un'ora andai a cercarla. La scovai a un centinaio di metri dal rifugio. Era in piedi sull'orlo di un risalto di roccia e guardava nel baratro.

Diedi un calcio a un sasso. Alva si girò.

«Che cos'hai?»

«Niente» disse.

Ci sedemmo fianco a fianco, i piedi a penzoloni nel vuoto. La luna illuminava la vallata davanti a noi.

«Ieri ho letto i tuoi racconti» riprese. «Mi sono piaciuti molto. Davvero, molto».

Nelle ultime settimane avevo ricominciato a scrivere. Era come se la porta d'accesso alla mia infanzia si fosse dissigillata e io constatassi che raccontare mi dava gusto come una volta, a dieci anni. Modello dei miei racconti era *Un cuore inflessibile* di A.N. Romanov, che Alva venerava quasi quanto Tolstoj o McCullers.

«Hai veramente talento, Jules» disse. «Devi continuare, diventerai di sicuro uno scrittore».

«Non so. Le foto sono più precise, vere».

«A volte sono meglio le bugie».

Dovevo fare il servizio civile a Monaco e quella sera le chiesi se voleva dividere un appartamento con me, magari insieme a qualcun altro. Alva era incerta, spesso diceva che aveva voglia innanzitutto di viaggiare o di trasferirsi molto lontano. «In realtà niente, o quasi, mi trattiene qui» aveva detto una volta prima di scoppiare a ridere. «Per restare dovrei innamorarmi perdutamente, o robe simili...»

Avevo la sensazione di dover fare qualcosa per legarla di più a me. Al tempo stesso pescavo le mie ansie da una sorta di pozzo profondo, inquinato: Alva aveva sempre cacciato via qualsiasi uomo che avesse cercato un'eccessiva vicinanza con lei. Alva non aveva voluto ballare con me, e per quel rifiuto poteva esserci solo una ragione... 'Che fare?' pensavo in continuazione. 'Che fare?'

«Sai cosa mi ha detto mio padre prima di morire?» Giocherellavo nervosamente con le dita. «Ha detto che l'importante è avere un vero amico, un'anima gemella. Qualcuno che non ti abbandoni mai, che ci sia sempre per te. E questo è ben più importante dell'amore».

Alva si girò verso di me. Le sue labbra brillavano al chiaro di luna. «Perché lo dici?»

«A volte penso che per me questo vero amico sia tu, e che io lo sia per te. Immagino che resteremo amici per tutta la vita e sono felicissimo di averti incontrato. Forse non c'è nessuno che significhi tanto per me».

Le misi un braccio intorno alle spalle e nello stesso istante mi resi conto di quanto raramente la toccassi. «Con ciò volevo dire: ti prego, vieni con me a Monaco».

Ci pensò su. «Parliamone domani sera. A quel punto avrò deciso se la storia dell'appartamento può andare. Ok?»

«Ok. Se vuoi cucino anche qualcosa».

«Davvero? Sai cucinare?» Era divertita. «Sì, ottima idea. Mi passi a prendere a casa verso le sette?»

Annuii. Sentivo che voleva restare ancora un po' in disparte, per cui tornai indietro da solo. Sono sicuro che poi nel rifugio ho ballato con gli altri, di ottimo umore, tuttavia ne ho un ricordo molto vago. Quello che invece mi ha dato molto da pensare, nel corso degli anni, fu la conversazione che seguì con Alva.

Quando fu il momento di andare a dormire, i pochi letti vennero subito occupati, così che molti di noi si sdraiarono, sparpagliati per il rifugio, su materassini e sacchi a pelo. La notte era fredda, gelavo. Avevo bevuto troppo e non riuscivo ad addormentarmi, quando chiudevo gli occhi mi girava tutto. Alva era accanto a me, la sentivo trafficare in continuazione con il suo walkman. Alla fine lo ripose.

Silenzio... Silenzio.

Per me ora iniziava il lavoro della notte, come un detective sul luogo del delitto tornavo sui singoli avvenimenti del giorno, e tutto era ancora presente. Ogni gesto di Alva, che tentavo di interpretare a posteriori, ogni discorso che avevamo fatto. Per esempio, quando avevamo parlato dei nostri compagni, molti dei quali avevano un'aria spensierata. «A volte credo che esistano persone che non sanno di dover morire». La cosa mi dava motivo di riflettere. Perché Alva aveva detto una cosa del genere? Benché fosse lì, stesa vicino a me, avevo nostalgia di lei. Mi immaginavo come sarebbe stato vivere a Monaco insieme. Pensavo alla cena del giorno dopo, quando avremmo discusso della cosa.

Poco prima che sprofondassi nel sonno, mi diede un colpetto. «Jules, sei ancora sveglio?»

«Sì. Cosa c'è?»

«La batteria del walkman è finita» sussurrò, «e io non riesco a dormire, se non ascolto qualcosa. Devo sempre distrarmi, altrimenti...»

Aspettavo che terminasse la frase, ma non lo fece.

«Vuoi che ti racconti una storia?»

Ridacchiò. «No, volevo chiederti se posso dormire con te. Se ho vicino qualcuno, va molto meglio».

Feci segno di sì e lei si infilò nel mio sacco a pelo. Dal momento che non c'era posto per stare stesi fianco a fianco, si sdraiò per metà sopra di me e io restai sorpreso di quanto le sue gambe e tutto il suo corpo fossero freddi, pesanti e soprattutto morbidi al tatto. Anche lei gelava, ma poi il mio freddo si mischiò al suo e ci venne caldo. Il fiato di Alva mi colpiva il collo a intervalli regolari, facendomi il solletico. Nel sentire la sua insolita vicinanza, i suoi seni contro la mia schiena, il suo ginocchio sulla mia gamba, mi venne un'erezione. Non sapevo se se ne fosse accorta. Per un attimo restai immobile, poi la cinsi con un braccio.

«Mi viene sempre da pensare a mia sorella. Non riesco a staccare».

La voce di Alva era malferma. Stupito, sollevai la testa. Fino a quel momento non mi aveva mai detto di avere una sorella.

Le chiesi cautamente: «Che cosa le è successo?»

«Non lo so... Aveva un anno più di me, eravamo inseparabili, facevamo tutto insieme. I nostri genitori dicevano che eravamo come gemelle. E poi... È scomparsa qualche anno fa».

La ascoltavo intontito. Avevo la sensazione che gli altri ci osservassero, e allungavo il collo. Alva invece sembrava essersi per un attimo scordata di me. «Si chiamava Josephine» disse, più che altro a se stessa. «Ma noi l'abbiamo sempre chiamata Phine».

«E cosa è successo?»

«Nessuno lo sa... Semplicemente, una sera non è più tornata da danza». Alva parlava con voce tremula, smozzicando le parole. «Naturalmente la polizia l'ha cercata... Hanno rivoltato ogni sasso, nei paraggi... con le unità cinofile e ricerche durate per mesi... Ma a parte il suo giubbotto, non hanno trovato niente, nemmeno il suo cadavere...»

Alva girò la faccia. Percepivo la disperazione nelle sue parole e non sapevo cosa fare; potevo solamente stare lì, accanto a lei. Mi tornò in mente la volta che era uscita di classe, durante la proiezione del film.

«Perché me lo dici solo ora?»

Non rispose. Le prime luci dell'alba filtravano nel rifugio, facendo affiorare dall'oscurità i profili dei nostri compagni addormentati.

«Sono troppo stanca» disse. «Parliamone domani sera».

Si strinse a me. «Non devi addormentarti prima che mi addormenti io» sussurrò così vicino al mio orecchio da farmi il solletico. «È importantissimo, Jules. Importantissimo».

«Promesso». Le tolsi una ciocca di capelli dal viso. La mano di Alva mi sfiorò rapidamente il petto, poi ricadde. Mentre il suo respiro si faceva più lento e regolare, la baciai sulla tempia e sussurrai: «Sono qui per te».

*

Il giorno seguente feci la spesa in città per la cena. Prenotai la cucina del collegio e raggiunsi in bus il paese, dove viveva Alva. Notai con stupore che stavolta non mi aspettava, come al solito, davanti a casa. Suonai alla porta. Nessuna reazione. Il giardino era perfettamente curato, nei vetri tirati a specchio delle finestre si rifletteva il sole al tramonto. Mi venne da pensare a sua sorella, poi suonai di nuovo.

Finalmente si udì un ronzio ed entrai.

L'anticamera era poco illuminata. La madre di Alva era lì, nel buio. L'ombra le tagliava in due la faccia. In una mano aveva una sigaretta, nell'altra il ricevitore del telefono, parlava a voce alta ed estenuata. Di Alva non c'era traccia. Mi investì un odore intenso di ragù, proveniente dalla cucina. D'un tratto, latrati squillanti: due grossi dalmata mi corsero incontro. Erano assolutamente identici, fino all'ultima macchiolina del manto, e mi lanciavano occhiate aggressive.

«Sei qui di sicuro per Alva» disse sua madre, non

appena ebbe riattaccato. Sul viso aveva una strana espressione di disfatta.

Annuii e la seguii in cucina, con i cani che ci trotterellavano dietro.

«Ti va un succo o una Coca?» chiese, già avviata verso il frigo.

«No, grazie» risposi, e lei si fermò. «Sono d'accordo con Alva che ceniamo insieme e sono solo passato a prenderla. È di sopra?»

Forse nella mia voce c'era una sfumatura speranzosa, che irritò sua madre. Mi guardò a lungo. «Dio, come sei giovane». Soffiò il fumo nell'aria, continuando a esaminarmi. Mi sentivo a disagio.

«Sì, è di sopra» disse. «Bussare non serve, ascolta di nuovo musica a massimo volume».

Salii le scale, feci gli ultimi gradini tutti in una volta, già ero davanti alla porta di Alva, la spalancai e impietrii, anzi, mi sentii catapultato fuori dalla scena. Prima ancora di richiudere la porta, il mio mondo era crollato in pezzi.

Scesi le scale di corsa. Nella testa mi vorticavano immagini: per terra, le lattine vuote di birra, il libro di mate e il pullover. Il letto. L'uomo nudo sdraiato sulla schiena. Alva, nuda a sua volta, a cavalcioni su di lui. Le ciocche dei suoi capelli rossi intrise di sudore, la gola leggermente arrossata dallo sforzo, i suoi movimenti rallentati solo per un attimo e la bocca socchiusa. I rumori che facevano e soprattutto il fulmineo, ma intenso sguardo che lei mi aveva lanciato.

Uno sguardo più potente di ogni risposta, muto e tuttavia aggressivo, accusatorio e al tempo stesso dolente. Avevo scorto in Alva quella che era e non voleva essere. Ma, soprattutto, nei suoi occhi avevo visto me stesso, quello che ero e quello che non ero diventato. E qualsiasi cosa fossero stati tutti quegli anni tra noi, un solo sguardo era bastato a distruggerli.

Mi precipitai per le scale, in preda a una rabbia incredibile. Non avevo più nessuna voglia di essere giovane, volevo disfarmi di ogni giovinezza, me la sarei estirpata di dosso con la violenza, se solo avessi potuto. Giù c'era la madre di Alva con i due cani. Fece per dire qualcosa, ma io me ne andai a precipizio, via da quel posto, tagliando per i prati confinanti, senza voltarmi indietro.

Il raccolto
(1997-1998)

Nel ricordo mi rivedo alla festa di fidanzamento di mia sorella. Purtroppo non sono quell'elegante viveur in doppiopetto che fa ridere chi gli sta intorno. E nemmeno il tipo strafatto di coca che fa ballonzolare le sue Jordan a ritmo di charleston e flirta con una studentessa. No: quell'insignificante ventiquattrenne al buffet delle bevande, evidentemente a disagio tra tutti quegli sconosciuti, *c'est moi*. Mentre agguanto uno spicchio di limone e ne strizzo il succo nel mio drink, penso ai compleanni e alle feste della mia infanzia, in cui ero sempre io al centro dell'attenzione. Avevo una smisurata energia. Quando è andata persa, in realtà? Giurisprudenza l'ho piantata lì, e anche come fotografo non ho successo. A ragione, penso, perché è da un pezzo che porto in me una scintilla incandescente di odio per me stesso.

L'unico uomo nella sala che ha l'aria spersa quanto me è Robert Schwan, il fidanzato di mia sorella. Un rinomato pianista jazz, per quanto a mia sorella il jazz non piaccia. La sua è una scelta a dir poco enigmatica. Mia sorella ha sempre avuto un debole per gli uomini di bell'aspetto, interessanti, e si è sempre presa chi ha voluto, con un'ingordigia da me spesso ammirata. Il suo fidanzato invece è un tipo dinoccolato, sui trentacinque anni, con i ricci neri, gli occhi penetranti *à la* Paul Auster e dei baffetti assurdi che gli danno un'aria ambigua.

«Una noia mortale» dice una voce maschile nelle mie vicinanze. «Gli ho parlato prima dieci minuti. Non so proprio cosa ci trovi Liz».

Mio fratello mi è venuto accanto, insieme alla sua ragazza. Elena è piccola, nera di capelli, piuttosto robusta, con occhi svegli che registrano tutto. Mi abbraccia intimidita e intanto mi toglie un pelucco dalla giacca.

Saluto anche Marty, imbarazzato. L'ultima volta che l'ho visto è stato al funerale di nostra zia, e ci siamo lasciati litigando.

«Felicitazioni» dico. «*Dottor* Moreau».

«Niente male, no? Non avrei mai detto che sarei riuscito a ottenere il dottorato». Marty accenna un ghigno. «Anche se in realtà l'ho sempre saputo».

Osserviamo nostra sorella. Ha ventisette anni, stasera indossa un vestito azzurro e si è raccolta i capelli biondi in uno chignon; con i suoi tacchi dodici svetta sopra chiunque. Liz vede la sua bellezza rispecchiata negli sguardi dei presenti e lascia che tutti si innamorino di lei. Si esprime in termini entusiastici e bacia con fervore il fidanzato, poi svolazza come un'ape da un ospite all'altro, sparge ovunque il suo fascino e scoppia ogni due per tre nelle sue risate trascinanti, così come è trascinante tutto quello che fa mia sorella. Eppure sembra sempre che Liz segua solo le indicazioni di un cameraman nascosto. *Un altro sorriso radioso... Perfetto, adesso un piccolo broncio, un'occhiatina seducente.* Quando ti guarda, è come avere un riflettore puntato sull'ego, e si desidera solo di piacerle. Persino io lo desidero.

E all'improvviso quanto sembrano lontani i tempi in cui io, da piccolo, mi intrufolavo in camera sua. Liz spesso leggeva ancora, o disegnava i suoi fumetti, e mi lasciava infilare sotto le sue coperte. Ogni volta ero affascinato da come fossero calde le sue gambe, sembravano incandescenti. Allora mi parlava per lo più dei ragazzi della sua classe, di quanto fosse carino il tale e sfacciato il tal altro. Io ascoltavo quelle divagazion0i con il fiato sospeso, fiero che mia sorella più grande si confidasse così con me. A volte tuttavia restavo semplicemente steso lì nel suo letto, mentre lei leggeva o ascoltava musica. Mi piacevano quei momenti. Mia madre e mio padre erano nella loro stanza, in fondo al corridoio; Marty in quella accanto. C'era un gran senso di sicurezza, di intimità, e io mi stringevo a Liz, che girava le pagine con calma, poi mi addormentavo...

Il ricordo che segue ha un'altra tonalità, più cupa.

Quattro mesi dopo la festa di fidanzamento di mia sorella, un'infausta telefonata mi strappa dal sonno. Non ho neanche il tempo per riflettere. Abito ad Amburgo, in uno squallido monolocale nelle vicinanze del porto, e parto immediatamente in treno per raggiungere Liz a Berlino. A differenza di quando ci sono stato l'ultima volta, ora casa sua è avvolta in un silenzio opprimente. Ma il silenzio non è mai stato una prerogativa di mia sorella. La luce torbida del mattino piove dalla finestra del corridoio. In cucina, nel lavello, una montagna di piatti sporchi, nell'ingresso quasi inciampo in una chitarra sfasciata.

In camera da letto c'è odore di bastoncini d'incenso e di vomito. Liz è seduta per terra, gli occhi socchiusi. Intorno a lei un paio di persone, evidentemente suoi amici, non ne conosco quasi nessuno. Del fidanzato non c'è traccia.

«Che cos'ha?»

Mi inginocchio accanto a lei. Indossa solo slip e pullover, ha gli occhi cerchiati da occhiaie livide. Sembra non registrare la mia presenza e biascica qualcosa di un amplificatore che sta nel suo cervello e che potrebbe regolamentare il traffico cittadino.

«È collassata» dice una sua amica, che avevo già visto alla festa di fidanzamento. «Stava mezza nuda in strada e insultava la gente».

Libero il viso di mia sorella dai capelli umidi. «Che cosa ha preso?»

«Non so. Coca, MDMA, barbiturici e mescalina, roba del genere».

«Dov'è il suo fidanzato?»

«Non lo sai? Robert l'ha lasciata da un pezzo».

Resto per un attimo senza parole. Poi chiamo Marty nella sua ditta, a Vienna.

«Non farla in nessun caso ricoverare» ripete in continuazione. «Ti mando un amico internista e arrivo appena posso».

D'un tratto, Liz si riprende. Allunga una mano verso di me e mi parla come a un bambino piccolo.

«Ohi, fratellino mio, che ci fai tu qui?»

Poi mi scoppia a ridere in faccia. Una risata acuta, folle, senza mai togliermi gli occhi di dosso. Ma non è il suo sguardo sororale, la versione adatta anche ai minori. È lo sguardo duro, divertito, infinitamente superiore davanti a cui, da anni, si dannano uomini e donne, lo sguardo che solo Robert Schwan sapeva fronteggiare. Continua a sghignazzare come una folle, mi vengono i brividi. Adesso Liz ha gli occhi smisurati, neri. Gli occhi di chi sta cadendo, cadendo sempre più giù.

E a lei piace cadere.

«Quando arrivi?» chiedo a Marty.

«Prendo il primo volo». Ha un tono sovreccitato, lo sento scendere di corsa le scale, aprire una porta. Come sempre abbassa più volte la maniglia. Otto rumori secchi. «Andrà tutto bene, mi senti?»

In quel momento Liz mi fa segno di avvicinarmi, vuole bisbigliarmi qualcosa all'orecchio. D'un tratto è agitata, come un bambino al quale sia venuta in mente una cosa importante. Mi chino verso di lei, ancora con il telefono in mano, e quando le sono vicinissimo, mia sorella mormora: «Emottoloscisoio».

«Cosa?» chiedo.

«È morto, l'ho ucciso io» ripete.

*

Nell'estate 1998 sono tornato a Berdillac insieme ai miei fratelli, per la prima volta da quando eravamo ragazzi. Era stata un'idea di Marty. Negli ultimi tempi aveva fatto ristrutturare la casa, che avevamo ereditato dalla nonna, sostenendo che lui poteva lavorare anche dalla Francia. Elena ci avrebbe raggiunto nel giro di pochi giorni. Ne parlavamo come di una vacanza programmata da un pezzo, ma il vero motivo di quel viaggio era che eravamo preoccupati per Liz. Dopo l'aborto e il collasso non si era ancora ripresa del tutto.

In Francia ci accolse un acquazzone, i tergicristalli guizzavano su e giù. Mio fratello guidava la sua Mercedes per strade e stradine, Liz dormiva. Io guardavo dal finestrino e riconoscevo molte cose; castelli a me stranamente familiari, i colori smaglianti dei campi. Mi tornarono in mente i franchi d'argento con cui giocherellavo da bambino. Mio padre al volante, mia madre che ascoltava le cassette dei Beatles.

A Berdillac smise di piovere, l'aria era frizzante e piacevolmente fresca. Marty scese per primo e si diresse verso l'ingresso. Per un attimo riebbi davanti agli occhi nostro padre che – con la sua giacca di pelle e la pipa all'angolo della bocca – un tempo era sempre il primo ad andare verso la porta. Tornare in quel posto dopo tutti quegli anni era come vedere per la prima volta a colori un vecchio film in bianco e nero. Dall'esterno, la casa in fondo alla strada sembrava immutata. Sulla facciata cresceva l'edera, nel gazebo in muratura in giardino c'erano delle sedie e un tavolo con due panche, il tetto di tegole era di un rossiccio sporco, la vernice verde scura della porta era tuttora scrostata. All'interno però era irriconoscibile. La parete tra cucina e salotto era stata abbattuta. Uno spazio unico, ampio, arredato confortevolmente: davanti una libreria, un angolo salotto e il camino; in fondo la cucina, il lavello e un tavolo di legno.

«La casa adesso è in condizioni perfette». Marty ci fece fare il giro. «Bagno completamente rifatto, pavimenti del primo piano piastrellati a nuovo, orribili tappezzerie tolte. Ho lasciato solo i cassettoni, i tavoli e gli armadi del nonno».

Si aggirava tronfio davanti a noi. Lui e Toni erano stati tra i primi a capire davvero le potenzialità di Internet. La loro ditta aveva creato una piattaforma estremamente elitaria in cui figuravano manager, giuristi, banchieri, politici o giornalisti, messi nelle condizioni di collegarsi tra loro. La loro startup era cresciuta in fretta. Durante il viaggio Marty aveva raccontato che la Microsoft intendeva acquistarla per una cifra a più zeri. 'Meno male' pensai, 'almeno potrò chiedergli un prestito'.

A cena non ci fu verso di avviare una vera conversazione, e alla fine tacemmo del tutto. Ripensavo alle cene felici, chiassose, della nostra infanzia, quando i miei due fratelli litigavano o ridevamo di qualche fatto che ci era capitato. E ora stavamo a tavola come tre attori che si erano ritrovati dopo molto tempo e non si ricordavano più le battute del loro pezzo più celebre.

A un certo punto non ressi più il silenzio e tirai fuori dalla mia borsa una cartelletta con delle foto. «Le ho proposte a una galleria». Era il mio nuovo progetto: una serie dedicata alla *Bellezza in ombra*. Su una foto si vedeva una vallata immersa nella nebbia, una foschia compatta e bianca da cui spuntavano solo le cime nere degli alberi; in altre una casupola nel bosco, ricoperta di muschio, prossima alla rovina, o un ragazzo che si era appena allacciato le scarpe e correva dietro agli amici con la faccia spiritata. Il mio obiettivo l'aveva colto un attimo prima che li raggiungesse.

Mia sorella prese le foto. «Mi piacciono un sacco» disse, ma in me si insinuò il dubbio che non le guardasse con l'attenzione sufficiente a coglierne i particolari e la profondità.

Marty invece le studiò a fondo. «Le trovo veramente niente male. Imiti benissimo lo stile di Salgado o di Cartier-Bresson...»

«Ma?» dissi io.

«Ma ancora non capisco come tu possa pensare di sbarcarci il lunario».

Non so che reazione mi fossi aspettato da lui, ma di certo un 'Credo in te' non avrebbe guastato. Mia sorella non pareva in vena di venirmi in aiuto. Anche la sua esistenza era dura, seppure meno precaria della mia. A volte guadagnava un po' facendo la modella, altre dando lezioni di chitarra o lavorando per qualche mese in un'agenzia pubblicitaria.

«Non ti riguarda» mormorai.

Marty sospirò. «Non è che voglia farmi i fatti tuoi, però penso che non avresti dovuto interrompere gli studi».

«Odiavo Giurisprudenza» dissi io. «Semmai, se c'è qualcosa di cui mi pento, è di aver iniziato».

«Però avresti avuto un mestiere sicuro. Lo so, gli inizi non sono mai facili, è un campo in cui bisogna tener duro. Ma alla fine ti sarebbe piaciuto».

«E tu che cosa ne sai di quello che piace a me, scusa? Tu di me non sai un bel niente, per cui non fare come se fossi mio padre».

Ripresi le foto, furioso. Negli ultimi anni quella conversazione con Marty si era riproposta spesso, e ogni volta mi ero sentito come un adolescente fuori controllo. Anche perché mio fratello non mi permetteva mai di abbandonare quel ruolo.

Quella sera non riuscii a prendere sonno. Per un po' contemplai la luna piena, che brillava nel cielo nero come l'oblò della notte, poi mi alzai e bussai alla porta di mia sorella. Liz mi aprì in pigiama. Sul letto aveva un vecchio libro per bambini, che evidentemente aveva trovato lì, e un pacchetto di caramelle gommose.

«Sei ancora arrabbiato?» domandò masticando. «Non te la prendere per prima. Marty diventa sempre più come papà. Critico come lui, però non è un perdente. È come papà se avesse avuto successo».

Annuii, ma rimasi colpito dal fatto che definisse nostro padre un perdente.

«Sei riuscito a combinare per la mostra al Kunsthaus?»

Mi limitai a scuotere il capo.

«Jules, posso farti una domanda?» Liz mi lanciò un'occhiata materna. «Da quanto ci provi ormai con le foto, da tre anni? Tutto questo lo fai per *lui*? Perché ti senti in colpa?»

Ricordo ancora bene come quella domanda suscitò in me una profonda inquietudine, e può darsi che abbia risposto in tono esagitato.

«Perché dovrei sentirmi in colpa? Non ho nessun obbligo nei confronti di papà. Lo so, era deluso perché non avevo usato la macchina fotografica prima che morisse, ma la faccenda tra noi era stata risolta da un pezzo».

«Non ti volevo...»

«Non faccio il fotografo per papà, ma perché mi interessa. Ormai parli tale e quale a Marty».

Irritato, distolsi lo sguardo. Alla parete, incorniciato, era appeso un disegno, raffigurava un uomo con ali d'aquila che volava alto nel cielo, e in lontananza era abbozzato un castello. Accanto c'era scritto, in una calligrafia infantile: *Deve liberare la principessa, prigioniera in una torre buia...* Pazzesco che quel disegno si fosse salvato! Era stato fatto qualche settimana dopo la morte dei nostri genitori. Eravamo lì, dalla nonna francese, ed era ancora la fase in cui in cuor nostro contavamo sul fatto che da un momento all'altro mamma e papà facessero capolino dalla porta e che tutto si rivelasse un grosso malinteso. Per rincuorare me e Marty, Liz si era inventata un gioco: Redazione dei sogni. Lei faceva la parte di una impegnatissima caporedattrice e illustratrice, e insieme dovevamo inventarci sogni assurdi o belli, che poi illustravamo e corredavamo di testi. In seguito bruciavamo i fogli e, a detta di Liz, il fumo che si alzava veniva inalato da altre persone, le quali di notte sognavano quello che noi ci eravamo inventati.

«Chissà come sarebbe stato, se fossimo cresciuti qui a Montpellier?» chiesi a Liz. «Spesso ti ho immaginato nei panni di una tipica francese. Penso che saresti stata perfetta. Avresti finito la scuola qui e poi continuato gli studi».

«E che cosa avrei studiato?»

«Di certo qualcosa che avesse a che fare con l'arte. Pittura, probabilmente, o letteratura. Oppure saresti diventata insegnante come la mamma, perché no?»

Liz mi guardava fisso. «Va' avanti», disse piano.

«Be', sì... Comunque saresti stata sempre con un libro in mano, con la passione di leggere e disegnare. La mamma, se fosse stata ancora in vita, a volte ti avrebbe aiutata, stando spesso al telefono con te... Perché tu dopo il liceo saresti andata a studiare a Parigi. Avresti avuto un paio di spasimanti, pur continuando a pensare al tuo amore dei tempi di scuola, un tizio di nome Jean o Sébastien, con cui eri stata per molti anni. Il tuo primo ragazzo. Lui però studiava all'estero, e questo era il motivo per cui il rapporto era finito. Certo, tu ci avresti sofferto, ma sarebbe stato un bel modo di soffrire, l'unico modo giusto. E a un certo punto ti rendevi conto che l'avresti rivisto. 'Non è per adesso, è per dopo' ci avresti detto. Saresti stata elegante nel vestire, come la mamma. Nel fine settimana naturalmente ti saresti divertita, ma in maniera molto più contenuta che in Germania. Avresti avuto degli amici sempre pieni di attenzioni per te. Durante le vacanze saresti venuta da noi a Montpellier e io ti avrei tempestato di domande su com'era l'università, se c'erano molte belle ragazze... Marty invece avrebbe ricevuto una borsa di studio per Harvard, dove avrebbe studiato biologia e dissezionato i suoi coleotteri e le sue lumache, e noi l'avremmo preso in giro. Poi, appena dopo la laurea, saresti... ah, non so, dai, aiutami...»

Raccontando avevo il sorriso sulle labbra e mi ero illuso che anche Liz si divertisse. Invece, quando la guardai, mi resi conto che aveva le lacrime agli occhi.

«Mi spiace. Negli ultimi tempi ogni tanto sono un po' fuori». Liz si passò una mano sul viso. «Non so nemmeno se fosse un maschio o una femmina. Fa lo stesso. Mi manca comunque».

Mi sedetti sul letto, accanto a lei. «Ti avremmo dato una mano. Bastava che tu ce lo dicessi. Io neppure sapevo che vi eravate lasciati».

«Faccio fatica a fidarmi degli altri».

«Ma dei tuoi fratelli puoi» dissi. Nello stesso istante mi chiesi con quale diritto affermassi una cosa del genere.

«Ti sei pentita?»

Liz si strinse nelle spalle. «A volte sì, a volte no». D'un tratto sembrava una bambina di dieci anni. «So che Robert non era l'uomo giusto. Ma mi viene continuamente da pensare a come sarebbe stata la mamma nella parte di nonna. Avrei tanto voluto poterla chiamare, lei avrebbe saputo qual era la cosa giusta».

Si avvicinò alla sua giacca, appesa a una seggiola, prese una sigaretta e la accese. Poi all'improvviso mi gettò le braccia al collo e mi diede d'impeto tre brevi baci sulla guancia. Io le accarezzai i capelli e l'odore di fumo si mischiò al profumo di miele del suo shampoo.

Mi tornò in mente come il suo fidanzato, nel nostro ultimo incontro, non avesse quasi spiccicato parola, fissando spesso il vuoto, disinteressato, o digitando sul suo cercapersone. Annoiato, per paura di essere noioso.

«Ma perché mai ti piaceva?» chiesi. «Era proprio insulso».

«Lo era, in effetti. Era così vuoto, così piacevolmente vuoto. Potevo rigirarmelo come volevo. E non aveva neanche un punto vulnerabile. Niente poteva ferirlo, è questo che mi affascinava».

*

Il mattino era sconsolato, di un grigio opalescente, eppure andammo al mare. Liz aveva un bikini nero e gli occhiali da sole. Stava distesa sulla spiaggia e leggeva. Il sole lattiginoso le aveva già sfumato di rosso la pelle. Io affondavo le dita dei piedi nella sabbia e osservavo mio fratello che nuotava nel mare gelido. Marty si sbracciava goffamente nell'acqua e già da un pezzo aveva un'aria nervosa. Più tardi disse che faceva gli esami del sangue più volte all'anno e che stava aspettando gli esiti degli ultimi.

«E perché mai ti sbatti tanto?» chiese Liz.

Lui fece spallucce.

«Ragazzi, volete campare in eterno?» aggiunse lei, sprezzante, facendo un gesto di sufficienza. «Io morirò giovane, ma non m'importa» disse e questo, dopo i mesi difficili appena passati, non era esattamente ciò che avremmo voluto sentire.

«No, non è vero».

«Sì, invece, lo *so*». Nostra sorella si stiracchiò con fare provocante sul suo telo e si accese una sigaretta. «Morirò giovane, e proprio nel momento in cui sarò finalmente felice. Succederà qualcosa, e all'improvviso sarò morta». Ci guardò entrambi, a turno. «Ma va bene così. Sono stata praticamente dappertutto, ho visto tante di quelle cose... La foschia dell'alba a Manhattan, la giungla in Ecuador... Mi sono lanciata con il paracadute, ho avuto un sacco di amanti e ho passato anni difficili, bradi, preceduti da altri beati, protetti, e ho imparato veramente molto sulla morte. Non importa se muoio giovane, perché posso comunque dire: io ho vissuto».

Marty scosse il capo. «Quanto boriosi bisogna essere per parlare in questo modo?»

«Quanto inibiti bisogna essere per definirmi 'boriosa'?»

Mentre i due proseguivano la discussione, io andai a passeggiare lungo la battigia. Liz aveva ragione, pensai. Aveva amato incondizionatamente, si era dissipata incondizionatamente, si era rovinata incondizionatamente.

E io?

Da lontano sia avvicinò un gelataio che spingeva il suo carrettino. Aveva con sé una radiolina transistor, da cui rimbombava la musica. Io inspirai profondamente e sentii nei polmoni l'aria salmastra. Davanti a me il mare lumeggiato d'argento. Il gelataio mi passò accanto e in quel momento riconobbi la canzone che stava suonando.

It's wonderful, it's wonderful, it's wonderful
Good luck my baby

It's wonderful, it's wonderful, it's wonderful
I dream of you...

Negli ultimi anni avevo continuato a pensare ad Alva. Avevo patito la sua assenza e demonizzato il suo ricordo. Ero rimasto sveglio di notte a ricordare come scriveva piccole annotazioni sui miei libri o passava le dita tra i miei capelli e diceva ridendo: che orecchie piccole hai...

Mai avuto il coraggio di conquistarla, sempre e solo la paura di perderla.

Allora non l'avrei mai ammesso, ma tutte le mie storie recenti, dopo la scuola, erano fallite perché non riuscivo a scordare Alva. Spesso mi chiedevo che cosa stesse facendo. Ai tempi i cellulari erano una rarità, Internet era ancora in fasce, le tracce di Alva erano minime. Mi era giunta voce che vivesse in Russia, ma niente di più preciso. Sentivo però che con lei tutto sarebbe stato diverso. Gli anni dopo il collegio, la mossa falsa di Giurisprudenza, che nessuno mi aveva sconsigliato, e infine il mio trasferimento, o meglio la mia fuga, da Monaco ad Amburgo. In nessuno di questi scenari compariva Alva e senza di lei non c'era niente che potesse salvarmi dalla solitudine.

*

Dopo qualche giorno riuscii a convincere Marty a fare jogging con me. Ogni mattina attraversavamo di corsa il paese, passavamo accanto al campanile, salivamo sull'altura fino all'albero con il ramo segato. Il nostro giro di boa. Soddisfatti facevamo una sosta sulla panca, guardando i campi che si estendevano in lontananza nella vallata, immersi nella foschia mattutina, e poi tornavamo di corsa a casa, dove nostra sorella ed Elena, che nel frattempo ci aveva raggiunto, sedevano già in terrazza.

«Donne, noi avere fame» dicevamo, salendo ansanti su in veranda. «Ugh, ugh, portare a noi qualcosa da mangiare».

Mi battevo il petto come un gorilla e Marty faceva versi da scimmia. Credo che se la spassasse un mondo a fare, per una volta, un po' il cretino.

«Tornatevene pure di nuovo a correre» diceva Liz. «Se siete ancora in grado di parlare così, ancora non avete corso abbastanza».

Con mio grande stupore era quasi sempre mio fratello a intrattenerci, durante la colazione che seguiva in giardino. I romanzi a lui non piacevano, ma era un appassionato lettore di biografie e di giornali. Non essendo tipo da afferrare la vita con l'intuito, doveva guadagnarsi faticosamente una visione del mondo leggendo. Ma era un ottimo affabulatore, a tavola parlava spesso, in modo colorito, di una nuova mostra molto originale, di un magistrale falsario inglese o di una promettente scoperta nel campo dei numeri primi.

Dopo colazione solitamente si ritirava per un paio d'ore in camera sua a lavorare. Liz, che doveva sempre sentirsi attiva, faceva una passeggiata, giocava a badminton o andava da sola in città. Quanto a me, sedevo volentieri in terrazza, con un libro, accanto a Elena che lavorava alla sua tesi in psicologia. Ci intendevamo bene, anche senza molte parole.

Nessuna avvisaglia di litigio.

Quella sera Elena era andata da una compagna di università a Marsiglia. Io e i miei fratelli facemmo visita al piccolo cimitero di Berdillac. Era deserto e buio, Liz accese due candele. Alla luce tremolante affiorarono i nomi dei nostri nonni e di nostro zio. Osservai la lapide. Quei tre defunti per me erano sempre stati degli estranei. Lo zio Eric era morto molto prima che noi nascessimo, a soli ventun anni. Sulle circostanze precise della sua morte eravamo sempre stati tenuti all'oscuro. Anche del nonno, un falegname, sapevamo poco, solo una volta zia Helene aveva accennato al fatto che era molto collerico e che, in ultimo, si era chiaramente autodistrutto a furia di bere. «È morto solo pochi mesi dopo Eric» disse mio fratello, quasi avesse indovinato i miei pensieri.

Fui sollevato quando lasciammo il cimitero.

Una volta a casa, ci sentimmo come liberati. Bevemmo tre, quattro bottiglie di Corbières, raccontando aneddoti dei tempi andati. Liz parlò dei suoi ex ragazzi («Erano tutti troppo belli, come un regalo in confezione lusso. Ma quando guardavi dentro, trovavi solo una vecchia ciabatta») e a un certo punto la conversazione cadde su Gunnar Nordahl, l'amico di penna di Marty, alla cui esistenza noi non avevamo mai davvero creduto.

«Avanti, esisteva o te lo eri semplicemente inventato?» chiedemmo.

«Certo che esisteva Gunnar» rispose nostro fratello. Poi fissò il suo bicchiere. «Va bene, d'accordo, non esisteva». Scosse il capo. «Ho scritto per anni lettere a un norvegese a caso, che avevo scovato sull'elenco del telefono. Mi sono chiesto spesso se le abbia mai lette».

«Oddio, lo sapevo!» esclamò Liz in tono di trionfo, mentre lui non fece una piega, come chi nel proprio intimo si senta inattaccabile.

Più tardi Liz esibì una minigonna gialla. «Guardate un po', l'ho presa in un negozio a due passi dall'università, frequentato solo da diciannovenni». Sogghignò. «Poi usciamo e indovinate cosa mi metto?».

«Io di sicuro non esco più». Marty armeggiava con gli occhiali. «E non è che voglia deluderti, ma purtroppo non sei più una diciannovenne».

«Ah sì, e chi lo dice?»

Si mise in posa come una sciocca davanti a lui, finché Marty rise e acconsentì ad accompagnarci un'altra volta in città. Non toccò più l'ultimo bicchiere di vino, pieno raso, mentre nostra sorella tracannò il suo al volo.

Ballammo tutti insieme fino al mattino, in una discoteca di Montpellier, e quello che più mi è rimasto impresso nella memoria è come Liz si sentisse a proprio agio sulla pista da ballo, in mezzo a tutti quegli sconosciuti. Non solo perché era molto convinta di sé, ma anche perché, molto semplicemente, si sentiva benvoluta ovunque.

Erano le sette del mattino ed ero appena andato a letto, quando da sotto mi giunsero delle grida. Con cautela guardai giù dalle scale. Liz stava in mezzo al soggiorno, Marty era seduto un po' rannicchiato sul divano. Non si accorsero di me.

«Sì, mi piacerebbe tanto sapere una cosa» stava dicendo Liz in quel momento. «Tu qui ti comporti come se fossi Babar, il fottuto re degli elefanti, e fai la parte del fratello premuroso, ma dov'eri quando avremmo avuto bisogno di te?»

«Mi spiace, ma se c'è qualcuno che ha tagliato la corda, sei tu» ribatté Marty, calmo. «Senza contare il fatto che almeno uno in famiglia doveva pur guadagnare qualche soldo».

«I soldi sono l'unica cosa che ancora ti interessi. Quotazioni in borsa, annunci immobiliari, il tuo portale Internet e cazzate del genere».

«Cerca di non esprimerti come un'adolescente nell'età ingrata» disse Marty. «È tremendo. La verità è che tu non c'eri, punto e basta».

«Quando?»

«Quando la mamma e il papà sono morti. Ci hai lasciati soli, te ne sei andata con la tua banda di amici a strafarti e ti sei disinteressata di noi. Non posso sapere come te la passavi, ma per noi è stato un periodo orribile, non avevamo praticamente amici, niente. E lo sai perché? Perché non avevamo imparato a farci degli amici, dal momento che stavamo sempre noi tre insieme. E di colpo sei sparita dalla nostra vita, benché avessi promesso di aver cura di noi. Adesso magari puoi dirmi perché l'hai fatto, perché hai tagliato la corda?»

Liz parve colpita da quella domanda. Afferrò una pesca dal cesto sul tavolo e si mise a giocherellarci.

«Ai tempi ero molto più infantile di te» disse. «Certo, parlavo sempre di ragazzi e mi atteggiavo a sorella maggiore scafata. Ma in realtà mi piaceva tanto essere piccola. Mi piaceva dire sciocchezze, farmi coccolare dalla mamma e restarmene ore in camera mia a disegnare. Non avevo nessuna voglia di diventare adulta, in ogni caso non così in fretta. E poi è finito tutto. Da un momento all'altro. Jules era comunque troppo piccolo, e tu eri quel freak di nero vestito che si isolava da tutto, te lo sei scordato?»

Con una scrollata di spalle, Marty le diede suo malgrado ragione.

«Siamo stati tutti feriti» proseguì Liz, «ma ognuno di noi ha reagito in maniera diversa. Io ho fatto in modo di non trovare più pace, di avere sempre l'anima in subbuglio. Mi sono buttata a capofitto nella vita, perché le volte che mi ritrovavo in camera da sola a pensare sapevo solo piangere».

«Ma perché ci hai piantato in asso?»

«Se fossi stata in grado di prendermi cura di voi, lo avrei fatto. Ma non ne avevo la forza. Sai quando è stata la mia prima volta? Lo sai?»

«Stavi con quel ragazzo più grande e...»

«No, solo per finta. Sai quando è stata davvero la mia prima volta?»

Marty era sempre più laconico. «No».

«Neanche so il suo nome». La voce di Liz tremò. «Eravamo in collegio da poche settimane, e le ragazze del mio piano mi prendevano in giro per i miei peluche, i miei fumetti infantili, i miei vestiti poco trendy. Quindi volevo dimostrare di essere più tosta di loro, disposta a farmi più male di tutte loro. Per questo sono stata l'unica ad accettare, quando ci hanno offerto non so che roba in una discoteca. Non so cosa fosse, ma dopo averla presa facevo fatica a sentire e a vedere. E a quel punto è arrivato un tizio. Sarà stato sui vent'anni, aveva un che di squallido, freddo, che non capivo. All'improvviso mi ha trascinato via dalla pista da ballo e quando siamo stati abbastanza appartati si è aperto i pantaloni. Io non volevo, ma non avevo la forza di difendermi. La mia testa era ancora completamente annebbiata da quella droga, pensavo a Monaco e alla mamma e al papà e a voi, e a quanto distante fosse all'improvviso tutto ciò. E intanto quello mi scopava».

Marty si morse un labbro e non disse una parola.

«Di colpo sono diventata quella che non avrei mai

voluto essere. E più il tempo passava, meno potevo tornare da voi. Voi non avevate idea di com'era vomitare alle sette del mattino sulla pista da ballo di chissà quale locale di provincia, strafatti di speed, o andare a letto con qualcuno, strafatti di acido, o ancora svegliarsi a fianco di uno visto per la prima volta poche ore prima. Non avevate idea di che gusto avesse perdersi fino a quel punto. Tu eri preso solo dai tuoi libri e dai tuoi videogiochi, e Jules dalle sue fantasticherie. Ci divide un abisso... Tuttora».

Entrambi guardavano per terra e tacevano. La scena ricordava vagamente il gioco degli scacchi, quando restano solo due pezzi avversari, che però non possono più attaccarsi. Come due pedoni di diverso colore.

«E cosa ne direste se provassimo insieme?» chiesi io dall'alto delle scale.

Alzarono gli occhi verso di me, per niente sorpresi della mia presenza.

«Hai ragione» dissi a Liz. «Noi non sappiamo niente di quello che sai tu. Tu hai fatto esperienze che a noi mancano. Basta pensare alle droghe. Tu hai visto e provato cose che io e Marty nemmeno possiamo immaginare. Per esempio, spesso mi hai raccontato cose incredibili sull'LSD. Perché allora non lo prendiamo insieme? Così almeno poi ne possiamo parlare».

Liz rifletté, poi scosse il capo. «Voi non prendete droghe, voi non siete...»

«Ecco, vedi» la interruppi, «intendo proprio questo. 'Voi non siete come me', era questo che volevi dire, no? Ma non possiamo esserlo, se tu non ce lo consenti. È un dato di fatto che da anni non ci frequentiamo più. Lasciaci finalmente partecipare alla tua vita».

Liz ci pensò su. «E se anche fosse, dove pensi di procurati l'LSD?»

«Questo non sarebbe un problema» intervenne Marty, lasciandoci alquanto sorpresi. «Potrei pensarci io, conosco abbastanza gente, anche qui. La questione, semmai, è se qualcosa va storto».

Discutemmo i pro e i contro e decidemmo che avremmo fatto il trip solo quando fosse tornata Elena, in modo che potesse controllarci. Quando venne a sapere del nostro piano, non si mostrò particolarmente entusiasta, ma alla fine si lasciò convincere.

Tre giorni dopo un furgone grigio si fermò davanti a casa. Marty scambiò due chiacchiere con l'affabile autista e tornò con una bustina di plastica. Poco dopo eravamo seduti tutti e tre a fianco sul divano, con in mano un pezzettino di carta colorato. Liz spiegò che bastava inghiottirli, tutto lì. Osservai il mio. Era celeste e non sapeva di niente.

L'effetto tardò a farsi sentire. Marty andò a prendere *Le Figaro* e si mise a leggere. Liz si appoggiò allo schienale e chiuse gli occhi. Io guardai Elena, seduta di fronte a noi, e lei ricambiò l'occhiata. Poi deglutii e per un attimo mi sentii in bocca l'insulso sapore della giovinezza, un misto di fumo, cibo della mensa, birra da due soldi e il momento in cui Alva mi aveva preso la mano. Bevvi un bicchiere d'acqua e l'eco lontana, sinestetica, sparì dalla mia lingua.

Subito dopo mio fratello sembrò provare qualcosa. Ammaliato, fissava il giornale e mormorava che i caratteri si fondevano, poi andò da Elena e le poggiò la testa in grembo.

Nello stesso istante mi travolse un'ondata di ricordi, come se qualcuno sfogliasse il libro della mia vita.

Qualche capitolo indietro: i funerali di nostra zia. Era morta per un ictus l'anno prima, spazzata via di punto in bianco. Mentre andavamo alle esequie, Marty aveva un'aria posata, quasi indifferente, benché le avesse voluto molto bene. Guidava taciturno verso il cimitero, mentre io e Liz discutevamo del fatto che il destino ci aveva di nuovo tradito. «Che assurdità» aveva detto all'improvviso Marty. «Non esiste nessun destino, proprio come non esiste nessun Dio. Non c'è un bel niente, o ci siamo solo noi uomini, il che più o meno si equivale. Per cui è completamente folle lagnarsi. La morte è una questione statistica, e al momento sembra esserci contro, ma prima o poi, quando tutti gli uomini, noi compresi, saranno morti, le cose torneranno a bilanciarsi, tutto qui». Eppure, mezz'ora più tardi, durante la cerimonia, mentre guardavamo la bara della zia, mio fratello, con mio grande stupore, era scoppiato in un pianto dirotto. Singhiozzava da fare pietà, tutti in chiesa guardavano Marty che si appoggiava alla spalla di Liz e si lasciava abbracciare da lei.

Poi nel mio cervello si girò un'altra pagina, ancora più indietro, e io mi rividi bambino, in soggiorno, mentre la zia mi avvertiva che i miei genitori erano morti. Marty, pallido e immobile, era accanto a me, ma avrebbe potuto anche essere mille miglia lontano. Lentamente quelle parole dispiegarono la loro incommensurabile potenza, penetrarono ovunque, nel pavimento, che diventò di colpo sconnesso, nei miei occhi che vedevano tutto annebbiato, nelle mie gambe, su cui mi reggevo a malapena, barcollando per la stanza. L'onda d'urto raggiunse in seguito anche Liz, non appena mise piede in casa e subito mi guardò preoccupata. «Che succede?» aveva chiesto, ma io non potevo e non volevo dirglielo, come se, così facendo, potessi metterla al riparo dalla verità.

«Vedo quello che vedi tu» disse a quel punto mia sorella accanto a me, o almeno mi sembrò.

Volevo farle sapere come fosse cambiato tutto, come fossi cambiato io, però non ci riuscii. Il cuore mi batteva a mille, immagini mi inondavano il cervello. Mio padre che mi lanciava la palla. Liz che si metteva in tasca una pedina bianca di Barricata come portafortuna. Mia madre che mi chiamava 'lumachina' e mi leggeva una storia. Io che passavo al setaccio la farina per il suo 'dolce irresistibile'. Tutto alla rinfusa, tutto così vicino, così bello, così rapido da risultarmi quasi insopportabile.

Inspirai ed espirai profondamente, una, due volte.

«È troppo» continuavo a ripetere. «Non ce la faccio più. Per favore, basta».

Liz mi prese la mano. «Calmo, fa' il bravo» disse. «Va tutto bene».

Le lacrime mi rigavano le guance, i colori della stanza emanavano bagliori, vedevo ogni minimo solco sulla mia mano. Respiro accelerato, senso di oppressione alla cassa toracica. Ma poi, da un momento all'altro, provai un senso di liberazione, e riuscii di nuovo a respirare normalmente. Fu tanto il sollievo che scoppiai a ridere. Guardavo in continuazione Elena, che mi osservava e, con la sua calma, teneva sotto controllo tutta la stanza.

«Adesso so che disegno mi sarebbe piaciuto fare a dodici anni». Liz si appoggiò a me. «Negli ultimi anni me l'ero dimenticato, ma adesso mi torna in mente. Avrei disegnato quattro cani in spiaggia che giocano a palla come gli esseri umani. Avrebbero avuto dei nomi buffi e dei vestiti fuori moda».

Io annuii, felice di esserle così vicino.

Ora tutto si stava fondendo insieme, mentre la mia coscienza mollava gli ormeggi e io viaggiavo indietro nel tempo.

Ero... *Sono* all'improvviso Marty bambino, intento a montare un'automobilina che funziona a benzina. Magnifica la precisione con cui si incastrano i singoli pezzi, felice il momento in cui il motore si avvia e il marchingegno sotto la carrozzeria di colpo acquista un senso.

Sono Liz e dipingo con colori accesi su un foglio di carta, quando tutto a un tratto si generano creature viventi, che io stesso ho creato, e il fenomeno è talmente grandioso che mi ci perdo. E nella mia testa ci sono altre figure sgargianti, talmente numerose che a volte provo dolore e non posso dirlo o mostrarle a nessuno, così che a tratti mi assale la sfrenatezza e corro come un matto per la stanza, per consumare, scrollarmi di dosso tutta quell'energia.

Sono mia madre, che sta a guardare i suoi figli che giocano e diventano grandi, e spero che mi restino vicini ancora per un po'. E sono felice di aver scambiato la mia libertà per questa vita, anche se a volte la rimpiango.

E sono mio padre, che va a lavorare in auto e darebbe chissà che per fare immediatamente dietro front e tornare a casa dalla sua famiglia, ma non può, così come non può fare molto altro. Mi chiedo quand'è che le cose hanno cominciato ad andare storte, o se non siano mai andate lisce, fin dall'inizio. E ripenso al fatto di aver regalato a Jules, mio figlio minore, a Natale, poco prima della mia morte, una macchina fotografica che lui non usa. Di conseguenza abbiamo bisticciato in extremis e...

«Mi ricordo» dico. Nitido come non mai mi vedo davanti mio padre, abbattuto, con la pipa in mano, che mi guarda sconcertato. Colpa mia. Maledettamente colpa mia.

«Oddio, ora mi torna in mente tutto».

Ho ancora gli occhi chiusi. Sono solo me stesso, corro su un prato e vedo incredibili sfumature di verde. Ho nelle narici un profumo di fieno, resina e muschio umido; i miei sensi sono saturi. Piove, sono fradicio, raggiungo un bosco. Nel giro di pochi secondi il giorno trascolora nella notte. All'improvviso è buio, fa freddo e io sento che c'è un pericolo in agguato. Mi tocca farmi strada nel sottobosco impenetrabile. I rami neri e aguzzi mi bucano la pelle, sanguino.

«C'è qualcosa che non va» dico. «Che non va affatto. Non finisce più».

Sento che qualcuno mi scuote, ma io tengo gli occhi chiusi, continuo a correre. Lo conosco, questo bosco. Non l'ho più lasciato dalla mia infanzia, è diventato la mia casa. E se non sto attento, in questo bosco ci morirò.

Mi addentro in me stesso e mi vedo davanti con chiarezza un'immagine: la nostra vita, al momento della morte dei nostri genitori, è giunta a uno scambio ed è stata deviata nella direzione sbagliata. Da allora noi viviamo una vita aliena, fasulla. Un errore di sistema non rettificabile.

Nel cammino che porta a me stesso inciampo e resto infilzato in un ramo che sta per terra. Il ramo mi perfora il cuore. Mi dissanguo in un battibaleno. Vampa di calore, luminosità, piacevolezza e al tempo stesso la sensazione più desolante mai provata in vita mia, perché devo lasciare tutto, perdo tutto…

Spalancai gli occhi, ero fradicio.

«Non voglio morire» gridai. «NON VOGLIO MORIRE!»

Congedarsi da se stessi. Tutti i pensieri, le speranze e i ricordi cancellati. Uno schermo nero per l'eternità.

Mi rannicchiai per terra e piansi. «Non voglio morire» continuavo a ripetere. Liz si stese accanto a me, Marty ed Elena mi tenevano le mani. Sentivo la loro vicinanza, il calore e il conforto della nostra casa. Eppure sembrava tutto lontanissimo, perché mi ero inabissato in me stesso, là dove c'era solo gelida paura.

*

L'ultimo giorno di vacanza andai in spiaggia con mio fratello. Faceva freddino, il vento sempre più intenso ci soffiava tra i capelli. Una barca di pescatori passò radente alla costa e disegnò il suo profilo sulla superficie dell'acqua.

«Ascolta» disse Marty.

«Sì?»

«Mi spiace che ci siamo visti così poco». Si tolse gli occhiali e si strinse il dorso del naso tra pollice e indice. «Probabilmente negli ultimi anni non sono stato un granché come fratello».

«Facevi il saputello».

«Sì, forse».

«Il saputello e il paraculo».

«Grazie, ho capito».

Ci guardammo. Mio fratello mi diede una pacca sulla spalla, e all'improvviso mi parve ringiovanito. «Saprò rifarmi».

Nel pomeriggio, mentre i miei fratelli preparavano i bagagli, feci un ultimo giro per il paese con Elena.

«Che fine hanno fatto i tic di Marty?» chiesi. «Chiudere con cinque mandate, abbassare la maniglia a più riprese secondo uno schema segreto, non calpestare le fessure tra le pietre del lastricato... Che fine ha fatto tutto quanto?»

Elena abbassò gli occhi. «Il peggioramento era continuo» disse. «Alla fine andava cinque volte all'anno al Centro prevenzione tumori e non riusciva a prendere né le scale mobili né gli ascensori, perché aveva la sensazione che portassero scalogna».

«Come, come?»

Suo malgrado Elena rise. «Sì, scale mobili e ascensori erano *maligni*. All'inizio mi teneva nascosto tutto, anzi, ci scherzava su, se io notavo qualcosa. Ma a un certo punto questi tratti maniacali hanno finito per condizionare tutta la sua vita. Da qualche mese è in terapia».

Ci stavamo avvicinando a casa. Già da quella distanza vedevo Marty caricare la macchina, fischiettando una melodia della *Carmen*.

«E adesso i tic gli sono passati?» chiesi.

«Me lo auguro. Credo che vada meglio, anche se, a volte, ho la sensazione che li abbia ancora. Che semplicemente li nasconda meglio. Mi sforzo di coglierlo in flagrante, ma ancora non ci sono riuscita».

Quando entrai in giardino, feci un cenno di saluto a mio fratello. Un'infanzia difficile è una sorta di nemico invisibile, pensai. Non sai mai quando attaccherà.

SECONDA PARTE

Dall'incidente in moto mi riprendo con sorprendente rapidità. Presto sarò di nuovo in grado di leggere, guardare la televisione e telefonare, e nel frattempo ho avuto il referto completo: contusione della milza, frattura della tibia e del perone, frattura della clavicola, trauma cranico grave. I medici dicono che ho avuto fortuna.

Fortuna. Una parola di cui, in questi tempi, non so bene che farmene.

Bussano alla porta. Marty mi ha portato i bambini, è venuta anche Elena, persino Toni, che ha preso un aereo per Monaco espressamente per me.

I bambini corrono verso il mio letto e mi abbracciano. Vincent mi ha fatto un disegno, raffigura un uomo ghignante, con le stampelle, Luise mi mette sul comodino un animale di pezza perché mi tenga compagnia. Anche se hanno già sette anni, per me ha tuttora del miracoloso che siano veramente i miei figli. Che io sia destinato a essere loro padre per sempre. Potrei emigrare, potrebbe capitarmi una disgrazia o loro potrebbero non volermi vedere più: resterei sempre loro padre.

Luise indica la mia gamba ingessata e il mio collare. Come l'ultima volta che è venuta, mi chiede se morirò, e io scuoto la testa. Lei annuisce rasserenata. Vincent sembra meno soddisfatto della risposta. Si tormenta le dita. Negli occhi gli leggo la paura.

Decido di fare uno sforzo e mi metto a interpretare la parte del clown allegro e ottimista, la parte che mi appartiene da sempre, con i miei bambini. Racconto della mia giornata ospedaliera e faccio domande.

«Come si sta dallo zio Marty e dalla zia Elena?»

Mio figlio tace.

«Bene» risponde Luise per lui.

«Cosa avete fatto ieri?»

«Siamo andati allo zoo, abbiamo visto un leone, molto da vicino».

'È felice' penso. Dopo tutto quello che è successo, è felice di aver visto un povero leone in gabbia. Abbraccio mia figlia e le do un bacio.

«E a te?» chiedo a Vincent. «A te che animali sono piaciuti?»

Lui alza il viso, ma regge solo per pochi secondi il mio sguardo. «I serpenti» dice a voce bassa.

Lancio un'occhiata inquieta a Marty e spero ardentemente che mio figlio in futuro non dissezioni creature inermi per esaminarne il sangue al microscopio.

Ora disegniamo animali tutti insieme: un elefante, poi topi, giraffe e una tigre. Mentre i tentativi di Toni sono penosi («Povere bestie. Come le hai disegnate tu, non sopravvivrebbero neanche un giorno» commenta mio fratello), Vincent disegna con sorprendente precisione. Specie la giraffa gli è venuta bene. Quando lo elogio, mio figlio sorride per la prima volta. Un sorriso improvviso, ed è così disarmante e bello che per un attimo smetto di preoccuparmi per lui.

*

Usciti i visitatori, irrompe la sera. Nuvole scialbe corrono nel cielo e all'improvviso ho la sensazione che l'oscurità mi osservi dalla finestra. Ho nostalgia di mia moglie, ma sta facendo un viaggio all'estero, per lei molto importante. Le ho detto che non l'avrei disturbata, che a casa me la sarei cavato da solo e che non c'era alcun bisogno che si portasse il cellulare tedesco. È in Russia, per la precisione a Ekaterinburg, e ci vorranno ancora parecchi giorni prima che trovi un volo. Fino a quel momento mi tocca restare solo.

La notte dormo male. In sogno riparte il film di me in moto che esco di strada e cado.

«È fatta» ho pensato in extremis, o forse: «Sarà dura». Non so più.

Poi mi sveglio.

Accendo la luce. Su mia richiesta mio fratello mi ha portato un album di foto e due romanzi: *La fuga del tempo* di A.N. Romanov e *Tenera è la notte* di F. Scott Fitzgerald. Entrambi i libri li ho riletti più volte, e sempre mi soffermo a lungo su scene e descrizioni a me familiari. Alla fine mi appisolo. Stavolta niente sogni, solo il vuoto.

*

Al mattino sono sprofondato nei miei pensieri, quando chiama lei. È bloccata a Ekaterinburg; tutti i voli sono pieni per via di una fiera industriale.

«Non ci resisto più, qui dentro» dico. «Quando vieni?»

«Sarò lì tra poco».

«Quasi verrei io da te, mi pare più semplice».

«Non fare lo spiritoso. Con tutte le tue viti e placche in titanio, all'aeroporto non ti lascerebbero passare».

Si informa sui bambini. Dal momento che mio fratello ed Elena hanno sempre avuto un ottimo rapporto con loro, è tranquilla. Le dico ancora che la amo, poi riattacchiamo.

Oggi viene a trovarmi solo Marty. Si mette davanti alla finestra, guarda verso la luce. Camicia sartoriale, piega dei pantaloni perfetta, ma da un po' di tempo gli cadono i capelli. Osservo mio fratello, un tipo per niente incline ai sentimentalismi o alle rivisitazioni del passato, uno che ha saputo piegare ogni caso della vita a un risultato personale, speciale. All'improvviso mi vedo davanti agli occhi l'immagine di come saremo insieme a settant'anni. Marty non me lo sono scelto, e in realtà siamo diametralmente opposti, ma c'è in lui qualcosa che lo distingue da tutti gli altri: c'è, c'è sempre. Da quarantun anni al mio fianco.

«Perché l'hai fatto?» chiede.

È la domanda che aspettavo.

«Dunque anche tu sei convinto che non si sia trattato di un incidente?»

«Perché *anche* tu?»

Ripenso al colloquio con la giovane psicologa dell'ospedale, a sua volta dell'idea che non fosse stato un incidente: non erano state trovate tracce di frenata.

«Dunque un tentato suicidio?» avevo ribattuto in tono provocatorio.

Lei aveva lasciato la domanda in sospeso.

«È importante che lei affronti la realtà» aveva infine concluso. «So che tende a fuggire in mondi fantastici, tuttavia deve accettare l'accaduto. La sua famiglia ha bisogno di qualcuno che viva nel qui e ora».

Non avevo risposto.

Rivolgo a mio fratello una lunga occhiata. «Perché avrei dovuto uccidermi? Ho due figli, mai e poi mai li avrei piantati in asso. È stato un incidente, ho semplicemente perso il controllo della moto».

Marty non pare convinto. «Ah, tra l'altro è conciata da buttar via» si limita a dire. «Non capisco perché tu all'improvviso sia diventato un motociclista sfegatato. Cosa pericolosissima».

*

Appena se ne va, tento nuovamente di abbandonarmi ai miei sogni a occhi aperti, ma stavolta non mi riesce. Guardo fisso fuori dalla finestra. Alcune rondini planano nell'aria. Mi torna in mente che un tempo, quando stavo male, immaginavo di volare.

Sfoglio l'album di foto. Quelle che mi piace di più guardare, oltre a quelle con mia moglie, sono gli scatti con i miei fratelli. Alcuni mostrano mia sorella a un party: cocktail in mano, sguardo aggressivo, non un solo dubbio al mondo. Sono passati quindici anni e non è facile trovare le parole per dire quanto Liz mi manchi.

Un infermiere bussa alla porta. Con il suo aiuto e il sostegno delle stampelle faccio una prima, cauta passeggiata nel parco dell'ospedale. La gamba rotta ormai non mi fa quasi più male, anche la frattura della clavicola sta guarendo, le mie emicranie sono praticamente scomparse. La luce del giorno, a cui non sono più abituato, mi abbaglia, inspiro profondamente e mi siedo su una panchina. Intorno a me gli uccelli cinguettano, e il sole splende nel cielo senza nuvole riversando la sua luce sul parco.

È morta, penso.

Per qualche minuto fatico a controllarmi. Pensare ad altro, pensare ad altro. Nella mia testa turbinano immagini alla rinfusa, e all'improvviso mi riappaiono davanti i miei anni berlinesi. Ripenso ai momenti in cui, solo in casa, ballavo sopraffatto da una stupidità disperata. Ripenso alla cantina in Svizzera e alla scatola di proiettili. Ripenso a come ho ripreso a scrivere. Un montaggio sempre più rapido di immagini sconnesse e tutto a un tratto rivedo ciò che è successo prima dell'incidente in moto. L'abisso mi guarda.

E io ricambio lo sguardo.

A ritroso
(2000-2003)

Circa due anni dopo la vacanza in Francia con i miei fratelli abbandonai la fotografia. Avevo ricevuto un rifiuto da un amico, che faceva il curatore d'arte, e dalla rabbia avevo messo sul marciapiede uno scatolone con tutte le mie macchine fotografiche. Dopo un'ora volevo riprenderlo, ma era sparito. L'inizio di una caduta libera lunga mesi. Cominciai a dormire fino a pomeriggio inoltrato, mi facevo troppe canne, scrivevo qualche racconto breve che non mostravo a nessuno e diventai un attaccabrighe. La mia ragazza di allora mi lasciò. Sosteneva che ero troppo chiuso, troppo *poco autentico*, e che lei non tollerava più quel mio sguardo di quando sembravo in un mondo tutto mio, inaccessibile. La cosa mi toccò poco. Come nelle relazioni precedenti, non ero innamorato, e in una zona profonda di me stesso sentivo che quella non era comunque la mia vera vita. Che ancora l'avrei scambiata con gli anni in cui erano vivi i miei genitori. Era un pensiero ricorrente, una sorta di maledizione insita nella mia anima.

Quando Liz mi informò che alla Yellow Records c'era un posto disponibile, diedi la disdetta al mio appartamento di Amburgo e mi trasferii da lei a Berlino.

La casa discografica si trovava in una corte interna a Kottbusser Damm ed era specializzata in cantautori e in indie rock. E così avvenne che io, di punto in bianco, lavorassi come consulente legale e poi come scout, ma alla stessa identica stregua avrei potuto anche vivere all'estero o andare di nuovo all'università. Allora non sarei stato in grado di formularlo così precisamente, ma in cuor mio intuivo di aver smarrito la strada. Il problema era che ignoravo quando e come. Non sapevo nemmeno quale strada.

*

Poco dopo il mio trentesimo compleanno, nel gennaio 2003, mentre attraversavo in Vespa la città, una Fiat rossa mi si fermò accanto. Perché non riuscivo a staccarle gli occhi di dosso? Ah già, Alva. Aveva la stessa macchina. D'un tratto mi tornò in mente come era andata a finire. Come l'avessi pregata di venire a Monaco con me. E come lei per tutta risposta fosse andata a letto con quel tizio, facendo in modo che la vedessi. Così era andata.

Be', non proprio.

Nell'ultimo fine settimana di scuola, Alva era inaspettatamente venuta da me. Mi aveva guardato radiosa, come se non fosse successo niente, dicendomi che forse sarebbe andata per un anno di volontariato sociale in Nuova Zelanda. Parlammo del fatto che in futuro probabilmente ci saremmo visti molto di rado e di come fosse strano vedersi ogni giorno per anni e poi più niente. In realtà ero ancora offeso, ma c'era qualcosa di vulnerabile nel suo sguardo che mi intenerì. Poi mi prese sottobraccio e mi chiese se avremmo fatto qualcosa insieme nel weekend. Si era chiarita le idee su alcune cose, ci teneva molto a parlarne con me.

Rimasi talmente sorpreso che sulle prime non riuscii a rispondere. Le promisi di chiamarla e lei disse che ne era felice.

Ma non mi feci vivo.

Per tutto il fine settimana girellai intorno al telefono del piano, in collegio. Però non la chiamai. Alva mi aveva ferito di proposito, ed era chiaro che, nonostante tutte le rassicurazioni, non contavo molto per lei, visto che stava per lasciarmi per sempre. Come potevo passare sopra a una cosa del genere? Al tempo stesso volevo assolutamente vederla. Speravo che mi chiamasse lei, ma non lo fece.

Quando, il lunedì, tornai a scuola, lei non mi rivolse la parola. Per tutto il tempo distolse lo sguardo da me, in maniera ostentata. Nell'intervallo la raggiunsi.

«Mi spiace» dissi, appoggiandomi con una mano alla parete con studiata disinvoltura. «Volevo chiamarti, ma nel weekend sono successe un mucchio di cose!»

Può darsi che le abbia persino raccontato di essere andato a una festa, dove avevo incontrato una ragazza alla quale Alva sapeva che piacevo. In ogni modo assaporai la piacevolissima soddisfazione di potermi in parte vendicare del male che mi aveva fatto. Contavo sul fatto che si sarebbe mostrata dispiaciuta o almeno sorpresa del mio audace comportamento, invece si limitò a guardarmi con fare interrogativo.

«Ma davvero» disse. «Già, me ne ero completamente dimenticata. Be', non importa».

È stata l'ultima volta che ho parlato con lei.

*

Pochi giorni dopo aver visto la Fiat rossa andai a prendere Liz al lavoro. L'estate insieme a Berdillac risaliva ormai a quasi cinque anni prima. Aveva recuperato il diploma di maturità in una scuola serale e si era iscritta alla facoltà di Pedagogia; il suo tirocinio in musica, arte e tedesco procedeva bene. La osservai mentre usciva dall'edificio insieme ad alcuni giovani insegnanti. Da lontano sembrava ancora più alta, faceva veramente colpo. Aveva una borsa a tracolla e rideva. Si vedeva che il capo era lei, gli altri la guardavano adoranti. Chi non sapeva che aveva passato da un bel pezzo la trentina le avrebbe dato più o meno venticinque anni, solo il suo viso era diventato un po' più pieno.

Ci preparammo il pranzo a casa sua, zeppa di cianfrusaglie e di quadri, già sulla via della trascuratezza. In altre parole, lei cucinò e io rimasi a guardare, e naturalmente parlammo anche del trasloco di nostro fratello. Marty aveva venduto di recente la sua ditta per una cifra stratosferica e ora insegnava al Politecnico, a Monaco. Lui ed Elena avevano comprato casa vicino al Giardino Inglese.

«Ma ci pensi?» Mi dondolavo sulla sedia, nella sua cucina. «Abita a pochi isolati dalla nostra casa di una volta».

«Sapevo che prima o poi saremmo tornati». Lei tritava fino il basilico. «Ma non pensavo così in fretta».

«Io non tornerò mai a Monaco. Perché dovrei?»

«Perché ce ne siamo andati contro la nostra volontà».

Liz accese dei bastoncini d'incenso. Dal suo stereo usciva musica folk messicana, e lei canticchiava. La immaginai suonare la chitarra per i suoi allievi nell'ora di musica, disegnare come premio pupazzetti o animali sul quaderno dei più piccoli, mettere in scena con loro un pezzo teatrale in estate. Forse mia sorella aveva passato anni in cui si era persa, ma ora la sua vita, a mio avviso, tornava finalmente a somigliare a quella di quando i nostri genitori erano vivi. Aveva ritrovato la strada, ce l'aveva fatta e anche mio fratello sembrava essere pienamente se stesso. Il mio caso invece era diverso. Giorni prima, in un caffè, avevo notato al tavolino a fianco un gruppo in cui spadroneggiava un tizio, un uomo della mia età. Aveva appena fatto ridere gli amici, prevaricandoli con una nonchalance che era quasi provocatoria. Io avevo distolto lo sguardo, scocciato, ma qualcosa nel comportamento di quel tale non mi dava pace e all'improvviso mi era venuto il pensiero che sarei potuto benissimo essere io, quell'uomo, se solo un paio di cose fossero andate diversamente.

Di fuori esplosero delle grida. Un'orda di bambini correva sul cemento del cortile.

«Quanti anni avrebbe, adesso?» chiesi, ancora per metà sprofondato nei miei pensieri.

La domanda era stata troppo brusca e inopportuna, lo sguardo di mia sorella si incupì. «Cinque» disse.

«Ci pensi ancora spesso?»

«Non più come prima. Ma a volte ho paura che quella sia stata la mia unica chance e che ora non potrò più avere bambini. La prima volta, in collegio, ero troppo giovane. Ma con Robert avrei avuto l'età giusta. Chissà se mi capiterà un'altra occasione».

Tuttora era sempre lei la prima a lasciare i compagni, per la paura di essere lasciata, e anche la sua ultima relazione con un attore olandese era andata a monte. «Un uomo di incantevole scemenza» aveva detto una volta Liz.

Anche Marty ancora non aveva figli, in compenso però aveva un cane che, con spassosa mancanza di creatività, chiamava semplicemente Cane. Di recente aveva annunciato che, essendo in definitiva ogni cosa votata alla rovina, non aveva alcun senso fare figli.

Liz si indignava. «Sono le fanfaronate nichiliste di Marty» disse. «Ma tu sai bene che non è vero. In realtà tutti i nichilisti e i cinici sono dei vigliacchi. Fanno come se tutto fosse privo di significato, così alla fine non hanno niente da perdere. Il loro atteggiamento di superiorità, in apparenza inattaccabile, alla fine è intrinsecamente misero».

Si accese una sigaretta scuotendo il capo. «L'alternativa all'idea di vivere e morire è il nulla». Il mozzicone le ballava tra le labbra. «Ma sarebbe davvero meglio se questo mondo non esistesse? Invece viviamo, creiamo arte, amiamo, osserviamo, soffriamo, ci divertiamo e ridiamo. Esistiamo tutti in milioni di modi diversi, affinché il nulla non ci sia, e lo scotto che paghiamo è la morte».

All'improvviso ripensai ad Alva e alla Fiat rossa. La notte precedente avevo sognato di correre in uno scenario di guerra. Dal cielo precipitavano elicotteri, piovevano bombe, le persone tutt'intorno a me crollavano a terra. La città era votata alla rovina, ma io continuavo a correre, perché avevo sentito che Alva era prigioniera in una casa in centro. Vagavo per la città fino allo sfinimento, schivando in alcuni casi la morte, però non arrivavo mai. Poi mi svegliai.

Dopo quella notte, tutto tornò. Nei sogni il tempo scorreva sempre in maniera particolare, anzi, non esisteva proprio, e così mi pareva di aver appena fatto i miei giri di corsa sulla pista di atletica mentre Alva leggeva distesa sul prato. A volte mi sdraiavo accanto a lei e cercavo di girarle le pagine soffiando. La cosa di solito la faceva sorridere, ma un pomeriggio lei aveva reagito in modo brusco. Stringeva forte il libro con entrambe le mani, evidentemente tra le sue dita stava morendo un personaggio amato. E solo in quell'istante mi ero accorto che piangeva. Non volevo disturbarla, eppure non potevo esimermi dall'essere testimone di quel momento intimo. Guardai il suo viso congestionato e mi resi conto di quanto Alva amasse la letteratura, molto più di tutte le altre persone che conoscevo. E il fatto che fosse lì, vicino a me, così commossa da una storia, commuoveva anche me. Avrei tanto voluto abbracciarla e proteggerla, innanzitutto da se stessa e da tutte quelle cose che non mi raccontava mai, ma poi era andato tutto diversamente, e ora erano già passati undici anni.

Quella sera mi procurai il suo indirizzo mail e le scrissi. Non contavo su una risposta, seguii solo un impulso profondo. Dapprima venne fuori una lettera di più pagine, ma alla fine si salvarono solo due righe.

Ho trent'anni e ancora non ho figli.
E tu che fai?

*

Non mi scrisse. Per alcuni giorni, persino per alcune settimane, aspettai in cuor mio una risposta, poi mi arresi. Avevo lanciato un grido nel passato, ma non mi era tornata nessuna eco.

In primavera presi alcuni giorni di ferie e andai a trovare Marty, che si trovava a Berdillac con Elena per qualche giorno. Parcheggiai la mia auto a noleggio davanti alla casa in fondo a Rue Le Goff. Subito il cane, un husky, mi corse incontro. Marty ed Elena l'avevano preso da cucciolo, nel frattempo era cresciuto e si era irrobustito, un animale superbo con il pelo bianco e nero e occhi acuti, celeste chiaro.

Era venuta a trovarli anche la sorella di Elena, con i suoi tre bambini. Quando la salutai, Elena mi fece un'insolita impressione di tristezza. Mio fratello, invece, aveva un che di eternamente giovane. Lo presi in giro dicendogli che assomigliava sempre di più a nostro padre, e presto avrei dovuto regalargli una pipa e una giacca di pelle marrone chiaro.

Andammo a fare una passeggiata, in sette. I bambini giocavano col cane, Marty e io restammo un po' indietro. Sentivo che i suoi pensieri erano altrove. Alla fine fece un cenno in direzione di Elena, che in quel momento si stava issando in spalla un nipotino. Attorniata dai suoi piccoli parenti, era rifiorita.

«Le piacciono tanto i bambini» disse Marty.

«Lo so».

«E probabilmente non potrà mai averne».

Mi fermai. «Da quando lo sapete?»

«Negli ultimi tempi qualche sospetto ci era venuto, ovvio. Da due o tre anni non facevamo uso di contraccettivi, e negli ultimi mesi ci siamo anche applicati parecchio. Visto che non succedeva niente, Elena si è sottoposta a una visita...»

Marty cercò il mio sguardo. «Sai, io non sono neanche così sicuro di volere davvero dei bambini. Mi piacerebbe l'idea di montare insieme a mio figlio un modellino di auto telecomandata, ma per me non è un imperativo assoluto. Lei invece ama i bambini, ha sempre voluto dei figli. Casa nostra ha tante di quelle stanze... Nelle ultime settimane ha pianto spesso».

Percorrevamo a passi lenti il sentiero che portava al bosco a noi tanto familiare.

«La sposerò» disse con quella calma stoica che sembrava avere dentro in filigrana. «Non abbiamo mai voluto sposarci, ma adesso mi pare la cosa giusta. Che ne dici?»

«Mi sembra bello».

Marty mi diede un'occhiata imbarazzata. «E vorrei che tu mi facessi da testimone».

«Da testimone? Ma di solito non si sceglie qualcuno a cui si tiene molto?»

«Pensavo di fare un'eccezione per te».

Nel bosco c'era un'aria fresca, balsamica, e fui colto dal presagio della notte imminente. Arrivammo al fiume sassoso, traversato dal vecchio tronco d'albero.

«Incredibile che io da piccolo ci sia passato sopra». Saggiai il legno con un piede. «Saranno due metri buoni sopra il fiume, se uno vola giù si spezza tutte le ossa».

«Da piccolo non avevi mai paura».

Salii sul tronco. Fu come se mettessi piede in un luogo magico, sulla soglia del passato. Dopo soli due passi mi venne il capogiro. L'acqua rumoreggiava sotto di me, grosse rocce spuntavano dalla corrente, peraltro meno aguzze di quanto ricordassi. Il tronco oscillava, a ogni passo avevo la sensazione di scivolare e cadere. Cominciai a sudare e all'orecchio mi risuonò la voce di mio padre che mi ammoniva del pericolo. Tutte le sue paure ora mi abitavano il cervello, come un inquilino indesiderato.

«Torna indietro» mi disse anche Marty. «Non ha un aspetto molto invitante».

«Da bambino sono passato di corsa, solo così ha funzionato».

Nel frattempo avevo coperto un quarto del tragitto, ma la sponda della salvezza sembrava infinitamente lontana. 'Tornare indietro' pensai. 'Tornare a essere quello che eri'. A quel punto scivolai. Solo grazie a un riflesso e a un pizzico di fortuna mi tenni in piedi. Avevo il cuore in gola. Era una cosa assurda. Mi girai con cautela e tornai da Marty. Come un boxeur che si ritira barcollando all'angolo, battuto dal suo alter ego più giovane.

*

Dopo la vendita della ditta, Toni aveva vissuto due anni a Los Angeles, dove aveva frequentato la Chavez School of Magic, la migliore scuola per prestigiatori, e nel tempo libero era andato in giro in moto per gli States, o giù giù fino alla Terra del Fuoco. Ora, d'un tratto, era venuto a Berlino, e in attesa di trovar casa dormiva da me sul divano.

Una sera ero con lui in un locale, quando per caso entrò mia sorella. Non guardò né a destra né a sinistra, non ci notò nemmeno e andò dritta da un gruppo di donne in un tavolo d'angolo, dove si accese una sigaretta e subito prese le redini della conversazione. Con il bicchiere di vino in mano, Liz aveva un che di ammaliante e parlava come avrebbe bevuto un assetato: avida di ogni singola parola.

Toni voleva andare da lei, ma io lo trattenni. Ascoltavo mia sorella parlare con la sua voce scura da attrice, l'argomento a quanto pareva era 'il rimorchio'. «Il migliore mi è capitato a una festa dark nel Lower Eastside» disse a gran voce, «quando mi ha abbordato un tipo tutto vestito di pelle, con la barba e due corna posticce». «Cosa ti ha detto?» le chiese una delle amiche.

Liz assaporò l'attimo. «Mi è venuto quasi addosso e mi ha chiesto, con voce roca: 'Ti va di andare a letto con un diavolo?'» La sua risata riecheggiò per tutto il locale, un po' sguaiata, e anche le altre donne risero.

Toni non la smetteva di lanciarle occhiate. «Avrà finalmente risposto alla mia lettera d'amore?»

Più tardi andammo tutti insieme al 'Club dei visionari'. Mia sorella e Toni stavano seduti fianco a fianco sul pontile, con i piedi a mollo nella Sprea. Toni flirtava senza sosta, e Liz ne era eccitata. Ora non lo considerava più solo un amico del fratello, bensì un uomo. Stava appoggiata con disinvoltura all'indietro e lo guatava. Una spallina dell'abito nero abbassata, i capelli biondi sciolti, le gambe nude accavallate. Lo osservava attentamente, voleva capire se i suoi sfottò fossero solo un gioco e lui in realtà fosse simpatico, oppure se nel profondo avesse veramente tratti indecifrabili da macho. Mia sorella aveva di nuovo il suo sguardo sprezzante, superiore, in cui era insito un che di distruttivo e a cui Toni non poteva sottrarsi. Lo resse un secondo, due secondi... Poi lo schivò. Lo vedevo benissimo. Con lei non aveva la minima chance.

Anch'io tentai di attaccar bottone con un paio di conoscenti di Liz, ma la cosa non funzionò e, quando il gruppo mostrò l'intenzione di andare in un altro locale, mi congedai. A casa mi aspettava il silenzio, un rumore a me familiare da anni. Quanto però mi era diventata odiosa, nel frattempo, quell'esistenza da eremita, quell'incapacità di prender parte alla vita! Sempre trasognato, mai veramente sveglio. Ma guardati, pensavo. Perché quando sei in compagnia hai tanta nostalgia della solitudine, se poi, appena solo, la sopporti a malapena?

Aprii il mio laptop. Due nuove mail. Marty scriveva che la famiglia di Elena aveva preso saldamente in pugno le sorti del suo matrimonio e che lui era tagliato fuori dall'organizzazione. La seconda missiva veniva da un ex compagno di Giurisprudenza, che aveva mandato una mail circolare. La cancellai irritato. Per un po' guardai la TV, facendo zapping a casaccio tra i programmi. Proprio nel momento in cui mi decisi ad andare a letto, arrivò un'altra mail. Scritta alle 02.46. Mi sfregai gli occhi e la aprii.

Negli ultimi anni ho pensato spesso a te. Spero che tu stia bene. Mi piacerebbe rivederti, prima o poi.

Alva

*

Le settimane seguenti le trascorsi in un'allegra impazienza. Persino il matrimonio di Marty con tutti i festeggiamenti e i suoceri e cognati croati riuscì a distrarmi solo per breve tempo. Era come se, grazie a una sola mail, il mio passato fosse tornato in vita.

Alva viveva in Svizzera. Dopo un po' di tira e molla – spesso non rispondeva per giorni – decidemmo di incontrarci a mezza strada, a Monaco. Nel giro di poco partii per la mia città natale e approfittai del pomeriggio per far visita a Marty. Lui ed Elena erano appena tornati dalla luna di miele in Spagna.

«Nervoso?» chiese mio fratello. Ci destreggiavamo tra pile altissime di regali di nozze, in parte ancora da aprire; l'intero soggiorno ne era zeppo.

«Non riesco a credere che tra poco la vedrò».

«Ha un compagno?» mi domandò mirando a un pacchetto verde chiaro. I nipoti di Elena avevano dimenticato le loro pistole ad aria compressa e noi ora stavamo sparando ai regali di nozze.

«Ho sentito dire che si è sposata» risposi mentre facevo fuoco contro un oggetto oblungo, avvolto in carta rossa. Si udì un tintinnio, evidentemente era un servizio di posate.

«Ah, questo hai sentito». Mio fratello esplose tre colpi veloci contro un pacchetto bianco sopra il cassettone, che cadde. Si squarciò e apparve un orologio da cucina dozzinale, a forma di nano da giardino.

Marty lo tirò su, schifato. «Tutta fuffa». Rimise l'orologio sul cassettone. «Ma che gente regala roba simile?»

«È perché tu di amici veri non ne hai».

«Nemmeno tu».

«Lo so. Se mai mi sposassi, io inviterei tre persone. Tu, Liz e forse Toni».

«Spiacente, ma sarebbero solo due. Io non avrò tempo».

«Tu sei cambiato un sacco da quando ti sei sposato. Ma in peggio». Mirai al nano da giardino e lo colpii tra gli occhi a bulbo, finché cadde di nuovo dal cassettone e andò in mille pezzi.

«Dove vive, Alva?» Marty sparò a raffica a un pacchetto celeste.

«A Lucerna, già da qualche anno. Magari parla svizzero-tedesco».

All'improvviso Marty puntò l'arma contro di me. «E se fosse davvero sposata?»

«Lo metto in conto». Mirai anch'io a lui. «Se lo meriterebbe».

«In realtà non lo metti affatto in conto». Marty sogghignò. «Te lo leggo in faccia. Anzi, sei tutto speranzoso».

«No comment».

«La speranza è una cosa da idioti».

«Anche il pessimismo».

Accennò con il mento verso sinistra. Il regalo dei regali. Un vaso gigantesco, appoggiato sul tavolo, avvolto in una carta velina tinta pastello. «Al tre?»

«Al tre!»

«Uno, due... tre!»

Scaricammo insieme l'intero caricatore. Il vaso vacillò un momento, prima di schiantarsi a terra. Scoppiamo a ridere scambiandoci un'occhiata, poi ci guardammo intorno. Il soggiorno era completamente devastato. «Mettiamo a posto, dai» disse Marty soffiando nella canna della sua pistola. «Tra poco arriva Elena».

*

Il locale in cui avrei incontrato Alva si trovava nel quartiere di Glockenbach, vicino a dove una volta abitava mia zia.

Ero nervoso come un ragazzino e arrivai con un quarto d'ora di anticipo. Stavo già per andarmene (mai arrivare per primi...), quando notai una donna con i capelli rossi al tavolo accanto all'ingresso. Aveva le gambe accavallate e parlava con la cameriera.

Per alcuni secondi osservai il naso sottile di Alva, gli occhiali con la montatura nera, la bocca dalla linea aggraziata e le labbra piene, le clavicole delicate. La sua pelle chiara, ancora perfetta, e la figura snella. Così adulta, sulle prime mi fece un'impressione di estraneità. Più di ogni altra cosa erano i suoi occhi a essere cambiati. Erano ancora grandi e di un verde luminoso, ma non avevano più la minima traccia di gelo. Mi chiesi come fosse successo, e in quel momento mi vide.

«Ehi» disse.

Come avevo potuto dimenticare il suono della sua voce? Un breve abbraccio. Sorridevo a tal punto che le guance mi facevano male, eppure non riuscivo a smettere. Lei si sedette sul divanetto, io su una seggiola. Tra noi un tavolino rotondo.

«Da quando in qua sei puntuale?»

«In realtà non lo sono affatto» disse. «Ma volevo assolutamente arrivare prima di te per vederti entrare dalla porta... E invece mi sono persa lo spettacolo!»

Alva indossava un paio di jeans neri e un pullover grigio dallo scollo ampio; aveva l'aria sicura di sé, misteriosa, ma anche un po' appannata.

«Ho una cosa per te» dissi, porgendole il mio regalo.

«Posso aprirlo?»

Alva non strappò la carta, bensì spacchettò il regalo con cura, quasi con amore. Tirò fuori l'album. *Pink Moon* di Nick Drake.

«Ti ricordi?» chiesi. «Lo abbiamo ascoltato la prima volta che sei venuta in stanza da me. Ti piaceva, ne sono certo».

Credo che fosse contenta, comunque teneva lo sguardo fisso sul disco e carezzava con le dita il bordo liso.

All'inizio, per l'agitazione, parlai troppo velocemente. Alva mi ascoltò accennare a qualche dettaglio della mia vita, poi mi raccontò dei suoi studi di letteratura a Mosca, interrotti dopo un semestre. Un breve scandaglio reciproco.

«E che lavoro fai?» le domandai infine.

«A dirla tutta, non lavoro».

«Perché no?»

Alva si strinse nelle spalle. Si comportava come se la cosa non avesse importanza, ma anche dopo tutti quegli anni sentivo che era nervosa. Ignorava capitoli decisivi del suo racconto, eludeva gli anni in Russia, teneva nascosto quello che faceva ora e parlava soltanto di fatti che risalivano a molti anni prima.

Allungò le mani sopra il tavolo e afferrò le mie. «Trovo fantastico che tu sia qui. Avevo paura che non venissi».

«Perché?»

Ritirò le mani. «Ti vedo bene» commentò scrutandomi. «E hai un bel sorriso, Jules. Volevo già dirtelo ai tempi, a scuola. Quando sorridi sei un'altra persona, sei meno chiuso. Dovresti veramente sorridere più spesso». D'un tratto era piena di slancio. «Sì, proprio come adesso». Poi di colpo brusca: «Ma dimmi un po', tu cosa fai, invece?»

«Lavoro in una casa discografica». Ordinai un drink, lei un cappuccino. «In realtà volevo trasferirmi in Italia, ma poi mia sorella mi ha avvisato che c'era quel posto disponibile. Non è malaccio, come lavoro. Un sacco di menate giuridiche, ma sempre più spesso fornisco anche assistenza legale alle band».

Anche se il mio lavoro di solito faceva buona impressione, Alva non ne parve molto entusiasta.

«Certo, la musica è il tuo pane. Io però sono sempre stata convinta che avresti fatto qualcosa tu, per conto tuo: scrivere, per esempio. Trovavo magnifici i tuoi racconti brevi. O perché non la fotografia? Ti è sempre piaciuto fare foto».

Ero commosso per la fiducia che mi dimostrava. L'unica persona che si appassionasse davvero per i miei racconti e le mie foto.

«Sì, ci ho provato anche come fotografo, ma non è andata bene. A un certo punto ho piantato lì».

«Perché?»

«Troppi rifiuti. Troppa frustrazione».

Alva rifletté. Rapida occhiata: «Hai piantato lì solo per questo, davvero?»

Come sempre mi leggeva nei pensieri.

«No. Semplicemente ho capito che io...» Scossi il bicchiere e feci dondolare i due cubetti di ghiaccio che galleggiavano nel liquido color ambra. «Lasciamo perdere, non è così importante. Un'altra volta».

Tacemmo entrambi. L'iniziale eccitazione del rivedersi si era volatilizzata, tutto era così formale, così poco spontaneo. Per un attimo ebbi la sensazione che i nostri veri io in realtà fossero molto lontani e che noi avessimo inviato in quel locale due semplici mediatori, non autorizzati a parlare delle cose veramente importanti.

«Che genere di musica ascolti adesso?» chiese infine Alva.

Su sua richiesta, tirai fuori il mio lettore MP3 e mi sedetti sul divanetto accanto a lei. Ci dividemmo i miei auricolari e passammo in rassegna un paio di band. A ogni pezzo Alva si ammorbidiva un po'.

«Bello!» disse, quando arrivò *Between the Bars* di Elliott Smith. Era radiosa. «Mi piace veramente».

E per un momento, mentre sedevamo così sul divanetto, tornammo a essere intimi come in collegio.

«Sei felice?» le chiesi.

Irritata, si tolse l'auricolare. «Cosa?»

«Se sei felice...»

Alva sulle prime sembrò intenzionata a scantonare e io già temevo che la domanda fosse troppo diretta. Poi si limitò a fare spallucce. «E tu?»

Feci spallucce a mia volta.

«Allora siamo sulla stessa lunghezza d'onda» esclamò allegra.

Feci un cenno per indicare il suo cappuccino. «Ero in qualche modo convinto che ci saremmo presi una bella sbronza, quando ci fossimo rivisti».

«Possiamo sempre farlo».

«Che ne diresti di un gin?»

«Meglio di no. L'ultima volta che abbiamo bevuto il gin è stato un po' strano, ti ricordi? Tu hai ballato davanti a me e io ero completamente ubriaca. Ci è mancato pochissimo che ti saltassi addosso».

Lo disse come se niente fosse e si concentrò sulla carta dei vini.

Due drink dopo eravamo seduti ancora più vicini sul divanetto. Non so se dipendesse dall'alcol o dalla musica ma, all'improvviso, la sensazione fu quella di esserci incontrati ieri, solo che *ieri* risaliva a molti anni prima. Avevo già perso un treno e deciso di perderne un altro. Vero è che farfugliavo un po', ma in compenso dicevo finalmente quello che avevo voglia di dire.

Anche Alva era rifiorita.

«Come va a donne?» chiese.

«Ah, mi conosci. Mi si buttano tutte al collo, anche prima, mentre venivo qui, due. È una cosa veramente intollerabile».

Mi diede un colpetto sul braccio, e quella sera fu tutto un «Ti ricordi?» e un «Incredibile, quella volta...» Ci scambiammo mille piccole storie, lei mi raccontò con un filo di voce che sentiva ancora le cassette per riuscire ad addormentarsi, o parlò dei suoi anni in Russia e di come nella metropolitana di Mosca passassero di vagone in vagone degli ambulanti a rifilare ai pendolari sex toy, copie pirata di DVD e libri («mancano sempre un paio di pagine importanti, ma in compenso costano pochissimo»), io invece le raccontai del matrimonio di Marty e di mio fratello che ballava con la sposa come un robot mal programmato e che però al pranzo aveva tenuto metà del discorso in un croato privo di accento, e fuori era già buio da un pezzo quando parlammo della solitudine che di tanto in tanto ci affliggeva (Io: «Questa mia solitudine perenne mi uccide». Alva: «Sì, ma l'antidoto alla solitudine non è accompagnarsi in modo indiscriminato a chiunque, l'antidoto alla solitudine è sentirsi al sicuro, protetti». Io, facendo un cenno al cameriere: «Giusto, brindiamoci su!») e per tutto il tempo non potei fare a meno di fissare il bel viso da film noir di Alva e i suoi occhi di un verde chiaro, grandi, luminosi... Un altro drink ci fece sprofondare in un'ebbrezza beata e io dissi, sbalordendo anche me stesso: «Vorrei tanto licenziarmi, andarmene da Berlino e *scrivere* soltanto», e all'improvviso fu come se avessi ritrovato la mia voce dell'anima e finalmente ammisi che Alva mi era mancata, sì, che in tutti quegli anni avevo pensato a lei in continuazione, e lei disse vicinissimo al mio orecchio: «Anch'io a te», e io sentii un formicolio alla nuca e mi beai di quella tensione vellutata che c'era tra noi e sentii che le nostre gambe si toccavano e non smettevo di chiedermi se lei se ne fosse accorta e se fosse consapevole che, parlando, mi veniva talmente vicino che i suoi capelli mi solleticavano la faccia e io sentivo il suo profumo, se addirittura lo facesse apposta, e a quel punto stavo quasi per dirle che ai tempi avevo capito troppo tardi di essere innamorato di lei, ma lei stava giusto raccontando del suo stage in Nuova Zelanda e io persi anche il penultimo treno e osservavo le mani di Alva, mentre gesticolava parlando, o i suoi denti, quando rideva – come spesso, quella sera – e lei ormai aveva accettato il canino un po' storto e non si teneva più la mano davanti alla bocca.

«Perché mangiare una pizza per te equivale al superamento di un trauma?» mi chiese.

«Be', per via del collegio» risposi. «Spesso a cena non c'era da mangiare a sufficienza e, anche se c'era, il più delle volte era disgustoso. Non avevamo abbastanza soldi per ordinarci una pizza dopo cena, ma ogni tanto qualcuno lo faceva. Nel giro di mezz'ora un'auto bianca entrava nel cortile. Mentre l'interessato pagava e prendeva in consegna la sua pizza dal profumo delizioso, veniva osservato da dietro le finestre da numerosi occhi. E non appena metteva piede all'interno dell'istituto, noi tutti lo prendevamo d'assalto. 'Ti prego, solo un pezzo, io te l'ho sempre dato.' Oppure: 'La prima volta che la ordino io, avrai un quarto della mia pizza, te lo prometto. Solo un pezzo.' Era giocoforza darne un po' agli altri, almeno la metà, perché, la volta dopo, si era alla mercé della generosità altrui. Per questo non ci si saziava mai. C'è una fame in me che non è mai stata placata. Una fame da lupi, lunga nove anni, e per quante pizze possa mangiare oggi, non sono mai abbastanza».

Alva bevve un sorsetto. «Mi viene in mente la tua mail». Sguardo divertito. «Vuoi ancora avere dei bambini?»

Annuii. «Sì, ci terrei a fare meglio di mio padre». Pur in quell'atmosfera rilassata, la mia voce tremò. «Anzi, ci terrei a fare meglio di entrambi. Mi basterebbe sopravvivere, esserci sempre. Esserci quando i miei figli vanno a scuola, quando entrano nell'adolescenza, quando si innamorano, quando diventano adulti. Vorrei essere presente, vorrei sapere com'è vivere queste cose senza essere soli».

D'un tratto Alva si fece seria. «Com'è stato per te entrare in collegio con i tuoi fratelli? Me lo sono chiesta spesso. Di punto in bianco perdere gli amici di sempre, la casa, tutto. Il viaggio verso il collegio dev'essere stato un incubo».

Riflettei. «Sinceramente parlando, non mi ricordo più niente».

«Ma tu di solito non dimentichi mai nulla». Accennò al disco di Nick Drake. «Nemmeno questo... Devi pur ricordarti!»

«Non mi interessa più. Eravamo in collegio, punto e basta... Come ci siamo arrivati... non ne ho la più pallida idea».

Alva era delusa. «Io sono arrivata a scuola pochi mesi prima di te, ci eravamo appena trasferiti. Comunque il primo giorno a momenti ho vomitato. Mi ricordo ancora ogni secondo, di quel giorno».

Era una novità, per me, convinto com'ero che fosse stata sempre in quella scuola. Quante poche cose davvero importanti ci eravamo detti, ai tempi.

Riflettei di nuovo, ma la mia memoria non restituì nessuna immagine del viaggio verso il collegio, tutt'al più frammenti che subito si dissolvevano. Luoghi scomparsi nel paesaggio del passato, da me scrupolosamente visitato.

Ci scambiammo un'occhiata, con la sensazione di esserci detti tutto, fuorché le cose che volevamo a tutti i costi tacere.

«Perché non lavori?» le chiesi di nuovo.

Alva esitò, si ravviò i capelli. E solo allora vidi le due sottili cicatrici sul suo collo, appena sotto l'orecchio sinistro. Due lunghe linee. Volevo passarci sopra il dito, e riuscii a contenermi solo all'ultimo.

«Che ti è successo?»

Lei mi guardò spaventata e fece immediatamente ricadere i capelli sull'orecchio. Innervosita, bevve quello che restava del suo drink e per la prima volta in quella sera comparve di nuovo un che di cupo, quasi di assente, nel suo sguardo.

«Non mi va di parlarne» disse e, dal modo in cui appoggiò il bicchiere sul tavolo, da quel colpetto lieve, capii che la magia della serata era svanita, che il tempo per noi non procedeva più a ritroso, ma nuovamente in avanti.

Alva guardò l'ora. «Quando hai il treno?»

Il mattino dopo dovevo partecipare a una riunione; Alva mi accompagnò in stazione, e in taxi non scambiammo una sola parola. Era passato tutto così in fretta, non le avevo nemmeno chiesto se voleva avere anche lei dei bambini e perché all'improvviso sembrava così tesa.

Eravamo già al binario. «Ci vieni una volta a Berlino, a trovarmi?»

Sulle prime Alva parve contenta, poi il suo viso assunse una sfumatura di distacco.

«Non so se l'hai saputo, ma sono sposata».

Per un attimo restai senza fiato, mi guardai le mani. Vedevo tutto al rallentatore. Solo allora capii che non avevo mai previsto di prendere quell'ultimo treno notturno, che in realtà non intendevo più tornare.

Quando alzai di nuovo gli occhi, Alva stava tirando fuori qualcosa dalla borsa.

«Anch'io ho un regalo per te. Non sapevo quando dartelo. È da parte mia e di mio marito».

Un pacchetto a forma di libro. Lo presi, ma non lo aprii. E poi abbracciai Alva. Le sue mani mi cinsero la schiena e all'improvviso compresi in quale stato di deprivazione io fossi vissuto per tutti quegli anni. Alva non mi lasciava, o forse ero io a non lasciare lei. Credo che restammo un minuto intero completamente immobili, stretti uno all'altra sulla banchina, e io ebbi la certezza che dopo quella sera non ci saremmo più rivisti. Perché il mio tempo con lei apparteneva irrimediabilmente al passato, in un modo a me intollerabile.

Nel salire sul treno mi sforzai di non mostrarle la faccia. Gettai il trench e il suo regalo su un sedile, mi diedi un minimo di contegno e osservai gli altri passeggeri, che chiacchieravano o sistemavano giornali e laptop.

Un attimo prima che riecheggiasse l'ultimo fischio del controllore, tornai da lei. Sentii la sua mano sul mio braccio.

«Stammi bene, Jules».

Annuii. «Anche tu».

Le porte si chiusero. La vidi salutarmi con la mano attraverso il finestrino graffiato. Il treno si mise in moto e, mentre andavo al mio posto, la stazione mi sfilò accanto.

Pensai alla riunione del giorno seguente e al contratto che dovevo stilare per un musicista, poi pensai di nuovo ad Alva, in piedi sulla banchina. Un dolore lancinante mi passò da parte a parte. Chiusi gli occhi. Era notte, e correvo nell'oscurità, tra campi di grano che stormivano. Correndo diventavo sempre più leggero, sempre più leggero, e d'un tratto mi alzai in volo. Sentivo il vento sulla pelle, allargai le braccia, presi velocità. Sotto di me il bosco, sopra di me il nulla. Mulinavo nell'aria, volavo sempre più lontano, come se volassi verso casa.

La fuga del tempo
(2005-2006)

Non aprii il regalo di Alva. Dopo l'incontro con lei, la speranza segreta che avevo nutrito in me per tutti quegli anni si era spenta. Da quel momento andai incontro al mio destino con indifferenza, e quello che seguì fu un tempo insignificante, da cestinare come carta straccia.

Ebbi di nuovo sue notizie due anni e mezzo dopo. Nel frattempo stavo già da un pezzo con Norah, una ex collega. Era di Bristol, ed era ipocondriaca come me; entrambi cambiavamo subito programma se in TV c'era un documentario su qualche male incurabile. Che io avessi passato l'adolescenza in un istituto non l'aveva sorpresa in modo particolare: «Quando ti ho visto la prima volta mangiare, ingollando tutto all'impazzata, ho pensato: galera o collegio». Ora era tornata in Inghilterra per un tirocinio di tre mesi. Un paio di volte aveva accennato al fatto di essersi innamorata di me. Io non ricambiavo in egual misura, ma la cosa non mi sembrava più molto importante.

Nella casa discografica ero stato promosso a direttore della divisione A&R, viaggiavo per l'Europa a visionare gruppi con demo particolarmente promettenti. Quell'incarico era un privilegio, e alcuni miei colleghi più giovani si erano lamentati della mia promozione. Perché dev'essere Jules a farlo, chiedevano, visto che ero fuori tempo massimo e un pezzo di ghiaccio? Ma il direttore era dalla mia, e in effetti i gruppi che mettevo sotto contratto avevano successo. Non andavo mai in cerca di artisti che avessero solo un talento spiccato, perché di quelli ce n'era un numero sorprendentemente alto. Cercavo gruppi e cantanti *determinati*. Più determinati di quanto lo fossi stato io come fotografo. Ero convinto che uno potesse costringersi a essere creativo, a lavorare sulla fantasia, ma non sulla volontà. Il vero talento è la volontà. Oggi sono più che sicuro che fosse questo convincimento a dare particolarmente fastidio ai miei colleghi più giovani.

Liz e Toni nel frattempo erano diventati buoni amici, mia sorella andava spesso al mercatino delle pulci con lui, assisteva ai suoi spettacoli di magia o scorrazzava sulla sua moto. Solo un argomento era rimasto tabù.

«Avete finalmente una storia, voi due?» le chiesi una volta.

«Non dire scemenze. Toni è troppo basso».

«Ma sarà più basso di te di due centimetri al massimo, è davvero una cosa così irrimediabile? Sei così superficiale?»

Mia sorella mi aveva guardato come se non capissi niente. «A ogni modo tra noi non c'è niente, Toni si prende un po' cura di me, tutto qui».

Sapevo che c'era stata una notte, non so quando, in cui Liz aveva preso qualche robaccia che non aveva tollerato. «Un episodio da niente» come diceva lei. Non era riuscita a contattarmi e nella sua disperazione aveva chiamato Toni, che l'aveva raggiunta immediatamente. Era rimasto seduto tutta notte su una seggiola accanto al suo letto.

«E a un certo punto le ho detto che la amo» mi aveva raccontato in seguito Toni. «Allora tua sorella ha risposto che lo sapeva già e io le ho spiegato che, pur senza aspettarmi niente, volevo semplicemente mettere le cose in chiaro, una volta per tutte». Toni era scoppiato a ridere. «A me basta potermi prendere un po' cura di te, in futuro, le ho detto. E sai una cosa?» Toni mi aveva guardato. «Mi basta davvero. Certo, vorrei anche di più, ma mi va anche bene così come stanno le cose adesso».

«Mi dai il permesso di citarti queste tue stesse parole tra un paio di mesi, quando avrà un nuovo amore?»

«Meglio di no».

Liz ormai aveva il posto fisso, insegnava al liceo. Durante una cena mi raccontò di un suo studente che le scriveva di nascosto lettere d'amore. «È uno dei più asini della classe» disse. «Ha sempre scritto sbagliata la parola 'amore', con due 'm'. Tenero, no?» Mia sorella fece un sorriso imbarazzato, infantile.

E quel sorriso mi fece tornare in mente una scena da tempo dimenticata.

Mi fece ripensare ad Alva e al nostro incontro a Monaco. In un primo momento la ritenni una recidiva sentimentale, poi mi resi conto che non era tanto Alva a essere affiorata alla mia memoria, quanto la risposta alla domanda che lei mi aveva fatto riguardo alle reazioni mie e dei miei fratelli quando, dopo la morte dei nostri genitori, eravamo andati per la prima volta in collegio.

Come in una polaroid che si sviluppa da sola, l'immagine emerse lentamente dal biancore del nulla.

Indietro di più di vent'anni, nel tunnel della memoria: ero seduto in macchina, sul sedile posteriore, accanto a me mio fratello. Davanti, al volante, zia Helene, al suo fianco Liz. L'idea di vivere in un istituto mi aveva oppresso per tutto il viaggio. Ripensavo in continuazione ai funerali dei miei genitori. Alle due minuscole fosse in cui erano state calate le loro urne.

Di fuori sfilavano gelidi paesaggi invernali, svaniva l'ultima luce del giorno. E nel bel mezzo di quest'umore cupo, mia sorella attaccò a fantasticare sulla nostra nuova casa.

«Scommetto che ci saranno le uniformi» disse. «Camicetta e gonna per le ragazze, giacca e cravatta per i maschi».

«Io odio le giacche» rispose Marty. «E pure le cravatte».

«E la sala da pranzo sarà enorme» proseguì Liz. «E ci sarà di sicuro anche una piscina. E impianti sportivi dove giocare a tennis o a cricket».

«Io odio il cricket» disse Marty, che da settimane ormai iniziava ogni frase con 'Io odio...'. «Come diavolo ti viene in mente il cricket» aggiunse. «Ormai lo giocano solo in Inghilterra o in India».

Ma Liz era già oltre e ci illustrava dormitori grandiosi e cucine comuni attrezzatissime. Al momento mi ero stupito, ma ora, a distanza di decenni, capisco che aveva semplicemente paura. Scrisse ancora una volta il suo nome su un tovagliolino. *Liz, Liz, Liz.*

I primi cartelli che indicavano il collegio. Mi immaginai come mi avrebbero accolto i compagni di classe nei giorni a venire e mi si annodò lo stomaco.

«Sarà fantastico» disse mia sorella. «Non credete?»

«No!» Marty si pulì gli occhiali e mi lanciò un'occhiata preoccupata.

Anche nostra zia, che aveva scelto quell'istituto per noi, tentò di farci coraggio. «Da piccola avrei tanto voluto andare in collegio. Ma non mi è mai stato permesso. Sarà sicuramente magnifico».

«Sì, magnifico» le fece eco Liz, come una sciocca. «Ci siamo quasi. Non sto nella pelle».

Quando, avvicinandoci, scorgemmo nel buio l'edificio misero e trasandato del collegio, con poche finestre ancora illuminate, si azzittì anche lei.

Seduto in macchina, guardavo la direttrice parlare con la zia, i miei fratelli tirar fuori le valigie dal bagagliaio e rimanere lì impacciati, nel parcheggio. Scesi a mia volta e feci per raggiungerli con la mia valigia, quando la direttrice disse che gli allievi del mio livello, la scuola media, alloggiavano in un edificio a parte. Prima di rendermi conto che da quel momento in poi sarei stato separato dai miei fratelli, vidi Marty e Liz prendere i loro bagagli e sparire, dopo un rapido commiato, nel più grande dei due edifici. Sulla porta mia sorella mi lanciò un'ultima occhiata, un'occhiata in cui già si delineava tutto quello che sarebbe accaduto in seguito. Riuscì giusto a mettere insieme un sorriso imbarazzato, infantile, poi sparì e ci vollero anni e anni perché tornasse.

*

Sul finire dell'autunno del 2005, dopo un concerto, andai a trovare mio fratello in Baviera. Insieme a Elena e ai suoi nipoti andammo a una sagra. Il sole pomeridiano proiettava la sua luce dorata sulle giostre e sulle bancarelle, ovunque musica e vociare, e nuvole di profumo di mandorle tostate. Marty mi stava dicendo che entro poco i libri si sarebbero letti solo su supporti elettronici.

«Che assurdità» dissi io, «così si svuota la realtà. Libri, dischi e film spazzati via e riproposti in formato digitale, in un mondo che non si potrà mai toccare con mano. I bambini del futuro abiteranno solo in stanze bianche e vuote».

«*White Wall Kids*» fece lui. «Sarebbe anche un bel nome da band».

Aggrottai la fronte. «Una volta bisognava aspettare che la pellicola venisse sviluppata. Ma non erano solo le foto, a piacere, bensì anche la gioia dell'attesa di poterle avere finalmente tra le mani».

«Sì, nonno». Marty accennò un sorrisetto. «Nessuno può spostare all'indietro le lancette dell'orologio».

Io feci un gesto di sufficienza. Ma qualcosa a posteriori mi infastidì, nella nostra conversazione, come un taglietto su un dito di cui ci si accorge solo dopo un po'. Era stata la frase 'Nessuno può spostare all'indietro le lancette dell'orologio' a darmi del filo da torcere.

«Tutto a posto?» Marty mi assestò una gomitatina. «Hai un'aria piuttosto afflitta».

«Tutto bene».

«Non so» riprese lui. «Tra poco avrai trentatré anni e a volte temo che tu stia sprecando il tuo tempo. Di recente mi hai detto di odiare il tuo lavoro».

«Ho detto che probabilmente non lo farò per sempre. E con ciò? È tutto ok. Per favore, smettila di preoccuparti sempre».

Forse nel pronunciare quelle parole alzai un po' la voce.

«Maledizione, Jules, non ho nessuna voglia di litigare

con te. È solo che non voglio che, a un certo punto, magari verso la cinquantina, ti svegli e ti accorgi che per te non ci sono più occasioni. Tu continui a rifugiarti in un'altra vita, una vita di sogno».

Marty mi mise un braccio intorno alle spalle. «Devi deciderti una buona volta a lasciarti indietro il passato. Sai a quanta gente è andata peggio che a noi? Non sei tu responsabile della nostra infanzia e della morte dei nostri genitori. Però sei responsabile degli effetti che queste vicende producono su di te. Tu solo rispondi di te stesso e della tua vita. E se ti limiti a fare quello che hai sempre fatto, riceverai solo quello che hai sempre ricevuto».

Tacqui, per qualche minuto rimasi sulle mie, in mezzo al trambusto. Poi vidi il gioco della mazza. E mi prese un raptus. Senza starci a pensare troppo, pagai, afferrai la mazza e colpii con tutte le mie forze l'obiettivo. La sfera di metallo schizzò verso l'alto, ma raggiunse solo l'ottanta per cento.

Allora radunai tutte le mie forze, tutta la rabbia e la frustrazione che mi ristagnavano dentro e colpii ancora. Stavolta la sfera arrivò solo al sessantacinque per cento.

Una voce metallica, da clown, proveniente dall'apparecchio, mi sbeffeggiò: «Niente di più?»

Colpii ancora. Settanta per cento.

«Tutto qui?» chiese la vocetta stridula della macchina e poi fece un ghigno roco.

Sollevai la mazza e colpii all'impazzata il piccolo contrassegno nero, ma tutto ciò che avevo dentro non bastava, non bastava, e la sfera non arrivò mai in cima.

Quella sera aprii il regalo di Alva.

*

Era un tascabile bianco. *Mutazione del pensiero e altri racconti*, di A.N. Romanov. Un regalo nostalgico, come il mio disco di Nick Drake; ai tempi di scuola, Romanov era uno dei nostri scrittori preferiti.

Per prima cosa lessi la dedica di Alva, piuttosto laconica. Poi, a quanto pareva, aveva aggiunto due parole anche il marito.

Caro Jules,
mia moglie dice solo un gran bene di Lei.
Le auguro una buona lettura.

Cordialmente

Suo Aleksandr Nicolaevič

Lessi più e più volte quelle righe. Possibile? Mi tornò in mente con quanto entusiasmo, in collegio, Alva parlava dei racconti brevi di Romanov. La sfumatura reverenziale nella sua voce, quando me ne leggeva un brano. Perché non mi aveva detto che era sua moglie, quando ci eravamo incontrati? Aveva voluto risparmiarmi una mortificazione, dal momento che io non ero neanche lontanamente alla sua altezza?

Andai fuori città in Vespa. Verso sera, nell'ora blu, il paesaggio assumeva un aspetto misterioso, allettante. Una luce da altro mondo. Si sentiva soltanto, in lontananza, il brusio sordo della città e solo lì, in mezzo alla natura, mi resi conto con un dolore fisico di non aver sfruttato il mio tempo. Lotte all'ultimo minuto per prendere al volo un bus. Spreco di anni, non avendo fatto quello che volevo.

Quella notte stessa scrissi una mail volutamente scherzosa ad Alva e al marito, dicendo che, con un ritardo di qualche annetto, finalmente avevo letto il libro e che quel regalo e le dediche alquanto sorprendenti mi avevano fatto molto piacere. A differenza dell'ultima volta, Alva rispose subito. Concludeva con queste parole:

Mio marito e io saremmo felicissimi se tu venissi a trovarci.

Ora abitiamo in uno chalet nei dintorni di Lucerna, dove tu sarai sempre benvenuto.

Spero di rivederti,

Alva

La sua pronta risposta e l'invito ripetuto mi scombussolarono. Tornavo a sperare, come a quindici anni. Come a trenta. Allo stesso modo sentivo che era tempo di chiudere una volta per tutte quella storia, se non volevo correre dietro per tutta la vita a un fantasma. Neanche a farlo apposta, poco dopo chiamò Norah, dicendo che non vedeva l'ora di tornare e di vedermi: aveva una sorpresa per me. «Indovina indovinello» si limitò a dire. «*You will like it*». Dopo la sua telefonata mi venne spontaneo pensare a come a Norah piacesse andare a ballare con me, a come mi portasse sempre dall'Inghilterra i miei amati *scones*, al suo bel viso con il minuscolo neo sopra il labbro, che lei per scherzo chiamava 'Simon'. Tornai a essere conscio del fatto che le volevo bene, che negli ultimi mesi mi era mancata, che lei era reale. Un essere umano per il quale io avevo una certa importanza.

La mia decisione la presi dopo aver parlato con Toni. Toni abitava vicino alla Oranienburger Straße, in centro. In soggiorno un enorme biliardo, in corridoio foto incorniciate di Will Steacy e riproduzioni di Rothko, lo studio zeppo di cassette degli attrezzi, generatori elettrici, fresatrici, saldatori e altri oggetti che usava per i suoi giochi di prestigio. L'ultimo numero di Toni consisteva nel piegare, o annodare, sul palcoscenico un raggio laser verde, per poi attraversarlo con una mano e infine appenderci in modo inspiegabile una gruccia per gli abiti che, sorretta solo dalla luce verde, sembrava sospesa nel vuoto.

Giocammo a biliardo, come accadeva molto spesso, quando andavo a trovarlo. Lo facevamo già ai tempi del collegio, quando, praticamente ogni fine settimana, io e mio fratello eravamo fissi al Jackpot. Marty era uno dei migliori giocatori di biliardo della scuola, un personaggio che sembrava uscito da un B-Movie, con la stecca, i capelli lunghi e unticci, il pizzetto e il soprabito di pelle nero. Con lui non c'era gara.

«Ha un ragazzo» mi disse Toni mentre giocavamo. «Un tipo abbastanza simpatico».

«E adesso?»

Osservò indeciso le palle, poi prese di mira quella gialla. «Non so. Io, credo, voglio bene a tua sorella e sono innamorato di lei. La parte di me che le vuole bene è contenta che abbia un uomo. La parte che è innamorata di lei vorrebbe farlo a brandelli».

Mancò il tiro. «So bene che ti stai chiedendo da un pezzo perché non mi decido a chiudere con tua sorella» riprese. «Perché non riduco le frequentazioni, non me ne trovo un'altra, una qualsiasi, con cui costruirmi una vita che sia ugualmente piacevole, in cui ogni tanto io mi fermi e mi dica: peccato che con

Liz non abbia funzionato, ma di più non potevo cavarci e anche così non è niente male». Scosse il capo: «Ma è più forte di me».

«Lo so».

«Non funzionerà mai, e forse tra sei mesi parlerò in modo diverso e comincerò a raccontarmi bugie, ma almeno adesso, per una volta, sono stato sincero». Depose la stecca. «Insomma, se uno per tutta la vita va nella direzione sbagliata, può essere comunque la cosa giusta per lui?»

*

Un giorno di gennaio. La luce grigia, fuligginosa della sera invadeva lo scompartimento, le nuvole si orlavano di un bagliore metallico. Il treno decelerò, rallentò, si arrestò. A Lucerna c'era Alva, in attesa sulla banchina. Mi baciò tre volte sulle guance, poi mi condusse alla macchina, dove mi aspettava il marito.

«Non riesco a credere che tu sia veramente qui» disse mentre camminavamo, e con ciò riassunse quello che pensavo a mia volta.

A.N. Romanov aveva già sessantasette anni, ma ne dimostrava come minimo dieci di meno.

«Aleksandr» disse porgendomi la mano. «Molto lieto di conoscerla».

Il suo accento straniero era quasi impercettibile. Romanov era un tipo snello, alto, distinto, i capelli grigi ondulati, elegante nel suo completo, con i primi bottoni della camicia slacciati. Il suo viso angoloso pareva scolpito, intorno alle labbra aveva un guizzo birichino e sprigionava inoltre un che di virile, alla vecchia maniera; era impossibile immaginarselo in passato schivare una rissa o non essere in grado di riparare un tubo di scarico che perdeva.

Alva chiamava il marito non Aleksandr, ma Sasha, il vezzeggiativo russo. Mentre lei guidava verso lo chalet, Romanov mi illustrò i dintorni. Ero sopraffatto nell'ascoltare la voce altisonante di quell'uomo, di cui conoscevo così tanti pensieri intimi sulla carta. Romanov, dandy intellettuale i cui romanzi e racconti venivano tradotti in trenta lingue, aveva sfondato poco dopo i vent'anni. Nel frattempo la sua fama si era un po' appannata e sopravviveva ormai solo su Internet, dove avevo trovato, oltre ad articoli sul suo primo matrimonio, anche numerose foto in bianco e nero, alcune insieme a famosi artisti suoi coetanei, alcune da solo, mentre fumava davanti a un locale di Camden.

Lui e Alva non vivevano più a Lucerna, bensì, da due anni, a Eigenthal, un paesino di montagna ai piedi del Pilatus. L'ambiente era rurale, a eccezione di alcuni contadini e di gente del posto lassù non abitava nessuno, e la maggior parte delle case di vacanza sembrava vuota. In lontananza il clacson melodioso dell'autopostale gialla.

Raggiungemmo un vasto appezzamento, recintato da uno steccato decrepito. Lo chalet era un edificio possente con le fondamenta in pietra e il piano superiore in legno, rivestito di scandole. Sul retro un orto e un prato, ricoperto da un sottile strato di ghiaccio. Un luogo isolato, che pareva non aver mai trovato accesso al mondo. Depositai le mie cose nella stanza degli ospiti e mi fermai un attimo a chiedermi che cosa ci facessi lì.

Per cena *raclette*, patate e vino bianco. Dal grammofono sul comò usciva musica jazz.

«*Time Further Out*» dissi. «Ascoltate questa musica a cena?»

Romanov era compiaciuto. «A volte. Le piace?»

«Mia madre aveva un debole per Brubeck».

«Ho conosciuto Dave a San Francisco. Un tipo molto alla mano, dopo il recital siamo finiti nello stesso locale, abbiamo chiacchierato per ore».

Alva mi lanciò una rapida occhiata. «Devi sapere che Sasha l'ha inseguito a mo' di stalker per tutti gli anni Sessanta. Gli è andato dietro di concerto in concerto, finché a un certo punto, per compassione, Brubeck gli ha parlato cinque minuti».

Romanov poggiò una mano sulla sua. «Non sono più capace di far colpo su di lei. Le offro Dave Brubeck, ma lei pretende sempre di più».

Alva, divertita, gli accarezzò il dorso della mano. Mi faceva male, quel loro scambio di sguardi intimi. Mi faceva male vedere come Alva apprezzasse il modo di fare di lui, quel suo sorriso enigmatico, quasi fosse il solo a cogliere un lato spassoso che però teneva tutto per sé. Mi immaginai gli anni felici che doveva aver trascorso con lui. All'inizio, forse, ancora scostante, e poi, a poco a poco, fissa al suo fianco. Una volta Alva mi prestava spesso libri di Romanov. Alcuni passaggi erano sottolineati, trattavano della morte di suo padre o della paura devastante di non poter essere felici. E tuttora lo ammirava, era chiaro.

«Durante il viaggio ho riletto il suo *Un cuore inflessibile*» dissi. «Insieme a *Le nevi del Kilimangiaro* di Hemingway, il più bel racconto breve che io conosca».

«Grazie, ma è un po' sopravvalutato». Romanov pepò il suo formaggio. «Deve sapere che avevo vent'anni, quando l'ho scritto. Sono passati più di... Be', un sacco di tempo. La storia è imprecisa, un po' kitsch e piena di errori».

«Per me è commovente».

Romanov lanciò un'occhiata ad Alva. «Quanto l'hai pagato per farglielo dire?»

«Ci siamo rovinati».

Lui mi porse la mano, come già alla stazione. «Jules, la ringrazio per le sue parole».

Dopo cena ci accomodammo in soggiorno. Bevemmo tutti un po' troppo vino, le guance di Romanov erano arrossate. Di ottimo umore, ci raccontò che aveva un'immagine precisa dell'aspetto della sua anima. «Ha all'incirca un diametro di venticinque centimetri e sta sospesa nel torace» disse. «Manda bagliori grigio-argentei e a toccarla sembra di carezzare con la mano un velluto finissimo, che si può attraversare come si passa attraverso l'aria».

Poco dopo ci raccontò della sua amicizia con Nabokov e di un viaggio in Cina. «Avevo la sua età, Jules, e ogni sera, con gli amici, andavamo in un casinò clandestino». Romanov appoggiò il bicchiere, in modo da poter gesticolare. «C'era una magnifica atmosfera criminosa, le profferte erano quanto mai esplicite, si flirtava e si chiacchierava con ambigui trafficanti. La prima sera i miei amici hanno voluto cominciare con le slot machine, io invece con la roulette, per cui ci siamo accordati per rivederci a mezzanotte in punto alle casse. Con la classica fortuna del principiante, nelle ore seguenti guadagno duemila dollari, ai tempi una somma inconcepibile per me. A mezzanotte spaccata aspetto nel punto concordato, ma i miei amici non arrivano». Romanov bevve un sorso di vino. «Mentre aspetto mi accorgo che, incredibilmente, a un tavolo vicino è uscito il rosso per ventitré volte di seguito. Questo è il momento ideale, penso, vado e punto cento dollari sul nero. Non rischio niente. Esce di nuovo il rosso. Punto ancora cento dollari sul nero, ma esce di nuovo il rosso, per la venticinquesima volta. Per recuperare i miei soldi punto duecento dollari sul nero. Di nuovo rosso. Ora devo puntare per forza quattrocento dollari. Ancora niente. Ottocento dollari. Rosso. In quel momento arrivano i miei amici. Mi faccio prestare dei soldi e punto duemila sul nero. Duemila! Ma, per la ventinovesima volta, esce il rosso. E mentre lascio il casinò, distrutto, faccio in tempo a sentire il croupier alle mie spalle annunciare: 'Nero'».

In realtà un aneddoto non particolarmente brillante, ma Romanov lo raccontò con un timing talmente magistrale che era impossibile non ridere al finale.

Tirò fuori una sigaretta da un astuccio d'argento. «La mia sigaretta della buona notte, ne vuole una anche lei?»

Rifiutai ringraziando e rimasi a guardarlo ammirato soffiare di gusto il fumo verso il soffitto, godendosi quel semplice momento. «A quanto dice Alva, vi conoscete dai tempi della giovinezza?»

«Sì, è vero».

«Come mai vi siete persi di vista?»

«Perché...» Occhiata ad Alva, ma lei teneva la testa bassa. Mi tornò in mente una scena rimossa da anni: una casa spoglia, arredata senza nessun amore. Io che salgo di corsa le scale, io, segretamente eccitato nel vedere Alva nuda, mentre la nostra amicizia andava in pezzi. E mi chiesi per l'ennesima volta: sua madre aveva fatto apposta a farmi salire?

Romanov mi scrutava, poi guardò Alva e nel suo sguardo per la prima volta comparve una traccia di melanconia.

Si alzò e venne verso di me. Eravamo alti uguali. «Lei è giovane, Jules. Se lo ricordi. Ha tempo». L'accento marcato che pose sulla parola 'tempo' mi affascinò. Fece l'ultimo tiro, poi schiacciò il mozzicone nel posacenere. «Sono contento che sia nostro ospite. Resti pure quanto vuole, vedrà che di sopra si dorme magnificamente». Diede un bacio ad Alva e si avviò a passi cauti su per le scale.

Appena se ne fu andato, mi lasciai cadere sul divano e mi versai un goccio di Fendant. «Sei la sua groupie?» chiesi per scherzo, ma non troppo. «La sua musa?»

«Entrambe le cose, probabilmente» disse Alva. «Comunque Sasha non parlava così tanto da una vita. Credo che volesse fare colpo su di te. Camminava anche senza bastone, di solito non lo fa mai».

«Mi è simpatico. Come l'hai conosciuto?»

Alva si sedette su un cassettone e si abbracciò le gambe. «Dieci anni fa, a un convegno a San Pietroburgo dove, da studentessa, lavoravo come interprete. Allora era sui cinquantacinque e sembrava un attore, ma aveva anche qualcosa di George Gershwin. Mi ha colpito soprattutto perché parlava un tedesco perfetto e le donne lo prendevano letteralmente d'assalto; una cosa del genere non l'avevo mai vista. Lui diceva le sue battute ma continuava a guardare nella mia direzione. Non so, era talmente disinvolto… Mi ha affascinato».

«Come l'hanno presa i tuoi genitori? Vengono mai a trovarti?»

«Mio padre viene un paio di volte all'anno. Con mia madre non ho più contatti. È dalla maturità che non ci parliamo».

Fuori c'era una grande calma, le case abitate più vicine erano a notevole distanza, protette da una coltre di nuvole dalla tinta pastello. Osservai Alva, che negli anni era invecchiata ben poco. Portava sempre gli occhiali, aveva raccolto i capelli rossi in uno chignon alto, sul collo le due cicatrici color avorio.

Incassò la testa nelle spalle. «Sai, sarò sincera. Io amo Sasha...» – tono improvvisamente angosciato – «ma non devi farti ingannare da questa sera. Sono mesi che non lascia lo chalet e negli ultimi tempi è un po'... smemorato».

Da sopra, scroscio d'acqua nei tubi e rumore di passi.

«Una volta eravamo sempre in giro. Viaggi, presentazioni di libri, convegni... Ha una miriade di amici in tutto il mondo. Ma soprattutto era vivace, curioso. Prima di conoscerlo pensavo sempre che fosse un tipo malinconico, dal momento che scriveva tutte quelle cose tristi. Invece irradiava una fiducia infantile, assolutamente contagiosa. È questo che mi piaceva soprattutto di lui».

Alva riempì di nuovo i nostri due bicchieri. «Due anni fa Sasha ha avuto una grave malattia. Per adesso si è risolta bene, ma lui è cambiato. È come se il suo fascino si fosse volatilizzato, è come se all'improvviso lui fosse diventato un normalissimo uomo anziano, con tutte le paure e le manie del caso. Se ne sta sempre rintanato di sopra a scrivere, vuole assolutamente terminare il suo libro. Di recente mi ha detto che sente la fine. 'La fine è qui, in questa stanza' ha detto, 'la senti anche tu?' L'ho abbracciato, ma la cosa pazzesca è che sì, sentivo anch'io la sua fine».

Fece una smorfia e si interruppe un attimo. Poi tornò a concentrarsi e si girò verso di me. «Tra l'altro sa che scrivi anche tu».

«Ma non scrivo un bel niente, Alva, quante volte devo dirtelo? È acqua passata».

«Forse non scrivi sulla carta, ma nella tua testa sì» disse lei con un filo di voce, toccandomi un braccio. «L'hai sempre fatto. Sei uno che ricorda e fa tesoro, lo sai».

*

In lontananza il massiccio del Pilatus nel chiarore dell'alba. Il mormorio di un torrente. Respiri profondi, aria limpida. Il mio giro di corsa di primo mattino, costeggiando il fiume, lambendo boschi e casolari. Un'ora dopo, sudato e ansante, arrivai allo chalet. Con mio grande stupore, Romanov mi aspettava sui gradini davanti all'ingresso.

«Guarda guarda, uno sportivo» disse. «A mia moglie piacciono gli sportivi, ma questo lo sapeva già di sicuro».

«A sua moglie piacciono soprattutto gli scrittori».

Mi prese per la manica. «Jules, venga un momento».

Romanov mi condusse di sopra, nel suo studio. C'era odore di polvere calda, secca. Un grande scrittoio con una Olivetti, un tavolino nell'angolo, un pianoforte, un certo numero di manoscritti sparpagliati e un crocefisso di legno, nient'altro.

«La mia mente ha bisogno di spazio» disse Romanov. «Una volta qui c'erano anche due librerie, ma invece di scrivere leggevo, per cui purtroppo ho dovuto eliminarle. Devo lavorare. Il tempo vola».

'Il tempo vola' a quanto pare era il suo mantra, lo ripeteva in continuazione. Una volta aveva raccontato che da piccolo aveva scritto una poesia, *Tempo che voli via*, andata poi persa durante un trasloco. Il titolo l'aveva preso, con una minima variazione, da un'opera di Schubert, il suo compositore preferito. I primi versi di quella poesia infantile erano:

Tempo che fuggi
prendimi con te.

Indicai il pianoforte. «Sa suonare?»

«Un pochino».

Romanov attaccò le *Danze fantastiche* di Šostakovič. Sembrava che le sue dita sapessero da sole cosa fare, trovavano senza fatica i tasti giusti. «Da ragazzo sono stato respinto al conservatorio» spiegò, «ma avevo pur sempre la mia Olivetti. Si può quindi dire che, più o meno, ho passato la vita a picchiare elegantemente sui tasti».

Una volta terminato il pezzo, richiuse il coperchio. Sembrava avere a cuore qualcosa. Alla fine indicò il tavolino. «Se vuole, può lavorare qui, oppure scrivere».

«Grazie, ma non vorrei disturbarla».

«Non mi disturba, anzi. Una volta mi piaceva molto scrivere nelle biblioteche: mi metteva le ali vedere gli altri lavorare. All'inizio Alva stava spesso qui, in questa stanza, ma è troppo curiosa, mi innervosiva». Mi diede un'occhiata. «Dunque, che ne dice? Mi farebbe piacere un po' di compagnia».

Pareva detto così, *en passant*, ma io avvertii che dietro c'era una preghiera e già dopo pranzo lo raggiunsi nel suo studio. Il suo scrittoio era davanti alla finestra, il mio contro la parete. Romanov guardava il panorama alpestre della Svizzera, io delle travi di legno. Lui aveva una poltroncina foderata di pelle, con le rotelle, io una seggiola pieghevole di plastica. Evidenti disparità di classe.

All'inizio stesi un rapporto per la mia casa discografica, ma controvoglia. Alla fine misi da parte il documento e scrissi in libertà. Per quanto assurda mi fosse parsa l'idea di starmene lì, accanto a un autore da me un tempo venerato, ora ne traevo forte motivazione. La mia fantasia era come una miniera abbondonata e ora, scendendo col vagone nei suoi cunicoli, mi stupivo di quanto potessi estrarre da laggiù. Avevo già diverse idee e abbozzi, che evidentemente erano rimasti in sonno dentro di me per anni.

Romanov mi osservava.

«Che c'è?»

«Scrive così veloce. Dà dei veri e propri colpi di zappa sui tasti. *Tac tac tac*».

Uno sguardo alla sua Olivetti: sul foglio bianco inserito nel rullo c'erano solo poche righe. Romanov aveva inforcato gli occhiali e dalla tensione arricciava le labbra.

«Di che argomento scrive?»

«Della memoria. Un romanzo costituito da cinque racconti. Tutti collegati uno all'altro: in sostanza trattano di come i ricordi ci condizionino e ci guidino. È tutto...» Romanov rifletté e poi sbuffò, «è tutto talmente spaventoso». Si alzò in piedi. «Talmente spaventoso che il mio più gran desiderio sarebbe prendere la macchina da scrivere e scaraventarla fuori dalla finestra. Sono sei anni che non pubblico più niente, ho continuato a tirare per le lunghe questo libro».

Romanov andava avanti e indietro per la stanza appoggiandosi a uno dei bastoni che stavano in una cesta in un angolo e che gli erano indispensabili, dopo un incidente avvenuto durante una passeggiata, alcuni anni prima. Si picchiò con un dito sulla fronte. «Qui dentro non c'è più niente, ecco. Come in una dispensa saccheggiata. È tutto nei libri pubblicati, nei fogli appallottolati, nelle parole dette. Io...»

Sembrò dimenticarsi, nel bel mezzo della frase, di quello che voleva dire. Si girò bruscamente. In quel momento, e solo allora, sentii il ticchettio dell'orologio, appeso alla parete, nell'angolo.

«Alla sua età, Jules, anch'io scrivevo tanto come lei. *Tac tac tac*» ripeté. «Non avevo la minima preoccupazione. Pensavo che sarebbe stato sempre così. Invece ho scritto sempre di meno. Ho dovuto farmene una ragione. Ma non riesco. Non riesco, fintanto che lei reputa *Un cuore inflessibile* il mio migliore racconto. L'ho scritto a vent'anni, con la mano sinistra, direi».

Fece una pausa. E poi arrivò il terribile momento in cui cambiò semplicemente argomento e mi raccontò di nuovo, parola per parola, la storia del casinò clandestino.

*

I primi giorni con Alva ebbero il sapore di un ritorno a casa dopo un lungo viaggio. Ogni istante della nostra adolescenza significava per me molto più di tutto quello che era venuto dopo; ogni conversazione con lei, ogni sguardo, persino ogni delusione di allora si ergeva come un monolite nella mia memoria. E ora ero di nuovo alla fonte. Quando stavamo in cucina a bere vino e a parlare di mille sciocchezze, quando andavamo nel bosco senza dire una parola, quando lei suonava in modo goffo il pianoforte e io le raccontavo dei miei fratelli o quando di notte ascoltavamo musica in soggiorno, seduti sul divano, e lei si appoggiava a me: in tutti questi momenti vedevo con chiarezza come il nostro passato si riannodasse delicatamente al nostro presente, al nostro futuro.

Tre giorni dopo il mio arrivo Alva e suo marito andarono in città, di primo mattino. In loro assenza, salii al secondo piano. Constatai che dormivano in camere separate. Un odore penetrante di erbe, pomate e medicamenti impregnava tutto il piano. Alva mi aveva detto che Romanov, dopo l'operazione alla prostata, assumeva dei farmaci potenti. La sua camera da letto assomigliava al ripostiglio di un robivecchi; sul comodino – accanto a una lampada esotica di vimini, a un mappamondo e alcuni bloc-notes – c'era un decrepito coniglio di pezza. Invece la camera di Alva aveva un che di provvisorio: un letto rotondo, libri impilati come torri, alla finestra piante di dracene e di yucca che arrivavano fino al soffitto.

Stavolta, nel fare jogging, scelsi un sentiero che si inoltrava in una zona montagnosa, umida, in mezzo alle abetaie, e che mi portò sempre più in alto, fino alla cima del Chräigütsch. Un vento gelido soffiava dal fondo valle.

Quando rientrai allo chalet, non fu Romanov ad accogliermi sulla porta, bensì Alva. «Ti ho guardato dalla finestra» disse. «Chi l'avrebbe mai detto che ti avrei visto ancora correre?»

Dopo una colazione tardiva andammo a fare una passeggiata insieme. Lo chalet stava sul limitare del bosco, gli alberi a tratti crescevano così fitti che non si vedeva più il cielo e il bosco mi pareva un mondo ctonio, ombroso e magico. Alva mi camminava accanto, il viso imporporato dal freddo.

«Negli ultimi anni ho pensato spesso a tua sorella» dissi dopo un po'. «Al ritrovamento del suo giubbotto. Avrei voluto che tu me lo raccontassi prima. Ti avrei capito meglio».

Alva tacque. Raccolse un sasso da terra e lo contemplò, come fosse qualcosa di prezioso.

«Era troppo, non potevo raccontarti tutto». Gettò via il sasso. «Quando mia sorella è scomparsa, mio padre è arrivato quasi al punto di impazzire. La cosa più terribile è stata che, sul giubbotto di mia sorella, non si è rinvenuta la minima traccia. Mio padre ha smesso di lavorare, ha partecipato a tutte le ricerche e ha parlato personalmente con i testimoni. Non dormiva quasi e, quando non ha retto più, ha chiesto di essere ricoverato in una clinica. Mia madre ha pianto per due settimane e poi non ha più toccato l'argomento. Come se Phine non fosse mai esistita. L'ha cancellata tacendo».

La voce di Alva si fece più sottile. «I miei genitori non facevano altro che litigare. Dopo la separazione mia madre e io ci siamo trasferite in un altro paese, abbastanza lontano da casa. Non abbiamo raccontato niente a nessuno. Io soffrivo di depressione, avevo anche pensieri suicidi. Ma mi dicevo sempre: e se Phine una volta o l'altra tornasse, e io non ci fossi più?»

Feci per abbracciarla, ma lei mi schivò. Passammo ai margini di un pascolo gelato. Per un attimo ebbi la tentazione di toccare la recinzione con la corrente.

Alva mi prese per una spalla. «Gli altri, nella nostra classe, non si immaginavano neanche che cosa avessi passato, parlavano sempre e soltanto delle vacanze e dei loro genitori, e avevano tutti un'aria così felice. Solo *tu*...» Mi vennero i brividi. «... solo tu non avevi l'aria felice. Per questo mi sono seduta vicino a te».

Ci dirigemmo verso una locanda, che aveva il curioso nome di Unterlauelen.

«Dunque anche tu conosci la sensazione» dissi con calma, «di quando la vita è avvelenata sin dall'inizio. Come se si versasse un liquido nero in una vasca di acqua pulita».

«Pensavo che viaggiare servisse. Dopo la scuola sono stata sei mesi in Nuova Zelanda, poi in Russia. Poi, con Sasha, dappertutto. Ma non serve».

«E la letteratura, serve?»

«A volte».

«E A.N. Romanov?»

Lei sorrise. «A volte, anche lui. In realtà ho sempre letto per fuggire, per cercare consolazione in qualche frase o in una storia. Un tempo volevo assolutamente diventare un personaggio da romanzo. Essere immortale e vivere per sempre in un libro, dove chiunque potesse leggermi e osservarmi da fuori. Demenziale, lo so». Occhiata d'imbarazzo. «Anche se, sinceramente, ancora adesso è la cosa che vorrei di più, essere un personaggio romanzesco».

Allora mi fu chiaro il motivo per cui mi aveva attirato in Svizzera: si sentiva tradita. Di sicuro aveva sposato Romanov anche perché lui produceva due delle sue droghe preferite: fiducia e belle parole. Nel frattempo però il pusher quasi settantenne era diventato inaffidabile. Mi immaginai come Alva avesse passato gli ultimi anni lì in montagna. Un satellite solingo che orbitava intorno allo studio, dove il marito continuava ad accanirsi, vanamente, sulla macchina da scrivere e non parlava quasi più con lei.

Ci sedemmo a un tavolo, nella locanda. Alva raccontò di suo padre che, per i diciott'anni, le aveva regalato la Fiat rossa ed era poi diventato un appassionato alpinista. «Tra l'altro era molto divertito quando ha saputo che il genero aveva dieci anni più di lui».

«Come sta?»

«Benissimo, credo. Adesso lavora di nuovo come internista in uno studio medico. Gli è sempre piaciuto chiacchierare con i pazienti, da bambina andavo spesso a trovarlo al lavoro».

«Non mi hai mai raccontato niente di lui, prima».

Alva teneva gli occhi fissi sul piatto. «Quando mia madre ha ottenuto l'affidamento, mio padre si è trasferito ad Augusta. All'inizio passavo da lui un weekend ogni due settimane. Avevo la mia camera, mi regalava tanti libri e andavamo insieme a fare passeggiate. Ma poi all'improvviso, per anni, non abbiamo più avuto contatti. Io pensavo che fosse colpa mia, che forse gli ricordavo troppo mia sorella, ma quando ho compiuto diciotto anni, lui mi ha cercato e ci siamo chiariti. Ero così felice di averlo ritrovato! E solo allora sono venuta a sapere che mia madre non mi aveva mai dato le sue lettere. Gli aveva sempre detto che io non lo volevo più vedere».

«Perché lo ha fatto?»

«Non lo so. Mia madre ha sempre voluto un po' più bene a Phine e non ha mai superato il trauma della perdita. Litigavamo spesso. Dicendoci cose orribili. Nei miei confronti era talmente fredda che sono stata felice, quando finalmente me ne sono potuta andare. Pensavo che la faccenda fosse chiusa, ma un paio d'anni fa ha spedito a mio padre una lettera per me. Senza mittente. Vive all'estero, ma sull'argomento non si è dilungata molto. La lettera comunque era bella, una specie di addio».

Alva scosse il capo. «Avrei solo voluto che mi avesse detto quelle cose quando ero più giovane. Allora odiavo talmente la vita. Avevo la sensazione che, se mia sorella era sparita e mia madre ciononostante non mi amava, allora non valevo niente. E volevo diventare la persona che merita tutto ciò».

I suoi occhi scintillarono. Io mi chinai verso di lei e la abbracciai.

«Rimani ancora un po'?» mi sussurrò all'orecchio.

Vidi il suo sguardo supplichevole e capii, forse ancora prima di lei, quanto in profondità pescasse la sua richiesta.

Mi ci vollero due tentativi per annunciare al mio capo, con sua grande sorpresa, che mi licenziavo. Nella prima chiamata finsi di avere una polmonite ma, dal momento che non sono mai stato bravo a dire bugie, nella telefonata seguente gli comunicai che non mi sarei più presentato al lavoro. Contrariamente al mio solito, non pensai neanche per un attimo alle possibili conseguenze. Risposi a una mail molto affettuosa di Norah dicendo che per il momento non mi era possibile continuare a vederla. Al che lei mi scrisse a più riprese, mi chiamò e mi lasciò dei messaggi, ma io non reagii in alcun modo.

Nel giro di pochi giorni avevo messo una croce sopra alla mia vita precedente. Eppure non ero in grado di immaginarmi il mio futuro con Alva. Sapevo solo che non potevo perderla un'altra volta. Che non volevo scontare per tutta la vita gli errori commessi in gioventù.

«Non vorrei, ma te lo ripeto ancora: il passato non si può recuperare, né cambiare» mi disse mio fratello al telefono.

«Sì, invece, si può» fu la mia risposta.

*

Avevo navigato in rete per qualche ora in soggiorno, quando mi accorsi che Alva non era in casa. Sulle prime pensai che tenesse compagnia a Romanov di sopra, ma mi mancavano i suoi passi e lo scroscio dell'acqua nei tubi che, nello chalet male insonorizzato, si sentivano sempre alla stessa ora. Aspettai ancora un po' in soggiorno, prima di andare a letto. Era fine febbraio, cadeva una neve fitta. Alle sei del mattino mi svegliai sentendo sbattere la porta di casa. Quando in seguito chiesi ad Alva dov'era stata per tutto quel tempo, lei si strinse nelle spalle e mi guardò come se non capisse di cosa parlavo.

Mi riusciva nuova anche la sua passione per il giardinaggio. Quando arrivò la primavera, passava ore a coltivare le verdure, o a svasare e innaffiare le sue piante, e quando tornava dall'orto aveva le unghie nere ed era felice. Il regno di Romanov invece era lo chalet: se fosse stato possibile descriverlo con un rumore, sarebbe stato quello dell'inesausto, lento ticchettio della sua macchina da scrivere.

Un giorno, all'improvviso, prese il suo bastone e mi sfidò a duello. A mia volta afferrai uno dei suoi bastoni e per qualche minuto ci affrontammo all'arma bianca. Quando lo interpellai in merito, Romanov rispose, laconico: «Il meglio che si possa dire di lui: era un bambino ed era un uomo!»

Duellare l'aveva visibilmente sfinito, si sedette sulla sua poltrona e si asciugò il sudore dalla fronte. «Jules, cosa fanno i suoi genitori?»

«Sono morti in un incidente, quando avevo dieci anni».

«Mi spiace».

Feci un gesto schivo. «E i suoi genitori? Com'erano?»

Mi raccontò della madre, una poetessa, discendente da un'antica famiglia pietroburghese. «Amava la letteratura e la lingua tedesca, per questo avevamo sempre una bambinaia tedesca. Mio padre invece era di umili origini, veniva dai dintorni di Ekaterinburg. Un *mugico* pieno di fantasia, che aveva sempre in mente grandiose idee commerciali, senza mai riuscire a realizzarne una con successo. Anche lui era fuggito con la famiglia prima della Rivoluzione d'ottobre, quando ancora era un bambino. Ha conosciuto mia madre in America, più tardi abbiamo vissuto nei Paesi Bassi. È lì che mio padre si è sparato».

Gli lanciai un'occhiata interrogativa.

«L'ennesimo insuccesso» disse. «Aveva mandato in rovina un'altra azienda, non sapevamo più come tirare avanti ed eravamo letteralmente sul lastrico. La colpa era sua. Per cui l'ha fatta finita. Alcuni conoscenti della nostra famiglia l'hanno ritenuta una vigliaccheria, io un segno di coerenza». Cercò il mio sguardo. «Un figlio maschio istintivamente ha un buon rapporto con la madre, invece il padre lo osserva con diffidenza e venerazione, lo usa come pietra di paragone. Io ho riflettuto su di lui per tutta la vita».

«Io conoscevo pochissimo mio padre» dissi. «Spesso mi chiedo come sarebbe il nostro rapporto, se fosse ancora vivo. Ci sentiremmo spesso? O saremmo addirittura amici? Mi piacerebbe molto starmene seduto in un caffè a parlare con lui, da adulto a adulto. Mi manca tutto. Conversazioni, piccoli momenti, cose padre-figlio. Solo a vent'anni mi sono accorto di non essere capace di rasarmi. Ero in bagno con il mio coinquilino. 'Sotto il mento sempre dal basso verso l'alto' ha detto. Io non lo sapevo».

Mi sedetti su una sedia, accanto a Romanov. Lui mi diede delle piccole pacche sulle spalle. «Lei è un'ottima persona, Jules. Sono certo che suo padre le vorrebbe bene».

Mi sentii in imbarazzo. «Come mai è finito in Svizzera?»

«Come sono finito qui? La mia prima moglie era di queste parti, mi sono affezionato a questi luoghi fin da subito, e poi Alva, dopo tanti anni all'estero, voleva tornare. E io pure, sinceramente parlando. Dopo la perestrojka mi ero trasferito a Mosca, ma non mi ci sono mai sentito veramente a casa, come speravo».

«Ho iniziato a leggere il suo epistolario con Nabokov. È vero che l'ha contattato quando era un ragazzino?»

Romanov scoppiò a ridere e si liberò la fronte dai capelli. Per un attimo fu senza età. «Proprio un ragazzino non ero più. Avevo, credo, sedici o diciassette anni e avevo appena letto *Lolita.* Era il primo libro che mi entusiasmasse davvero, anche se di certo non ne avevo capito neanche la metà. Ma già solo quell'humour giocoso, quel lessico brillante... Dovevo conoscerlo. Ai tempi abitavamo ancora in Oregon; una notte sono scappato a New York con un pullman della Greyhound per andare a trovarlo alla Cornell University. Ma proprio quel giorno non aveva lezione. Allora, marcando apposta l'accento russo, ho sostenuto di essere un nipote, e mi hanno dato l'indirizzo di casa. Nel giro di due ore suonavo alla sua porta. È rimasto strabiliato quando ha saputo che ero scappato di casa per lui. Abbiamo telefonato ai miei genitori, poi abbiamo bevuto un tè e parlato di autori e di giocatori di tennis che ammiravamo entrambi. Naturalmente gli ho mandato tutti i miei racconti, in un secondo tempo anche in Svizzera. Li ha sempre letti, benché avesse quarant'anni più di me».

Breve pausa. «Cosa fa Alva di notte, quando esce?» chiesi. «È sparita già parecchie volte. Che fa?»

«Non lo so. Non me lo dice, è così da quando ci conosciamo. Ho avuto sempre la sensazione che fosse meglio non chiederglielo. Credo preferisca evitare l'argomento, queste passeggiate notturne le servono».

Annuii. «Aleksandr, posso chiederle una cosa? Perché ha sposato Alva?»

«Perché l'ho sposata?» Romanov aveva preso l'abitudine di ripetere le domande che gli facevo. In generale si moltiplicavano in maniera inquietante i momenti in cui dimenticava le cose, era deconcentrato o cercava gli occhiali. «Alva le ha certamente già raccontato del convegno in cui mi ha avvicinato. Ma io avevo notato già da un pezzo quella ragazza che si faceva in quattro per gli altri ed era zelante in tutto ciò che svolgeva. Zelante, sì, ma anche misteriosa. Si sentiva che ne aveva passate parecchie». Poi, orgoglioso: «E naturalmente era graziosissima. A volte le persone si conoscono meglio da lontano, e lei aveva l'aria di una capace di essere al contempo triste, cordiale e allegra. Inoltre leggeva. Mio Dio se leggeva, quella donna! Sulle scale, su una seggiola, per terra, in ogni minuto libero aveva un libro in grembo».

«E poi?» chiesi con un filo di voce.

Lui rifletté. «Alva era molto riservata. Siamo usciti a cena un paio di volte, ma lei era quasi intimidita, all'inizio apriva a malapena bocca. Normalmente, in simili occasioni, mi sento in obbligo di sostenere la conversazione, magari anche di mettermi un po' in mostra. Ma in sua presenza, per la prima volta, ho assaporato il silenzio dentro di me. Alva era come una mano fresca su una fronte che scotta».

Più tardi mi ritrovai davanti alla vetrata panoramica del soggiorno a osservare le tenebre calare. All'inizio le notti nello chalet mi inquietavano un po'. Le maschere africane ghignanti appese alle pareti parevano prender vita come fantasmi, le teste di cervo e gli altri trofei di caccia puntavano lo sguardo sull'osservatore e, a guardare dalla finestra, spesso si vedeva soltanto un crepuscolo d'oltretomba calare sulla valle, seguito a breve da un nulla nero. Talvolta non incontravamo un'anima per giorni e giorni, ricavandone l'impressione di essere gli unici, lassù. Erano i rumori della civiltà a riportare alla realtà: il gorgoglio del riscaldamento o il fischio del bollitore sul fornello. Era una quotidianità monotona, ai limiti della bizzarria, e ben presto mi resi conto che noi tutti eravamo arenati in quel luogo e che aspettavamo qualcosa. Quando capii cosa, mi spaventai.

*

In una di quelle sere mi tornò in mente una scena singolare che avevo rimosso sin dalla mia adolescenza. Avevamo visto un film di Billy Wilder in un cinema d'essai e poi eravamo andati a mangiare qualcosa in città. Romanov, che di norma evitava il contatto con la gente, quella volta aveva fatto un'eccezione. Mentre tornavamo allo chalet ci raccontò di quando il sociologo Max Weber aveva litigato con il padre, che poco dopo era morto. Non c'era quindi stata alcuna riconciliazione e Weber, dopo quella scomparsa, aveva avuto un crollo nervoso.

«Dovette rinunciare all'insegnamento» spiegò Romanov. «E per quel fatto divenne anche afasico».

«Solo per via di quell'unico litigio?» chiesi.

«C'erano sicuramente molti altri motivi, ma soprattutto non riuscì a rassegnarsi all'idea di non essersi riconciliato con suo padre. La cosa l'ha distrutto da dentro. La moglie di Weber lo chiamava il 'quid maligno', che dai substrati inconsci della vita aveva proteso le sue grinfie verso il marito».

Rientrati nello chalet, appena Romanov andò al piano di sopra, Alva mise l'album di Nick Drake. «Dopo il nostro ultimo incontro a Monaco l'ho ascoltato molto spesso» disse. «Quella volta ero sicurissima che non ci saremmo più rivisti». Era seduta su una credenza e richiuse il libro. Ad Alva piaceva sedersi nei posti più incredibili, in casa.

«A volte ti sento parlare di sopra con Sasha e non riesco a capacitarmi che tu sia davvero qui. Stare con te e parlare, o ascoltare musica, una volta era una parte molto importante della mia vita, ma negli ultimi anni ho pensato spesso che fosse solo un sogno. Come se non fosse mai accaduto. Adesso, all'improvviso, mi sembra ieri».

«È perché è la stessa musica che ascoltavamo allora. Il tempo non scorre in modo lineare, tanto meno i ricordi. Si ricorda sempre in modo più intenso quello che emotivamente ci riguarda da vicino. A Natale si pensa sempre che l'ultimo Natale sia appena passato, benché ci siano di mezzo dodici mesi. L'estate invece – che in realtà è più vicina, distando appena sei mesi – viene percepita molto più lontana. I ricordi di ciò che, emotivamente, è simile al presente, prendono, per così dire, la scorciatoia. Guarda...» Feci uno schizzo su un foglio e glielo porsi:

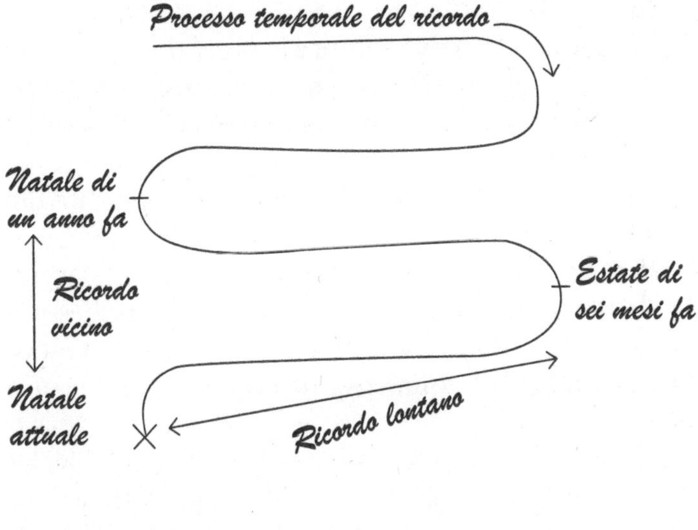

«Guarda guarda, sono queste, dunque, le tue riflessioni...» disse lei.

Afferrai il bastone di Romanov e lo usai come appoggio per fare qualche passo nella stanza. Alva mi raggiunse e me lo tolse di mano.

«Adesso vai anche in giro col bastone?» Accarezzò con le dita il mogano lustro.

«Ridammelo, mi serve».

Lei rise. «No».

Un sordo brontolio di tuoni. In direzione delle montagne si addensava un temporale, sulle cime guizzavano in continuazione lampi che rischiaravano la notte, rendendo ancora più confortevole lo starsene al riparo, ben protetti, mentre il vento soffiava tra gli alberi e strattonava i rami.

Alva mi si avvicinò. «Qual è il vero motivo per cui hai smesso di fare foto?»

«Fotografando avevo sempre la sensazione di essere vicino a mio padre. Ma poi mi sono reso conto che non era vero». Avvampai in volto. «Più che altro, però, avevo iniziato perché forse, semplicemente...»

Lei fece un altro passo verso di me. «Semplicemente cosa?»

Una scena che credevo dimenticata riaffiorò davanti ai miei occhi: un taxi che si allontanava di notte, sotto la luce dei lampioni, e svoltava dietro l'angolo. Volevo gridargli qualcosa, qualcosa di importante, ma non riuscivo...

Guardai Alva, stordito. Dovevo rivelarle quella che era un'intuizione a malapena confessabile a me stesso? Che avevo sprecato i miei anni migliori a causa di sensi di colpa inconsci, che ero incappato negli studi sbagliati e che avrei ripreso in mano la macchina fotografica? Che mi ero privato dello scrivere per tutti quegli anni, benché fosse la mia passione?

«Te lo racconterò un'altra volta».

«Un'altra volta, un'altra volta» ripeté Alva con inflessione alquanto seducente e, senza stare troppo a pensarci, la mia mano si posò sul suo gomito, prese vita propria, si arrampicò cauta sul suo braccio e raggiunse la guancia. Ancora mezzo passo, e il mio mento sfiorò la sua fronte. Abbassai gli occhi su di lei, lei li alzò su di me. Un attimo di incertezza. Mi prese la mano. Ma nello stesso istante arretrò di un passo, mi punzecchiò la pancia con il bastone e mi augurò buona notte.

*

Ancora non avevo idea di quanto rapidamente stessero peggiorando le condizioni di Romanov, nemmeno quando, nel giro di poco, fece traboccare la vasca due volte, essendosi dimenticato di avere intenzione di fare il bagno. Era un vero maestro nel celare il suo vero stato. Come un edificio la cui facciata è ancora intatta mentre all'interno tutto è in rovina.

Lo accompagnai in cantina, dove c'erano la centralina termica e la lavanderia. Mi aggredì un odore acuto di detersivi, vecchi giornali e muri umidi. In una zona a sé stante si trovavano uno scaffale per i vini e un armadio portafucili. Romanov tirò fuori diverse armi e me le illustrò. C'erano calibri piccoli e grandi, carabine, fucili ad avancarica e una doppietta.

«Una volta andavo spesso a caccia» disse. «Ma ormai non più, da anni. Mi ha insegnato mio padre che ero ancora piccolo, avrò avuto nove anni. Lui era un cacciatore provetto».

Romanov colse la mia occhiata e annuì. «L'ha fatto con questa. Una Browning, la sua arma preferita. Mio padre era un uomo che sapeva uscire di scena. La sua morte per noi è stata terribile, ma io l'ho sempre ammirato per il suo coraggio, oggi forse ancor di più».

Sfiorò con i polpastrelli la canna della pistola. «Ascolta» riprese, dandomi improvvisamente del tu. «Due anni fa ho avuto un cancro. Ho visto in faccia la morte. La morte mi ha avvertito che il mio tempo è agli sgoccioli. Da quel momento sento il dovere di scrivere. So che mia moglie ne soffre. Quassù è tagliata fuori dal mondo, le dico sempre che dovrebbe trovarsi un appartamento in città, ma lei vuole restare con me. Mi spiace di non essere più l'uomo di cui si era innamorata. Ma non ci posso fare niente. Speravo che trovasse in te un compagno con cui parlare e occupare il tempo. Per me è importante che Alva non stia troppo appartata, sola. Tu sei nostro amico, è una cosa che apprezzo molto».

Mi mise una mano sulla spalla e mi guardò dritto in faccia. Poi si girò bruscamente.

«Ma guai a te se te la scopi».

Mi occorsero alcuni secondi per capire. Istintivamente arretrai di mezzo passo. «Non volevo...»

«Non sono un pazzo». Romanov continuava a non guardarmi. «Il futuro è una faccenda che lascio a voi giovani. Ma fintanto che sono vivo non voglio che mi tradisca. Solo un paio di anni fa avrei potuto provvedere da solo... So bene come si tiene legata a sé una donna. Ma adesso... Mi prometta che non la toccherà».

Io tacevo. Fissai prima le armi, poi lui.

«Me lo prometta, Jules!»

Romanov mi guardò di nuovo, nel suo sguardo brillò per un attimo un'espressione da predatore e i suoi occhi solitamente tanto amichevoli mi fissarono spietati.

*

A giugno erano cinque mesi che mi trovavo lì in montagna. Per non dare fondo ai risparmi, incaricai Liz di subaffittare il mio appartamento di Berlino. Quanto mi sembra lontano tutto ciò, pensai, mentre mi recavo con Alva al piccolo lago gelido. Uscimmo dall'acqua battendo i denti e ci stendemmo sui teli, per asciugarci al sole. Profumo d'erba, cielo azzurro, senza una nuvola. Per un po' osservammo un parapendio in lontananza, che calava volteggiando giù per la valle. Io ero disteso sulla schiena, Alva sulla pancia. Lei faceva ballare in continuazione le gambe e ogni volta mi dava volutamente un colpetto con le dita del piede sullo stinco sinistro.

«Ti diverte farlo?» le chiesi.

«Un pochino... Ma nel frattempo tu hai letto *Il cuore è un cacciatore solitario*?»

«Sì, ancora ai tempi di scuola. Mi ha veramente toccato, ti avevo anche scritto una lettera».

«Strano» fece lei. «Non ho mai ricevuto una lettera da te».

«La trovavo troppo sdolcinata, per cui alla fine non te l'ho data».

«Ce l'hai ancora?»

«No».

«Sei un bugiardo, Jules. Scommetto che ce l'hai».

Una cedronella volò sull'erba e si fermò proprio davanti a me.

«Mi piacerebbe leggere qualcosa di tuo».

«Ancora non ho abbastanza materiale».

«Che fate voi due tutto il tempo? Vi sento sempre parlare».

«Più che altro parliamo di te».

Di nuovo le sue dita del piede colpirono il mio stinco, stavolta a mo' di lieve ammonizione.

«E Sasha come va?»

«Difficile dirlo». Riflettei su come formulare la frase. «Hai notato quant'è distratto negli ultimi tempi? Ho l'impressione che stia peggiorando, anche solo rispetto a due settimane fa».

«Lo so» disse Alva con una voce spenta che sembrava provenire da molto lontano.

«E tutto ciò cosa sta a significare?»

Non rispose. Era la domanda a cui nessuno di noi tre sapeva rispondere.

Mentre io procedevo spedito e lavoravo a due novelle, Romanov avanzava a fatica. A volte mi leggeva qualche frase o chiedeva la mia opinione. Ma altre volte stava semplicemente a guardarmi mentre scrivevo. «*Tac tac tac*» ripeteva allora, tra il divertito e il depresso. Non era importante che fosse lui il migliore: non avrebbe mai più scritto con l'entusiasmo e l'irruenza che avevo io.

«Dopo ci guardiamo un film?» propose Alva.

«Solo se non piangi».

«Non piango di sicuro».

Lo diceva sempre. Poi però piangeva. Alle scene melodrammatiche le venivano immancabilmente le lacrime agli occhi, persino i colpi di scena più scontati la commuovevano oltre ogni dire, come per esempio quando una coppia alla fine, nonostante tutto, tornava insieme, o un vecchio calciatore ferito all'ultimo minuto cambiava trionfalmente le sorti di una partita. Se ne vergognava, e a me piaceva prenderla in giro.

«Occhio, stanno per baciarsi» dicevo. «Vuoi guardare da un'altra parte?»

Quello che nel frattempo avevo imparato ad apprezzare in Alva era la meticolosità. Pareva che la parola fosse stata inventata per lei. Era meticolosa nello svasare le sue piante, nel formulare un pensiero, nell'accarezzare teneramente il marito sulla nuca, nello scrivere una lettera o nell'apparecchiare la tavola, dove piazzava sempre posate, piatti e bicchieri al loro posto esatto. Come se non volesse lasciare più niente al caso.

La sera, sul presto, mi avviai verso lo studio di Romanov con i miei appunti. Già da lontano sentii della musica. Occhieggiai dallo spiraglio della porta. Romanov era seduto al piano, Alva accanto a lui, su una seggiola. Lui le stava sussurrando qualcosa che la faceva ridere. Si baciarono, non troppo appassionatamente, poi Romanov riprese a suonare. Le sue dita danzavano con eleganza sui tasti, ma d'un tratto si sbagliò. Tentò più volte di riagganciarsi alla melodia, senza riuscirci. Le note non gli tornavano più in mente. Alla fine chiuse il coperchio del pianoforte. Alva disse qualcosa in russo, poi gli appoggiò la testa sul petto e Romanov le accarezzò i capelli. Il ricordo dello sguardo chino di lui non mi ha più abbandonato.

Quella notte Alva sparì di nuovo per qualche ora, e ritornò nello chalet solo sul far del giorno.

*

Non sapevo bene come si sarebbero comportati i miei fratelli con Alva, ma già alla stazione la salutarono con un abbraccio. Liz e Marty sarebbero rimasti per il weekend. Salimmo insieme in paese. Alva prendeva i tornanti quasi con eccessiva prudenza, e io non potei fare a meno di pensare al modo in cui guidava in gioventù.

«Qui è come nella Terra di Mezzo, solo senza hobbit». Marty osservava affascinato le nuvole venate d'oro nel cielo della sera. Da qualche tempo soffriva di ernia del disco e stava seduto piuttosto rigido sul sedile accanto al guidatore.

«Qui andiamo persino a prendere il latte dal malgaro» disse Alva. «Abbiamo un contenitore da due litri e portiamo a casa il latte schiumante».

«Intendi dire che *io* porto a casa il latte» puntualizzai. «E io cucino per te da mesi».

«È un vero peccato che Jules non faccia più da mangiare» disse mio fratello. «Da piccolo stava sempre in cucina. A volte buttava fuori persino i nostri genitori, perché volevano mettere becco».

«Non lo sapevo» si meravigliò Alva. «Di recente gli ho chiesto se voleva cucinare e lui ha detto che non era capace».

Invece di rispondere guardai i miei fratelli. «Il marito di Alva è molto contento della vostra visita».

«Ho guardato su Google» disse Marty. «America, Paesi Bassi, Russia, Svizzera. Ha avuto una vita movimentata. Quanti anni ha?»

«Sessantasette».

Lo sguardo di Marty si spostò da me ad Alva. Era al volante e sapeva che tutti in macchina stavano avendo lo stesso pensiero, ma non le importava niente.

«Io la trovo una cosa fantastica» esordì mia sorella. «Quando ero una teenager, ho sempre desiderato avere un uomo molto più vecchio».

«Ossignore, lo so» disse Marty. «In quel periodo hai avuto una storia di qualche mese con un trentaseienne, e anche il tuo bizzarro fidanzato aveva quasi vent'anni più di te. Per di più non ha mai scambiato una parola con noi».

«Mio fratello è meglio che stia zitto» disse Liz, rivolta ad Alva. «Sta da cent'anni sempre con la stessa donna. L'unica che se lo sia preso».

Marty si baciò la fede e assunse un'aria di superiorità.

Con un sonoro scricchiolio l'auto si fermò sulla piazzola ricoperta di ghiaia. Romanov ci osservava dal balcone come un cacciatore la preda dalla sua postazione sopraelevata. Vero è che salutò i miei fratelli con dichiarata cortesia, ma poi sparì al piano di sopra e fino a cena non si fece più vedere.

«Non è più abituato ad avere ospiti». Alva era in cucina e affettava una cipolla. «Perché non hai mai detto che ti piace cucinare? Sarebbe bello se tu una volta mi facessi trovare pronto in tavola».

«Se un paio di cose fossero andate in maniera diversa, avrei cucinato per te».

«Ah sì? E quando?»

«Alla fine della scuola. Ti avevo chiesto se volevi dividere con me un appartamento a Monaco, avremmo dovuto parlarne la sera, a cena. Avevo fatto la spesa, ero convinto che, se tu avessi assaggiato le mie farfalle con il ragù, avresti scordato i tuoi piani di fuga all'estero».

Lei sorrise. «È vero, mi ricordo. Ma perché poi la cena non c'è più stata?»

La guardai, esterrefatto, e all'improvviso il suo sorriso sparì, il silenzio calò in cucina. Sulla sua fronte comparvero di nuovo le due rughe. Girava il risotto, in silenzio, visibilmente tesa. Alla fine appoggiò il cucchiaio di legno. «Mi dispiace».

«Non ha più importanza».

«Una volta cucini per me?»

La scrutai per un attimo. Poi annuii.

A cena Romanov sedeva a capotavola, come pietrificato, incapace di relazionarsi con gli inusuali ospiti. Indossava una camicia nera con una giacca grigia, il suo aspetto era sempre irreprensibile. Ma, a differenza del giorno in cui l'avevo conosciuto, rimase quasi sempre zitto.

Marty raccontò del suo esame di libera docenza e di

Elena, che stava per aprire uno studio di psicoanalista a Monaco. Liz invece accennò soltanto al suo lavoro o alla sua vita di ogni giorno. Aveva l'aria inquieta, come se non vedesse l'ora di fuggire. L'animale selvaggio in mia sorella, che aveva dormicchiato in pace per anni, era tornato ad agitarsi. Si leccava le zampe e iniziava a fare avanti e indietro nella gabbia.

Quando più tardi ci accomodammo in soggiorno, Romanov lentamente si rianimò. Non ricordo più cosa raccontò all'inizio, soltanto che parlò della sua prima moglie, figlia di un industriale di Zurigo ricco sfondato. Per festeggiare l'uscita di *L'intangibilità dell'anima* aveva dato un ricevimento in un ristorante storico, la Kronenhalle, e l'aveva conosciuta al bar.

«La sua morte, disgraziatamente, è stata molto prematura» disse. «Ho sempre pensato che quella sciagura avrebbe segnato per sempre la mia vita. Sono andato in Russia, pronto a ritirarmi. Ma poi il buon Dio è stato di nuovo generoso con me».

Romanov levò il calice per brindare ad Alva. Io sapevo che per lui la storia del buon Dio era una cosa seria, mi teneva sempre grandi concioni sul fatto che solo i pazzi non credono.

Si versò ancora del vino e attaccò a raccontare, saltando di aneddoto in aneddoto, convinto di divertirci, ma quella sera mi resi conto che non era lui a tenere in pugno le storie, bensì le storie lui. Il suo cervello lavorava indefessamente, apriva tutti i possibili cassetti. Mi accorsi che Alva ne soffriva, anche se cercava di non darlo a vedere.

Poi Romanov si interruppe nel bel mezzo di una frase e fissò i miei fratelli. Dal suo sguardo traspariva l'incertezza e per un momento sembrò che non sapesse più chi aveva davanti. Una pausa interminabile. Infine sorrise e, con una padronanza stupefacente, chiese a Liz e a Marty se era la prima volta che venivano da quelle parti e se le trovavano di loro gradimento. Domanda generica, che avrebbe potuto porre a qualsiasi nuovo ospite, e che io ormai sapevo riconoscere come uno dei suoi modi di camuffarsi. Poco dopo Alva lo portò di sopra.

In soggiorno calò un silenzio imbarazzato. Marty aggrottò la fronte, ma non disse niente.

Liz si accese una sigaretta. «Ha il suo fascino». Rifletté. «Da giovane deve essere stato bellissimo».

«Ha l'aria di essere un po'...» Marty esitò. «confuso. Non tutta la sera, ma a intermittenza. Come prende la cosa, Alva?»

«È sfinita. Ma non ne vuole parlare con me, non mi ha nemmeno detto che cos'ha di preciso. Presumo l'Alzheimer, ma non ne sono certo».

«E tu come la prendi?» Liz mi guardò. «Alla lunga ci stiamo preoccupando, ci chiediamo che cosa ci fai qui. Voglio dire, come stanno le cose con Alva, siete...»

Scossi il capo.

Liz alzò gli occhi al cielo. «Mio caro Jules, in fondo sei veramente uno degli uomini più romantici che io conosca. E di certo non è facile vedersela con suo marito». Scrollò un lungo accumulo di cenere dalla sigaretta. «Maledizione, però, da quant'è che te ne stai qui sui bricchi? Sono mesi!»

Scricchiolio sulle scale. Alva rientrò, prese un bicchiere di vino e ci fece un cenno con il capo. «È bello che tu abbia dei fratelli» disse, rivolta a me.

«È bello che il mio fratellino abbia una donna» disse Liz.

Le lanciai un'occhiataccia e, al tempo stesso, mi arrabbiai per non essere riuscito a vedere che faccia avesse fatto Alva.

Era una delle prime serate miti d'estate, ci sedemmo in veranda. Marty si stese sul pavimento, per via della sua ernia del disco. La valle davanti a noi era avvolta dalle tenebre, sulle pendici della montagna dirimpetto qualcuno stava facendo un grande falò.

«Peccato che Toni non sia potuto venire» dissi io, guardando mia sorella. «Gli hai già spezzato il cuore con un nuovo amore, o sta per succedere?»

«Mi sa che ci siamo». Liz fece un gesto come per scusarsi.

Mio fratello si rivolse ad Alva. «Sai, siamo i fratelli più solitari del mondo», disse, sdraiato sulla schiena. «Ci spartiamo in tre un unico amico del cuore. *Best-friend-sharing* lo chiamo a volte, si potrebbe quasi fondare un'agenzia che noleggi Toni a gente come noi. In cambio di una retribuzione mensile potrebbe diventare anche amico tuo».

«Almeno voi avete sempre avuto qualcuno» commentò Alva. «Il mio, di migliore amico, l'ho perso per quasi quindici anni».

Non ricambiò la mia occhiata.

Ero felice che i miei fratelli se la intendessero così bene con Alva e che la trovassero simpatica. Quando Liz chiese se anche lei avesse dei fratelli, Alva rimase un attimo in silenzio ma, dopo una breve esitazione, raccontò di Phine, che forse era ancora viva da qualche parte o forse era morta, e con mio grande sollievo il fatto di parlarne parve darle sollievo.

Il grigio tenue dell'alba si schiarì. Non avevo memoria di molte altre occasioni in cui avevo condiviso con altri il sorgere del sole. Un paio di volte in collegio, poi a Montpellier con Liz e Marty. Era come se nella luminosità mattutina venisse a galla la vera natura delle persone, come se non esistesse più alcun travisamento. E dunque ce ne stavamo lì in quattro a chiacchierare e a osservare i primi raggi di sole colpire le cime dei monti.

*

Quando Marty e Liz furono partiti, all'improvviso lo chalet sembrò vuoto e troppo grande. Se all'inizio era il trambusto che avevano arrecato a disorientarci, ora era il silenzio che avevano lasciato. Romanov era ancora in grado di parlare con lucidità, ma capitava che non fosse più capace di affrontare nessi astratti di ampio respiro, dilungandosi invece in mille dettagli inutili. Inoltre metteva sempre più spesso le sue cose fuori posto. A volte trovavo dei libri nell'armadietto del bagno o una tazza nella scarpiera di fronte al guardaroba.

Una sera ero con Alva in soggiorno, giocavamo a Scarabeo. L'ambiente era illuminato solo da una candela fumosa e da una piccola lampada. Fuori cadeva una pioggia sottile, inframmezzata dal perenne tintinnio dei campanacci delle mucche. Alva era seduta nella posizione del loto sulla poltrona. Stava per comporre una parola, quando di sopra udimmo i passi di Romanov.

All'improvviso lei sbatté sul tabellone le lettere che aveva in mano.

«NON CE LA FACCIO PIÙ!» gridò. «Non posso andare avanti così. Sta impazzendo, Jules». Si alzò. «Non c'entra più niente con l'uomo che ho conosciuto. A volte ho la sensazione di vivere con un estraneo».

Le labbra le tremavano. «Ogni giorno perde un pezzo di se stesso. Ogni giorno dimentica qualcosa di me. Di tanto in tanto torna a sembrare del tutto normale, ma io so che dentro sta sparendo».

«Non potresti parlarne con lui? Aiutarlo?»

«Sasha non vuole. E poi, comunque, non esiste un aiuto». Lasciò che quelle parole dispiegassero il loro potenziale.

Poi sospirò. «Ho bisogno di bere qualcosa».

Prese dalla dispensa una bottiglia di Scotch. Scolammo diversi bicchieri senza mai essere davvero ubriachi. Ci sedemmo intontiti sul piano di lavoro, in cucina, vicino al frigorifero.

«Come è successo?» Indicai le cicatrici sottili sotto l'orecchio di Alva.

«È stato nei miei primi anni in Russia, molto prima che conoscessi Sasha». Parlava a bassa voce, non rivolta a me. «Allora vivevo ancora a Mosca e la mia vita somigliava a un incubo. Ero a tutti gli effetti una straniera e ho incontrato la gente sbagliata. Mi sono lasciata trascinare sempre di più a fare cose che non andrebbero fatte».

«Che cose?»

«Non mi va di essere più precisa». Fece un gesto di diniego. «È passato tanto di quel tempo. Alla fine ci ho dato un taglio. Mio padre mi ha mandato dei soldi e io sono andata a San Pietroburgo».

Era raro che Alva parlasse degli anni a Mosca, e a volte avevo l'impressione che in lei si fosse spezzato qualcosa, allora, o che una parte di lei fosse rimasta in quell'oscurità. Avrei voluto esserle stato vicino per impedirlo.

«Che cosa fai quando esci di notte?»

«Niente. Cammino soltanto, mi piace stare da sola a quell'ora e prendere di petto le cose a cui di solito non voglio pensare». Mi diede un'occhiata e poi disse: «Ho iniziato perché ero certa che una notte non sarei più tornata da qualche giro. Che sarei semplicemente scomparsa. Questo pensiero mi dava ogni volta una sensazione di sconfinata libertà».

«Volevi ucciderti?»

«Non è questo che ho detto. E finora, come vedi, sono sempre tornata». In tono più conciliante: «A volte penso di farlo solo per abitudine. È una cosa un po' stramba, lo so».

Scolò il bicchiere tutto d'un fiato. Poi mi guardò con occhi vuoti. «Jules, voglio che tu te ne vada. Sarebbe meglio già domani mattina».

Non credevo alle mie orecchie.

Solo in quel momento l'alcol mi fece violentemente effetto: mi sentii paralizzato, stanco, incapace di reagire adeguatamente o di reggere il suo sguardo.

«Non mi va di andare avanti così con te» sentii che diceva. «So bene cosa aspetta Sasha, ormai è lampante, e non voglio che tu ne venga coinvolto. Dovresti lasciarci, è meglio. È mio marito, l'uomo che si sta spegnendo. È mia, questa incombenza».

Stavo lì come sotto narcosi. Immaginavo di abbandonare lo chalet, il mattino dopo, con la mia borsa. Lasciandomi alle spalle Alva e il marito per andare incontro, come frequentemente nella mia vita, a una libertà inutile.

'È mio marito, l'uomo che si sta spegnendo.'

All'improvviso in tutto quello che aveva detto sentii riecheggiare, in un bisbiglio, l'eterno ritornello della sua adolescenza: «Non sono all'altezza».

Mi rividi davanti l'Alva undicenne che veniva a farmi visita, timida, nella mia stanza in collegio e passava in rassegna le mie cose. Poi l'irraggiungibile diciannovenne, che si odiava al punto da non lasciarmi alcuno spazio. La venticinquenne che non avevo mai conosciuto, fresca di innamoramento e probabilmente felice. La dolce trentenne sposata che mi aveva accompagnato al treno, a Monaco. E ora era lì, accanto a me, anni dopo, con tutte le sue ferite e paure, incapace di prendere le giuste decisioni.

Il frigorifero ronzava, fuori tambureggiava la pioggia. Il mio respiro si fece più rapido, quando poggiai la mano sulla guancia di Alva e le girai la faccia verso di me. Sussultò, il suo corpo si irrigidì.

Parve voler dire qualcosa, sentii l'impercettibile suono della sua lingua che si staccava dal palato. In quel momento la baciai sulla bocca. Avvertii la sua sorpresa, anche la sua titubanza. Poi ricambiò il bacio.

*

Il mattino dopo, appena passate le sei, mi svegliai nella mia camera. Infilai le scarpe da corsa e uscii. Gocce di pioggia cadevano dalle foglie degli alberi, banchi di nebbia ricoprivano il paesaggio e nella valle si addensava una foschia lattiginosa. Una visione da saga. Poi lentamente sbucò il sole. Per un momento mi sentii di nuovo come a vent'anni e scattai nella corsa.

Sulle prime Romanov non notò il cambiamento che avveniva sotto il suo naso. Era troppo preso da se stesso e dalla sua mente che svaniva. Alva dormiva come sempre nel suo letto, e davanti a lui evitavamo ogni manifestazione di tenerezza.

«Jules, ha l'aria felice» disse comunque un giorno, seduto al suo scrittoio. «È da tutta la settimana che batte calmo e soddisfatto sui tasti. A che cosa sta lavorando al momento?»

«Sempre alle due novelle. La prima ha per argomento un uomo sposato che perde il controllo sui suoi sogni. Non sogna ogni notte un sogno diverso, bensì sempre e solo lo stesso. Sogna un'altra vita, altre persone, un altro lavoro e un'altra moglie, da lui ugualmente amata. Ben presto le due realtà acquistano pari forza. Quando la moglie del sogno muore, la cosa ha un effetto potente sulla realtà».

Avevo intitolato il racconto, ambientato durante la Prima guerra mondiale, *Un'altra vita*. Alla fine il protagonista veniva chiamato alle armi, mentre nei suoi sogni viveva in campagna, in pace.

Romanov afferrò il suo bastone e si avvicinò al mio scrittoio, gli occhiali sul naso. Lesse alcune righe. Alla fine posò una mano sulla mia spalla, cosa che interpretai come un complimento, o un incoraggiamento. Gli illustrai anche la seconda novella. Ricordava un po' *Il curioso caso di Benjamin Button* di Fitzgerald, in cui il protagonista invecchia all'incontrario, e trattava di un uomo per il quale il tempo passava più in fretta. Se qualcuno parlava con lui per pochi minuti, in realtà era trascorsa già mezz'ora. Se una donna usciva con lui per quelle che a lei parevano tre ore, in verità ne erano trascorse già sette. Talvolta anche dodici. L'uomo era rimasto solo per tutta la vita. La gente lo evitava, non appena veniva a conoscenza del suo segreto, e lui era in cerca di una persona che volesse comunque invecchiare in sua compagnia, perché anche pochi anni e pochi ricordi con lei sarebbero stati più preziosi di un'intera vita senza.

Quel giorno ero pieno di ottimismo: andai a prendere il latte, risciacquai il contenitore e feci il bucato. Sul tardo pomeriggio aprii fischiettando la porta della cantina e sussultai dallo spavento. Romanov, solo, era in piedi in mezzo alla stanza e parlottava inquieto tra sé. Quando notò la mia presenza si azzittì e mi squadrò.

«Che ore sono?» chiese.

«Un quarto alle sette».

Quell'informazione parve turbarlo, più che calmarlo.

«Un quarto alle sette di sera» aggiunsi.

«E che ci faccio io qui?»

L'occhio mi cadde sull'armadio portafucili. «Ha alzato la temperatura. Fa freddo in casa».

Romanov parve riflettere. Poi annuì. «Giusto. Ecco perché». Mi lanciò un'occhiata amichevole e si avvicinò al termostato.

Lavorai ancora per qualche giorno alle due stesure, poi le diedi ad Alva da leggere. Per essere delle novelle erano piuttosto lunghe, e non ancora del tutto finite. Ma a contare non erano tanto le storie in sé, quanto lo sguardo sul mio io più segreto. C'erano cose che non potevo dire, bensì solo scrivere. Perché quando parlavo pensavo, mentre scrivendo sentivo.

Eravamo sul mio letto. Alva mordeva una mela e leggeva avidamente. Io la guardavo, teso. Una volta scoppiò a ridere e allora mi sentii come su una strada, di notte, quando all'improvviso si accendono tutti i lampioni. A un certo punto mi addormentai. Nel cuore della notte tornai in me per un attimo, Alva leggeva ancora al mio fianco, sembrava provata e disse che il testo la coinvolgeva molto. Feci in tempo a vederla prendere la bottiglia dell'acqua e bere un sorso, poi chiusi gli occhi.

Qualche ora dopo mi svegliai di nuovo. Benché fuori già facesse chiaro, dovevano essere le prime ore del mattino.

«Oh, finalmente!» Alva, in biancheria intima, mi sedeva in grembo e faceva correre le dita intorno al mio ombelico. Aveva raccolto i capelli rossi in una treccia e non aveva gli occhiali. Devo averle rivolto uno sguardo interrogativo, perché mi indicò i due racconti, impilati alla rinfusa sul comodino, con evidenti tracce di lettura. E poi, un attimo prima di avventarsi addosso a me, disse quattro magiche parole, che ancora mi risuonano nell'orecchio: «Jules, sono veramente belli».

*

Ero nello studio, di pomeriggio. Romanov non faceva neanche più lo sforzo di scrivere, si limitava a fissarmi costantemente.

«Tutto a posto?» gli chiesi.

Lui annuì con aria assente e si alzò. D'un tratto si portò le mani al petto. «Una fitta» disse con voce rotta.

Pronto al peggio, corsi da lui. Una presa energica, e all'improvviso la mia testa si ritrovò placcata sotto il braccio di Romanov, senza che potessi rendermi conto di come fosse successo. Mi scaraventò il cranio contro lo scrittoio, e lo picchiò una seconda volta contro la tastiera della Olivetti. Finalmente riuscii a liberarmi dalla morsa, e mi arrivò una manata in piena faccia. Dopodiché si sedette ansante sulla sua poltrona.

Ero talmente scioccato da quell'aggressione che mi sedetti a mia volta al mio posto. La testa mi martellava. In bocca avevo il sapore metallico del sangue.

«Crede che io non mi accorga se qualcuno si scopa mia moglie?» lo sentii dire. «Sono vecchio, ma non cieco. Cosa si crede di essere? Casanova, un seduttore impareggiabile? I vecchi dormono male. Mi sveglio ogni mattina alle cinque e, da quando vivo qui con Alva, vado da lei a quell'ora per guardarla mentre dorme nel suo letto. Stanotte non c'era. E non era nemmeno uscita per una delle sue passeggiate. Era da lei».

Mi tastai con la lingua le ferite al labbro e tacqui.

«Le ho chiesto il favore di aspettare a toccarla dopo la mia morte. Era un favore».

«Era una minaccia».

Romanov faceva andare in continuazione le mascelle. «Lei ha rapinato il mendicante che agonizza, lei non ha neanche aspettato che fosse morto...»

Prese a parlare in russo tra sé, le sue parole avevano un suono amaro. Potevo immaginare cosa stesse dicendo. Era come una clessidra capovolta, in cui di secondo in secondo, senza che potesse impedirlo, cadeva sempre più sabbia dal suo bulbo al mio.

Mi avvicinai lentamente a lui. «È da quando ho undici anni che Alva è la persona più importante della mia vita. Non potevo certo...» Istintivamente decisi di non raccontargli che Alva voleva mandarmi via. «Mi dispiace, Aleksandr» mi limitai a dire. «Mi dispiace molto. Ma la faccenda non riguarda solo noi due, riguarda anche Alva. Quello che lei desidera».

Romanov non rispose, il suo sguardo mi scivolò addosso. Infine indicò il mio scrittoio. «Vorrei leggere le sue due storie».

«Non ha mai letto niente di mio. Magari non le piace, non la convince il mio stile».

«Lei va a letto con la donna che ama» disse con

voce spenta. «Tutto quello che scrive ora o è orribile, o è magnifico».

*

Tra Romanov e Alva c'era stata una lunga discussione, avevo sentito la voce di lei farsi energica. Tuttavia sembrava quasi del tutto incapace di affrontare il subdolo declino di lui. Dormiva male e si trascinava per casa con gli occhi cerchiati da occhiaie profonde. Avrei voluto poter fare qualcosa per Alva, qualsiasi cosa. Era come se ogni giorno temesse sempre più una decisione netta, al tempo stesso desiderandola ardentemente.

Brandelli di nebbia tra le cime degli alberi, cielo grigio sopra le montagne. Alla fine di ottobre cadde la prima neve, cosa che ci legò ancora di più alla casa. Vero è che ogni mattina facevo sempre il mio giro di corsa, ma l'aria gelida mi tagliava la faccia e il freddo mi strisciava nelle ossa.

Romanov mi aveva fatto sapere che gli piacevano entrambi i miei racconti, dopo di che non si era più espresso in merito. In compenso continuava a battere a macchina lentamente, ma indefessamente. Avevo l'impressione che, con il suo eterno ticchettio, volesse ricordarci senza sosta la sua esistenza.

Una volta stavamo facendo l'amore in camera mia, quando sentimmo di nuovo il suono lamentoso e ammonitorio della macchina da scrivere. Cercammo di ignorarlo, ma il *tac tac tac* non cessava e alla fine Alva mi spinse via. Sul punto di piangere, si vestì in silenzio e andò da lui.

Se Romanov ancora ce l'avesse con me, non posso dirlo. Una mattina tuttavia si era perso dabbasso, vicino alla strada, ed era caduto; quando lo avevo aiutato ad alzarsi mi aveva abbracciato, cosa che fino ad allora non aveva mai fatto.

Ormai si portava sempre dietro un libro di Nabokov. Ovunque andasse, ce l'aveva, solo una volta lo lasciò sul tavolo, in cucina. Feci per riportaglielo di sopra, quando notai un foglietto infilato tra le pagine. Mi saltò subito all'occhio il mio nome. Accanto c'erano – scarabocchi quasi illeggibili – una breve descrizione del mio aspetto e la parola 'amico'. Sotto: 'Alva, capelli rossi, occhiali, giovane. Mia moglie' insieme ad altre descrizioni, del suo studio o della sua camera da letto, alla sua data di nascita e, in grande: 'Svizzera, 2006'. Ma le due parole che più mi fecero rabbrividire furono quelle scarabocchiate sul margine destro:

1. Scrivere
2. Cantina

Gli portai su, al primo piano, il libro *Parla, ricordo* e il foglietto. Romanov li prese entrambi senza una parola. Temevo di parlare con una persona in preda alla confusione mentale, invece capì al volo. Fu l'ultima conversazione intelligibile che ebbi con lui.

«Come certamente non le sarà sfuggito, sono malato» disse, seduto sulla poltrona dietro la sua scrivania. «Mia moglie all'inizio pensava che fosse l'operazione alla prostata ad avermi cambiato la vita, invece è stato il check up generale fatto in precedenza. Alzheimer, allora ancora allo stato iniziale. Sulle prime ho tentato di tenerglielo nascosto, ma lei se n'è accorta subito».

Chinò il mento. «La mia testa non funziona più, lo vedo anch'io. Ho voluto venire qui, in montagna, perché in città mi sentivo sovraffaticato. All'inizio amici e conoscenti venivano a trovarci, ma io voglio starmene in pace. Quassù ci sono meno cose che devo tenere a mente. Me stesso, mia moglie, lei, questa stanza, il mio libro. Ma il mio senno se ne va sempre più in fretta».

«Perché non si fa aiutare? Potremmo richiedere l'assistenza a domicilio».

«Ne ho parlato con Alva. Non voglio saperne: i continui controlli medici, i farmaci, gli esercizi di memoria. La mia terapia è scrivere». Si girò. «E non voglio nemmeno che sia Alva a doversi occupare di me. Voglio che mia moglie sia libera».

«Meglio una clinica, quindi?»

«Non capisce». Romanov faceva una pausa dopo ogni frase e soppesava ogni parola. «Mia madre si è ammalata di demenza molto precocemente, è morta in una casa di cura. Alla fine era un povero essere che farfugliava e sbavava, felice se poteva vedere uno spettacolo di marionette. Eppure mia madre era una scrittrice, un'intellettuale di grande acume. Ma non è stata in grado di uscire di scena, di reagire per tempo. Io ho davanti ancora un paio di settimane per poter decidere in autonomia della mia vita. So di non essere più molto lontano dal momento in cui il mio cervello andrà definitivamente in pappa e io non sarò più padrone di me stesso. A quel punto non potrò più portare a termine le cose nella maniera giusta, potrò solo vegetare in un ricovero».

Aprì un cassetto. «Prima però devo ancora sistemare un paio di faccende. Questa...» – tirò fuori una grossa busta – «è per lei. La legga dopo la mia morte. Non prima».

La presi esitando. «Perché mi dice queste cose? Perché dovrebbe fidarsi ancora di me?»

«Perché lei è in debito nei miei confronti, Jules». Romanov inspirò ed espirò profondamente. Allungò una mano, mi afferrò per un braccio. «Negli ultimi tempi rivedo con chiarezza la mia infanzia. Inverni freddi, una cena in America, discussioni con i miei genitori dimenticate da un pezzo. Tutti questi istanti riaffiorano, mi perseguitano». Si massaggiò la nuca. «Ora mi tocca uscire di scena, capisce cosa significa? Sapere che la propria vita è agli sgoccioli? Dire addio forzatamente alla ragione, perché ti sta lasciando e non tornerà più?»

Scosse il capo. «Ricordo bene quando avevo la sua età, quando avevo tutta la vita davanti e sapevo tener testa alla morte. Invece ora me ne sto qui, in una biblioteca che brucia, e non posso salvare niente».

La bocca prese a tremargli.

«Mi lasci sistemare le mie faccende» aggiunse in un soffio. «Ancora non posso uscire di scena. Ma lo farò al momento giusto».

*

Quando, nelle settimane seguenti, Alva cercava di parlarmi del futuro del marito, io sdrammatizzavo sempre. Volevo dargli tempo, gli lavavo la biancheria, sbrigavo varie incombenze e davo una mano a entrambi, per quanto mi era possibile. Romanov era sempre andato orgoglioso di essere ampiamente in grado di occuparsi di tutto da solo, ma ora persino vestirsi era diventato un problema, tanto che spesso doveva farsi aiutare da Alva.

Non di rado faceva progetti che riguardavano il passato. Una sera propose di andare in America a trovare suo fratello, che era morto da un pezzo. Quando vide i nostri sguardi e capì il suo errore, fece una smorfia. «Non è vero, non può essere» mormorò tra sé.

Inediti e inquietanti erano anche i suoi attacchi di rabbia.

«Non ho bisogno di te!» gridò una volta ad Alva, davanti ai miei occhi, e prima che io potessi intervenire, la sballottò violentemente di qua e di là. «Me la cavo da solo!»

Alva non si difendeva. Io mi frapposi e lo immobilizzai. Romanov cercò di ribellarsi e gridò qualcosa in russo, che io non capii. Ci volle un bel po' prima che riuscissimo a calmarlo, ma già a distanza di pochi minuti sembrò aver dimenticato l'episodio e prese con tenerezza la mano di Alva.

Quando più tardi ci ritrovammo tutti insieme a pranzo, Alva annunciò che non si poteva andare avanti così. Nel suo discorso tralasciò per delicatezza alcuni passaggi, per risparmiarmi determinati dettagli del declino di suo marito.

«Potremmo chiamare qualcuno che si occupi di te» disse.

Romanov non rispose. Per paura di fare errori, ormai non parlava quasi più e aveva rinunciato persino alla lettura mattutina del giornale. Soltanto nel mangiare era pienamente se stesso: lo osservai tagliare un pezzo di carne, aspirarne l'aroma speziato, metterselo in bocca e masticare chiudendo gli occhi voluttuosamente.

«In modo da renderti la vita più facile» riprese Alva. «A te e a noi».

Romanov teneva gli occhi fissi sul piatto. «Niente assistenza a domicilio» disse. «Io non voglio nessuno qui».

Attirò a sé la mano di Alva e la baciò, poi si alzò e si trascinò nello studio. Dalla sala da pranzo lo sentimmo, di sopra, picchiare, lento e testardo, sui tasti della sua macchina da scrivere. Erano fioriture di angoscia. Avevo frugato nel suo cestino della carta straccia, pareva ormai incapace di scrivere alcunché di ragionevole, si trattava piuttosto di liste di nomi o di appunti criptici:

Monday rain...
Alla sera, un giocatore. Andate se lui resta.
Alla fine non decisivo
quello che si è voluto.
Ma la questione è aperta.

E con la medesima, cocciuta superbia con cui continuava a sedersi davanti alla sua macchina da scrivere, rifiutava l'aiuto di Alva. Ogni giorno litigi e scambi di accuse, finché, dopo essersi smarrito di nuovo per strada e preso un'infreddatura, Alva disse che la cosa migliore sarebbe stata farlo ricoverare dopo Natale in una casa di cura privata, il *Christianstift* di Zurigo. Aveva segnalato la situazione al direttore, ricevendo immediatamente conferma della disponibilità di un posto.

Romanov, a quell'annuncio, non aveva mostrato alcun turbamento emotivo, ma io lo sorprendevo spesso mentre guardava lontano, rimuginando.

E poi venne il 17 dicembre, il giorno in cui avrebbe festeggiato il compleanno zia Helene. «Esattamente una settimana prima di Natale» diceva sempre, visto che spesso, da bambini, ce ne dimenticavamo. «È facilissimo da ricordare».

Per tutta la mattina mi sentii oppresso da una singolare irrequietezza. C'era qualcosa di diverso, quel giorno, ma che cosa? Alva era in città, io telefonai ai miei fratelli. Li avevo invitati da noi per le feste di Natale, due mesi prima, ma ora dovevo disdire. Liz disse che avrebbe festeggiato con Toni, da nostro fratello, a Monaco. Replicai che, se solo fosse stato possibile, avrei fatto una capatina anch'io.

«Fuggi da quel buco» disse mia sorella, prima di riattaccare.

Mi avvicinai alla finestra. Orto e prato erano spariti, davanti a me la valle coperta di neve. Nello chalet regnava una calma assoluta. E allora capii cosa mancava. Il rumore della macchina da scrivere di Romanov, di sopra.

*

Corsi nello studio: vuoto. Pochi secondi e spalancai la porta della cantina, ed ecco davanti a me Romanov, con il cesto della biancheria in mano, le guance ceree, pallide, il mento disseminato di spuntoni di barba grigi. Gli occorse qualche istante per riconoscermi. Con mio grande sollievo mi chiamò per nome.

«Jules, devi aiutarmi» disse in tono amichevole, tornando all'improvviso a darmi del tu. Tirò fuori dalla tasca dei pantaloni un foglio piegato in quattro, su cui era scritta una sola parola: 'cantina'.

«Cosa volevo fare qui dabbasso?»

Pensai ad Alva, che era in città a fare spese e a

incontrare il direttore della casa di cura, per prendere accordi sul da farsi. Nel frattempo io ero lì con suo marito, che voleva sapere se stava per fare il bucato o per spararsi un colpo. Mi venne in mente il foglietto su cui, accanto alla descrizione del mio aspetto, aveva scritto 'amico'. Le tempie mi martellavano mentre mi avvicinavo alla rivoltella preferita di suo padre e ne toccavo la canna di metallo pesante.

Misi l'arma in mano a Romanov.

Anche a distanza di anni avrei rivisto con estrema chiarezza quella scena in cantina, e persino oggi me la sogno ancora.

«La Browning» disse lui, subito.

«Ricorda suo padre?»

«Certo».

«Ricorda anche come è morto?»

«Si è sparato. Che tu ci creda o meno, con questa arma. Una volta la usavo spesso per cacciare. Anche mio padre era un appassionato cacciatore».

Romanov fissava assorto l'arma. Poi l'espressione del suo volto cambiò. Vidi il panico e la paura impadronirsi di lui. La sua bocca si contrasse e le mani iniziarono a tremare.

«O Dio mio, adesso so perché sono qui» sussurrò.

Quella evidenza lo sconvolse. Mi guardò con gli occhi sbarrati e io mi resi conto che forse era l'ultimo momento in cui aveva ancora il controllo sulle proprie azioni. Più oltre c'era solo la vastità della follia.

«Faccio la cosa giusta?» chiese, sempre con l'arma in pugno. «Dimmi, Jules, faccio la cosa giusta?»

«Sua moglie è in città». Avevo la bocca secca. «Ha un appuntamento con il direttore di una casa di cura. Lei non...»

Romanov mi fissava con aria interrogativa.
«... non vuole finire in una clinica» conclusi. «Non vuole finire come sua madre. Capisce?»
Era palpabile il suo sforzo disperato di rintracciare quei ricordi.
«No, non voglio» disse alla fine.
Io mi avvicinai. «Lei sa uscire di scena? Aleksandr, sa uscire di scena?»
Romanov sembrava non ascoltarmi. «Mia madre alla fine era in una situazione assurda» disse, in un tono quasi puerile. «Era come un animale. Non sapeva più né chi era lei, né chi era suo figlio, e tanto meno chi era stata». Si avvicinò all'armadio e prese una scatola di munizioni, caricò l'arma. Una cartuccia cadde per terra, la raccolse a fatica.
«Devo riferire qualcosa a sua moglie? Le dirò che la ama».
Romanov non rispose. Accarezzò l'arma con mano tremante. Era evidente che aveva molta paura.
«Da ragazzo guardavo sempre gli uccelli migratori» disse. «Dove voleranno, pensavo. Dove voleranno?»
Una voce nella mia testa mi ordinò di strappargli di mano l'arma e di comporre il numero del pronto intervento. Invece abbracciai Romanov e uscii senza una parola dalla cantina.
Salii a tutta velocità in camera mia, presi la giacca e scesi per la ripa in direzione del fondovalle. Una volta scivolai, caddi nella neve. Mi tirai su e ripresi a correre. Aspettavo da un momento all'altro uno sparo, che non veniva. Mi immaginai Romanov, con la sua arma, in cantina, solo di fronte alla decisione se perdere la ragione o la vita. Ancora pochi momenti, gli ultimi, per congedarsi da tutto, poi sfruttare

quell'unico secondo di coraggio, resistere e uscire di scena.

Ero già sulla strada, quando sentii il colpo. Alcuni uccelli si alzarono in volo sbattendo le ali, agitati, poi il silenzio calò di nuovo sulla valle.

L'insorgere della paura
(2007- 2008)

Per il viaggio in Italia avevamo noleggiato un'auto. Poco prima di partire facemmo un'ultima capatina nel nostro nuovo appartamento. Le pareti imbiancate di fresco, il parquet lamato e lucidato; avevamo finito solo poche ore prima. Alva accennò a come l'avremmo arredato al nostro ritorno, e io non so se dipendesse dal fatto che avevo di nuovo una casa o che lei fosse incinta al sesto mese, ma d'un tratto mi vennero le lacrime agli occhi, dalla felicità. Imbarazzato, voltai la faccia.

Lasciammo Monaco in tarda serata e ci demmo il cambio alla guida. «Sai una cosa?» disse Alva, tambureggiando sul volante. «Riprenderò a studiare. Mi sono mancati lo studio, l'università, e non importa se sarò la più vecchia».

«Cosa? Letteratura?»

Veementi cenni di diniego con la testa. «Mi sono già occupata troppo di scrittori, adesso ho bisogno di qualcosa di mio, solo mio. Voglio fare qualcosa per il mio intelletto».

Gli occhi le brillarono dietro le lenti degli occhiali e, mentre le contemplavo il viso, la delicata pelle bianca, le nere ciglia sottili e il rosso deciso dei capelli, restai per un attimo sopraffatto dalla sua bellezza.

Parlammo delle nostre trasferte da ragazzi; verso laghi troppo lontani o festival. Euforico com'ero dissi qualcosa come: «Non è pazzesco che non ci siamo visti per tanti anni?»

Alva si strinse nelle spalle. «Quando andavamo a scuola pensavo che tra noi fosse troppo complicato. Solo in seguito mi sono resa conto che in realtà ti ho sempre amato» – stava cambiando corsia e non mi guardò – «ma a quel punto ero già in Russia. In quel periodo ti pensavo spesso, ma poi, non so quando, ho avuto solo voglia di dimenticarti».

«Ti mancavo, dunque?»

«Sì, a volte. Ma per lo più ero contenta di essermi liberata di te».

Sorrise. Le appoggiai la mano sulla pancia. Ancora non avevamo un nome per i gemelli. All'inizio, Alva voleva chiamare la bambina come la sorella, ma poi aveva cambiato idea. «E se Phine fosse ancora viva?» Cercando nomi avevo scoperto che 'Alva', nelle lingue scandinave, significa 'spirito dei boschi'. Mi piaceva. Alva era a guardia del bosco che io non avevo più abbandonato, dall'infanzia.

Davanti a noi decine di camion, puzza di benzina, luci di innumerevoli fari. Passammo il confine italiano, pregustando l'albergo sulla costiera amalfitana in cui avevamo programmato di restare due settimane. Ero io con i miei risparmi a finanziare il viaggio, ma non sarebbe stato necessario. Alva, dopo la morte di Romanov, aveva ereditato quella che per me era una somma spropositata, inoltre la vendita dello chalet e del terreno aveva fruttato quasi un milione di franchi svizzeri. Il denaro non era più un problema, che lo volessi o meno.

«Sei poi riuscito a chiamare l'editore?»
«Sì» dissi. «Il suo libro è inserito tra le uscite di primavera».
«Ce la fai?»
«Ho quasi finito».
L'ultima opera di Romanov – *La fuga del tempo* – era composta di cinque racconti. Tre li aveva depositati, mesi prima della sua morte, da un notaio di Lucerna, per proteggerli da se stesso. La prima storia aveva per protagonista un commesso viaggiatore polacco, sul finire degli anni quaranta. Aveva perso la famiglia durante la guerra e viaggiava incessantemente in uno scenario invernale, spoglio, gelido, in cui non c'era nulla all'infuori dei ricordi. Il racconto successivo, *Luce e controluce*, era ambientato in America, in Oregon, e trattava di una coppia che si stava separando. La donna aveva appena scoperto che il marito la tradiva da anni, il che mandava in frantumi i ricordi felici che aveva di lui. La terza storia era autobiografica e parlava di Aleksandr Nicolaj Romanov, scrittore dimenticato. Descriveva come, perduta la ragione, finisse in una casa di cura e la sua vita si sgretolasse ininterrottamente, ricomponendosi in maniera falsata. Nella sua coerenza era il racconto che preferivo, ancora di più di *Un cuore inflessibile.*
Gli ultimi due racconti erano di mio pugno.
La busta, che Romanov mi aveva dato qualche settimana prima di morire, conteneva trenta pagine di scene, note, ricordi e idee. E anche una lettera.

Siamo entrambi ladri, Jules...

c'era scritto.

Per questo le propongo uno scambio. Libro contro donna. Me lo deve.

Voleva che figurassero come suoi i due racconti da me scritti in Svizzera, rielaborati secondo le sue direttive.

«Tuttora non capisco perché tu faccia una cosa del genere per Sasha» disse Alva. «Alla fine era solo un favore che ti ha chiesto, e lui non era più in sé».

«Un favore che prendeva molto sul serio».

«E anche se fosse? Tu butti via il tuo futuro di scrittore. Perché lo fai?»

Mi limitai a scuotere il capo. Non potevo risponderle.

A volte era stato sorprendentemente facile, altre quasi impossibile, far confluire le idee di Romanov nei miei racconti. Inserire scene estranee in un manoscritto è una sorta di trapianto. Spesso avevo dovuto inventare intere sequenze di eventi per poter collocare i pensieri imposti da lui. Tuttavia, dopo un po' di tempo, non riuscivo più a distinguere le mie scene dalle sue. Anche questo suo ultimo libro sarebbe stato all'insegna della tragicità; d'altro canto Romanov una volta aveva detto che lui non aveva mai drammatizzato la vita, mai aggiunto niente. Semplicemente, non aveva mai distolto gli occhi.

Alva sospirò. «E cosa farai, quando avrai terminato il suo libro?»

«Mi cercherò un lavoro».

Lei fece un gesto di dissenso. «Quando io sarò all'università, tu baderai ai bambini».

«E cosa dovrei fare?»

«Ricominciare a scrivere cose tue. Investirò volentieri i miei soldi per sostenere uno scrittore promettente. Chiamala borsa di studio».

«Molto divertente». Accostai a un distributore.

Alva mi venne più vicina. «È sempre stato il mio sogno, Jules: un poeta di corte tutto mio, alle mie dipendenze». Mi diede un bacio. «Il mio schiavo privato».

«Ti è venuta una bella faccia tosta, Draculina». Le restituii il bacio, mordicchiandole il labbro inferiore. «Sta' attenta a non farti corrompere da tutti i tuoi soldi».

«Già successo».

Facemmo scorta di caffè e tramezzini, poi ripartimmo. Il cielo era nero come la pece, il cruscotto risplendeva, ed era molto piacevole starsene lì in macchina con lei. Parlammo tutta la notte, ascoltammo musica italiana alla radio e chiacchierammo di mille sciocchezze; Alva tornò a dire che avevo le orecchie piccolissime, le più piccole che avesse mai visto, e io affermai che erano segno di grande intelligenza.

«Appena arriviamo, per prima cosa facciamo colazione in riva al mare». Si acquattò sul sedile, piacevolmente stanca. All'orizzonte apparve un orlo di luce, senza dire una parola restammo a guardare la strada davanti a noi affiorare pian piano dalle tenebre. Alva mi sfiorò il braccio in punta di dita, una, due volte: forse fu quello l'attimo in cui smisi di desiderare di cambiare la mia vita con quella di un altro, persino con quella in cui i miei genitori erano ancora vivi.

*

Quando, all'incirca nove mesi più tardi, il libro di Romanov uscì presso la sua casa editrice, comparvero numerose recensioni sulle pagine letterarie, alcune delle quali illustravano anche la sua intera opera, ma le vendite furono deludenti. Il nome A.N. Romanov aveva brillato un'ultima volta, poi tutto finì.

«Per lo meno si è risparmiato questa delusione». Alva osservava amareggiata il libriccino bianco tra le sue mani. «Tra cinque anni nessuno lo leggerà più, è troppo tetro».

«Io lo leggerò».

«Ah sì, e quando?»

«Quando mi andrà male. Ne trarrò consolazione».

Alva si avvicinò al lettino. «E perché dovrebbe andarci male?» Osservò i bambini. «Ci tengo a fare due conti, anche se sono macabri. La vita è un gioco a somma zero. Dalla parte delle perdite, nel mio caso, figurano la scomparsa di mia sorella, la mia infanzia, mia madre, la morte di Sasha e soprattutto il modo in cui è morto. Dunque adesso devono succederci molte cose belle, per bilanciare il tutto».

«La vita non è un gioco a somma zero. C'è gente che ha solo sfortuna, che a poco a poco perde tutto ciò che ama».

«E naturalmente tu credi di essere uno di loro... Caro il mio Giobbe». Alva mi passò le dita tra i capelli. Meticolosamente, pensai io.

«Fidati». Mi diede un bacio. «Nei prossimi anni faremo faville».

Tirai su dal letto nostra figlia. Tenere in braccio uno dei bambini era ancora un'emozione che mi tramortiva. Come se la mia parte più luminosa non brillasse più in me, bensì in loro. «Hai sentito?» bisbigliai all'orecchio di Luise. «Nei prossimi anni faremo faville».

Avevo ormai trentacinque anni, quasi la stessa età dei miei genitori al momento della loro morte. Ero in procinto di oltrepassare una soglia, che a loro era rimasta preclusa. Mi addolorava il fatto che il nostro tempo condiviso risalisse a un passato sempre più lontano, al primo terzo della mia esistenza. Vedendo Alva nei panni di giovane madre pensavo spesso alla mia, e rimpiangevo di saperne così poco. Il mio ricordo di lei era più che altro una sensazione, era il suo calore, la sua inossidabile allegria. In quanto persona, però, mi era rimasta estranea, e solo ora capii il perché. Non le avevo mai visto un momento di debolezza. Mai un momento in cui fosse depressa o abbattuta. Era transitata per la mia infanzia come un'attrice, che nasconde il suo vero io dietro una maschera di madre raggiante, così che a me sono rimaste solo le poche storie sempre uguali che conoscevo di lei.

«Vostro padre non era affatto il mio tipo» aveva detto una volta. «Ma per me è stato semplicemente impossibile ignorarlo. Era il caporione di una piccola cricca di studenti, ogni giorno mi aspettava davanti all'università e mi chiedeva se volevo uscire con lui. Tutte le volte io rifiutavo. 'A domani, allora' diceva lui inchinandosi con un sorrisetto. Mi piaceva la sua insistenza. E pronunciava sempre sbagliato il mio nome».

Nel dire queste parole guardava verso mio padre che, come un attore a cui venga data la battuta, diceva «Magdalena Seitz» esagerando l'accento.

Davanti a simili descrizioni di un giovane uomo spavaldo, stento a credere che mio padre un tempo fosse così diverso rispetto agli anni più tardi, gli anni della paura. Forse allora aveva quella sbruffoneria temporanea che prende tutti, o quasi, i giovani di vent'anni. O è vero il contrario: quella è stata l'unica fase autentica della sua vita, prima che gli avvenimenti della giovinezza lo catturassero nella loro rete.

Per far luce nel suo passato rovistai in solaio, dove stavano svariati cartoni con i ricordi di Berdillac, di Monaco, Amburgo e Berlino. In uno trovai, oltre a vecchie foto di famiglia, anche il taccuino rosso con i racconti che scrivevo da bambino, insieme alla Leica rotta e alla lettera scritta in francese.

Caro Stéphane, questa macchina fotografica è per te. Possa ricordarti chi sei e tutto ciò che nella vita non deve andare distrutto. Ti prego, cerca di capirmi.

Misi da parte la lettera. Cosa sapevo di mio padre? Da ragazzo gli piaceva giocare a calcio e voleva diventare fotografo, ma gliene era mancato il coraggio, e nessuno lo aveva spinto a farlo. Perché era appurato che lui e il fratello maggiore, Eric, venivano picchiati dal padre, il più delle volte quando era ubriaco. Ce l'aveva fatto capire zia Helene. Tutto il resto dovevo ricomporlo deducendolo da quello che *non* ci aveva detto. Perché lo zio Eric era morto così giovane? La sua morte era un tragico segreto, di cui in famiglia non si era mai parlato. Ora era troppo tardi per fare domande. Mio padre aveva volutamente ricacciato il suo passato in secondo piano, e io non riuscivo più a metterlo a fuoco.

*

Stavo rimettendo tutto a posto, quando mi saltò all'occhio una vecchia foto di famiglia. Raffigurava i miei genitori insieme ai coniugi Lehner, di cui ai tempi erano molto amici. Hanno Lehner, un diplomatico di bell'aspetto, che spesso raccontava a noi bambini dei suoi viaggi in Sudan o in Iran. Ed Elli Lehner, insegnante come mia madre. A un certo punto però doveva esserci stata una rottura, perché negli anni precedenti la morte dei miei genitori non erano più venuti a trovarci. Nella foto sedevano tutti e quattro a tavola, in casa nostra. Mio padre guardava Elli Lehner, che parlava gesticolando. Anche Hanno Lehner guardava incantato la moglie. Solo mia madre non teneva lo sguardo fisso su di lei. E nemmeno su mio padre o sull'obiettivo. Lei guardava *lui*. Conoscevo quello sguardo fin troppo bene. Era lo stesso identico sguardo – appassionato, ingordo – che mia sorella lanciava agli uomini che voleva. E che poi conquistava. Ma sarà stato vero? Era la foto a raccontarmi quella storia, o ero io che me la raccontavo da solo?

Mi feci un caffè e mi misi a lavorare al mio romanzo. Che procedeva a rilento. L'energia quasi maniacale che avevo avvertito durante il mio soggiorno nello chalet era scomparsa, e la morte di Romanov aveva lasciato uno strascico dentro di me. Alva non era mai venuta a sapere che ero stato io a mettergli in mano l'arma e, per quanto fossi consapevole di non averlo fatto per quello, talvolta mi rinfacciavo di essermi sbarazzato in modo elegante di un rivale.

Battei assorto sui tasti per un po', poi i miei pensieri tornarono improvvisamente a mio padre. Al mio ultimo incontro con lui. Anche se ne avevo serbato a lungo un ricordo diverso, ora davo affidamento alle impressioni provate durante il trip con l'LSD. La verità, da me a lungo rimossa, mi si era conficcata dentro come una spina avvelenata, condizionandomi dalle tenebre dell'inconscio.

Che in quell'ultima sera io avessi parlato con mio padre della macchina fotografica che lui mi aveva regalato a Natale e io non avevo mai usato, è vero. È altresì vero che poi avevamo accantonato quel piccolo litigio e lui mi aveva proposto di mostrarmi come funzionava la Mamiya. Aveva detto che sarebbe stato felice se io mi fossi dedicato alla fotografia, dal momento che avevo occhio per i soggetti, come aveva già notato più volte.

Tuttavia la conversazione non si era chiusa lì.

All'epoca i nostri rapporti erano tesi, non solo per via della macchina fotografica. Mia madre era sempre padrona di sé, equilibrata, mai e poi mai l'avrei contraddetta. Quando invece mio padre mi mandava a letto, io facevo spallucce. Quando simulava autorevolezza e mi riprendeva, io mi limitavo a ridere. Perché così facendo tradiva tutta la sua paura e la sua insicurezza, e questo per me era intollerabile.

Nel fine settimana in cui i miei genitori partirono per la Francia, volevo assolutamente andare alla festa di un ragazzo più grande. Lui già fumava e beveva, e il fatto che mi avesse invitato a me pareva un grande onore. Mio padre però mi proibì di passare la notte da lui.

«Ma ci vanno tutti, papà. Ho dato la mia parola che ci sarei andato anch'io».

«Ne abbiamo già parlato, di questo ragazzo. Non è la compagnia adatta per te. Di certo non ti lascio rimanere da lui senza sorveglianza».

«Ma se non ci vado, mi prenderanno tutti per un vigliacco».

«Be', facciano pure. A ogni modo, tu non ci vai».

Con ciò la discussione per lui era terminata, chiuse la cerniera della valigia e riempì la pipa.

«Già, si capisce» dissi. «Lo sapevo che a te non interessava. Tu un vigliacco lo sei già».

Avvertii immediatamente di aver commesso un errore. Mio padre si girò dalla mia parte, spaventato quanto me, sempre con la pipa in mano.

«Cos'hai detto, Jules?»

«Che sei un vigliacco» mi sentii balbettare. Avevo freddo e caldo alternativamente, mi ero spinto troppo oltre ma non riuscii a fermarmi. «Non rischi mai. Tu vieti tutto, perché hai paura di tutto. Sei un vigliacco e vuoi che diventi anch'io come te».

Si udì lo schiocco di un ceffone sulla mia guancia sinistra.

Mi si riempirono gli occhi di lacrime. «Vaffanculo!» gridai. «Tu e la tua macchina fotografica di merda». Lo guardai dritto in faccia, furioso. «Ti odio!»

Calò all'istante il silenzio.

Arretrai di un passo. All'improvviso mi parve di vedere mio padre per la prima volta. Sembrava colpito nel profondo e la sua faccia era identica a quella che aveva dopo la telefonata seguita al suo licenziamento. Una parte di me provò un'immediata pietà. Corsi in camera mia.

Mezz'ora più tardi comparve mia madre. Indossava il suo soprabito beige e mi abbracciò per salutarmi. Inspirai la fragranza di lillà del suo profumo. «Non fare così» disse. «Papà non voleva...»

«Mi ha picchiato».

«Lo so. E gli spiace molto, davvero molto. È lui il primo a non riuscire a credere di aver fatto una cosa del genere». Fece una pausa. «In questo periodo ha parecchi... Le cose non gli vanno tanto bene».

«È per questo che partite?»

«Anche». Mi accarezzò i capelli. «Non vorresti dare un saluto a papà? Lui ci terrebbe tanto, il taxi sta arrivando».

«No» sbraitai.

Mia madre mi diede un bacio sulla guancia, poi la sentii salutare in corridoio anche Liz e Marty. Mio padre chiese di me.

«Lo conosci» gli disse mia madre. «Ha la testa dura».

«Accidenti...» mormorò lui, abbacchiato. Venne di persona in camera mia, intenzionato a parlarmi, ma io lo respinsi in silenzio. Un attimo dopo il taxi arrivò, e sentii sbattere la porta di casa.

Non ho più potuto aggiungere niente a quel 'ti odio', rimasto l'ultima cosa che ho detto a mio padre prima della sua morte.

Dalla finestra del soggiorno restai a guardarli salire sul taxi. Stéphane, mio padre, teneva aperta la portiera a Magdalena, mia madre; poi partirono, e ancora oggi ho davanti agli occhi quel taxi che svolta dietro l'angolo, nella notte, alla luce dei lampioni, sparendo dalla mia vista.

Elemento invariabile
(2012-2014)

Aprile del 2012, due anni e mezzo buoni prima dell'incidente in moto: Pasqua in famiglia, a Monaco. Il sole pomeridiano incendiava i tetti di rame della nostra strada, e nell'aria era sospesa la fragranza delle torte appena sfornate. Durante il pranzo Marty tentava in tutti i modi di far ridere mio figlio a furia di smorfie buffe, ma era un'impresa senza speranze. Vincent, a soli quattro anni e mezzo, era già piuttosto riservato, e mio fratello proprio non era nato per intrattenere i bambini.

Dopo il dolce i gemelli si misero in cerca delle uova di Pasqua, nascoste in casa da Elena. Tutte le volte che aveva a che fare con i miei figli rifioriva, tanto che glieli portavo spesso e volentieri. Di quando in quando però le facevo visita anche da solo, nel suo studio. Avevo iniziato appena saputo che sarei diventato padre ed ero in dubbio se sarei stato all'altezza di quel ruolo. Durante le sedute Elena, invece di parlare – cosa che faceva molto di rado – mi ascoltava raccontare il mio terrore segreto di perdere tutto di nuovo. E mi leggeva dentro, per lo più senza parole. Poi era sufficiente un unico sguardo, talvolta amichevole, talvolta ammonitore, e io capivo il suo pensiero. Mi era sempre più evidente che cosa avesse cercato e trovato in lei Marty. Elena aveva l'istinto di correggere, sentiva quando uno usciva dal seminato e lo riportava indietro con dolce ostinazione.

Toni non era venuto a Monaco. Decisi di non chiedere sue notizie a mia sorella. Quando Toni, dopo uno spettacolo, rimorchiava una donna, raccontava tutto a Liz, fin nei minimi dettagli, e scherzavano insieme sull'argomento. Lei si appoggiava a lui, lo prendeva per mano e gli dava mille nomignoli affettuosi. Ma oltre la cosa non andava. Quando poi Liz aveva una nuova relazione, con lui non ne faceva parola e spariva quasi del tutto. «La sadica e il masochista» aveva detto una volta Marty in tono scherzoso, ma naturalmente non era affatto uno scherzo.

Luise si precipitò dalla zia e le si sedette in braccio. Come accadeva sempre, quando veniva a trovarci da Berlino, Liz annunciò solennemente che voleva anche lei dei bambini. Aveva ormai quarantadue anni e io non ci contavo più, che potesse ancora diventare madre. «Una bimba così, vorrei» disse. «È perfetta». Baciò mia figlia sulla testa, entrambe erano raggianti.

Eppure, anche se mia sorella si comportava come se le piacesse la vita in famiglia, in realtà a Monaco ci stava sempre pochi giorni. Mi ricordai che anche ai tempi, quando festeggiavamo Natale dalla zia, lei – non appena la situazione le sembrava eccessivamente idilliaca – se ne andava sempre a qualche festa, e ripensai alla citazione di Jack Kerouac che aveva appeso sopra il letto, da adolescente: 'Gli unici che mi interessano sono i pazzi, i pazzi di vita, i pazzi di parole, quelli che vogliono tutto subito, che non sbadigliano mai né dicono frasi fatte, ma bruciano, bruciano, bruciano come fuochi d'artificio nella notte'.

*

Risate dal soggiorno. Sul divano Alva e i bambini si facevano le coccole. Lei aveva appena finito di leggere loro qualcosa e ora scherzavano insieme. Non mi stancavo mai di osservarla nel suo ruolo di madre. Azzeccava sempre il tono giusto, sapeva sempre – a differenza di me – quando era il momento di essere severa e quando allegra, e pareva decisa a dare tutto quello che a lei era stato negato. I bambini la adoravano.

Mi avvicinai al giradischi. «Attenzione» dissi, e per un attimo pregustai la stessa gioia che provavo, da ragazzo, quando volevo mostrare qualcosa ai miei fratelli. Misi un disco. Riff di chitarra, coro di sottofondo, tutti gli sguardi puntati su di me.

«Papà, chi sono?»

«I Beatles» risposi. «*Paperback Writer*».

Luise sembrava divertita da quella musica. Vincent invece, stupefatto, dondolava un piede con le sopracciglia alzate e, appena il pezzo finì, disse: «Ancora».

Quella sera i bambini avrebbero dormito da Marty ed Elena, così che finalmente noi due potessimo uscire di nuovo da soli.

«Stiamo guardando un film, poi li mando a letto» mi disse Elena al telefono, quella sera. Poi, per la terza volta in quella telefonata: «Li tratteremo con ogni cura».

«Ma sì, lo so!» esclamai io, quasi ridendo.

Appena riattaccai, mi sentii addosso lo sguardo di Alva. «Che c'è?»

«Hai l'aria così beata, ridacchi addirittura».

«Macché, non ridacchio».

«Sì, invece, lo stai facendo anche adesso».

Le presi la mano e la attirai a me d'impeto. «Finalmente di nuovo soli!». Le mie braccia intorno alle sue spalle. «Che ne diresti se noi due mollassimo i bambini a mio fratello e ce la svignassimo?»

«Aspettavo solo che me lo chiedessi».

Più tardi, al ristorante, Alva mi raccontò della presentazione di un libro che le aveva consigliato Marty. Negli ultimi anni aveva fatto amicizia con lui, capitava spesso che io tornassi a casa e li trovassi impegnati in un'accesa conversazione. A volte mi univo a loro, ma in fondo mi piaceva che i due se la intendessero così bene anche senza di me. «Hai notato quanto sia simile a Liz in molte cose?» mi aveva chiesto Marty dopo uno di questi incontri. Sulle prime avevo riso, incredulo, ma in seguito ho ripensato spesso a quella sua osservazione.

Alva aveva terminato da tempo gli studi di filosofia, ora lavorava alla tesi e nel frattempo si occupava del nostro malandato cortile. Su sua richiesta l'amministratore aveva rinnovato il manto erboso, e lei al momento stava facendo costruire per i bambini (e un po' anche per me) un'altalena e una casetta sull'albero.

Eppure serbava ancora vibrazioni oscure. Di tanto in tanto era come se il passato la riafferrasse; scene della sua giovinezza e degli anni di Mosca, fuori dalla mia portata, tornavano a visitarla. Talvolta aveva gli incubi, era nervosa e si agitava nel sonno, poi mi stringeva forte e si calmava. Avevo dovuto imparare fin da subito che c'erano due Alva e che non potevo avere una senza l'altra. Vero è che, dalla nascita dei gemelli, aveva abbandonato le sue passeggiate notturne, ma una parte di me restava sul chi vive all'idea che prima o poi scomparisse di nuovo e non tornasse più da me.

«Ah, tra l'altro... ho dato un'occhiata al libro per bambini di quello svedese...» La sua faccia fece capolino dal menu. «Magnus Tal dei Tali. Mi è piaciuto molto».

Da un pezzo ero abituato al fatto che lei leggesse di nascosto i manoscritti che vagliavo in qualità di lettore, ma feci lo stesso l'indignato.

«Che c'è?» replicò lei. «Fintantoché non avrò qualcosa di tuo da leggere, leggerò i manoscritti».

Il lavoro di lettore lo avevo ottenuto tramite la casa editrice di Romanov. La mia rielaborazione del suo manoscritto era piaciuta ai redattori, e loro, su mio sollecito, mi avevano raccomandato a un editore di Monaco. Al mio romanzo invece mi dedicavo solo a fasi alterne. Probabilmente lo avrei lasciato perdere da un pezzo, se Alva non me ne avesse chiesto conto in continuazione.

Quella sera bevemmo un po' troppo e Alva parlò dei tempi in cui ancora non mi conosceva e di quanto, da bambina, le piacesse pattinare con suo padre su uno stagno ghiacciato dietro casa. Mentre lo raccontava irraggiava da dentro una gran luce. Mi chinai sopra il tavolo e la baciai, poi riempii ancora i nostri bicchieri; lei mi chiese se volevo farla ubriacare e io dissi che era da sempre la mia intenzione.

Effettivamente, nel tornare a casa barcollava un po'. Volevo sostenerla, finché mi resi conto che anch'io non ero tanto saldo sulle gambe. Ridacchiando raggiungemmo il metrò, reggendoci a vicenda.

Nella notte fui svegliato da un rumore. Avevo fatto dei sogni coinvolgenti e ci misi un bel po' prima di rientrare nel mio corpo. Alva piangeva accanto a me. Sconcertato, accesi la luce.

«Sei infelice, perché?»

Parlava farfugliando e troppo in fretta. «Io ti amo e voglio bene a Vincent e Luise. Sono felice di tutto quello che abbiamo. Ma a volte mi sembra che non basti, che niente basterà mai. Allora ho solo voglia di andarmene e di non tornare più, non so perché».

Le sue parole affondarono dentro me come un sasso lanciato in un lago.

La abbracciai. «È tutto ok» continuavo a ripeterle. Le diedi un bacio lieve sulla testa. «Ti amo così come sei».

«Non mi è mai piaciuto essere così» disse. «Ma non posso farci niente».

«Lo so».

La tenni stretta per alcuni minuti, dicendole parole di conforto. Visto che Alva non riusciva più a dormire, guardammo dei film, finché la camera fu invasa dalla prima luce azzurrognola dell'alba. E ovviamente tutto ciò non aveva niente a che fare con quello che accadde in seguito, tuttavia da quella notte imparai ad apprezzare un po' di più i momenti di spensieratezza.

*

Poche ore prima di andare in aeroporto giocavo con i bambini in cortile. Luise voleva a tutti i costi essere Peter Pan, Vincent ricopriva ruoli diversi da comprimario. La casetta sull'albero, ultimata di recente, era la baia dei pirati che io difendevo nelle vesti di scaltro Capitan Uncino. Come sciabola usavo il bastone di mogano di Romanov, invece i bambini andavano all'attacco con dei rami e naturalmente mi sconfissero nel corso di una dura battaglia, al termine della quale morii in preda ad atroci dolori.

«È morto, è morto». Correvano ridendo intorno a me, punzecchiandomi sulla pancia con i bastoni.

Mio fratello comparve in cortile, un borsone a tracolla. Mi osservò torcermi per terra e ridacchiò. «Dobbiamo andare».

Un viaggio lampo a Berlino, volevamo fare una sorpresa a Toni per il suo compleanno. Festeggiava in un'osteria e si mostrò molto felice nel vederci, ma io non potei fare a meno di constatare, allarmato, quanto fosse malmesso. Del suo fascino travolgente di un tempo non c'era più traccia, aveva un aspetto infelice e invecchiato. Anche quella sera dedicò mille attenzioni a Liz, che sulle prime chiacchierò amabilmente con lui, poi si sedette al bancone con un uomo a me sconosciuto. Vedevo bene come Toni la seguisse in continuazione con lo sguardo e come la sua allegria impostata a poco a poco si spegnesse, finché si azzittì in un angolo. Marty e io gli andammo vicino, ma non riuscimmo a tirarlo su di morale, e lui dopo poco se ne andò da solo a casa.

Quella notte restammo alzati a lungo, nella cucina di mia sorella. Liz parve intuire cosa pensassimo.

«Adesso però sono stufa» ci disse infine. «Come se per me fosse un divertimento vederlo così abbattuto».

«Non è questo il punto» osservò Marty. «Il punto è che tu lo tormenti da anni. Toni potrebbe essersi fatto una famiglia da un pezzo, potrebbe essere felice da un pezzo, ma tu non vuoi lasciarlo andare. Non chiudi mai del tutto la porta, lasci sempre aperto un minuscolo spiraglio, in modo che lui continui a correrti dietro. Perché in realtà tu non sopporteresti se all'improvviso non ci fosse più».

«E cosa dovrei fare? Starci insieme solo perché sarebbe la cosa giusta?»

«Perché no? A me non parrebbe male».

«Tu sei matto». Liz lo fissava incredula, poi spostò lo sguardo su di me. «E tu che ne pensi? La vedi anche tu così?»

«Be', di certo hai la tua bella parte di responsabilità se lui ora, invece di avere una compagna o essere sposato, vive da solo». Liz voleva già rispondermi, ma le feci cenno di tacere. «Ma non sarebbe comunque felice. Tu evidentemente non provi niente per lui, che invece è innamorato cotto. È una decisione sua, non vuole niente di più e perciò non c'è di che rammaricarsi».

Liz si rosicchiava le unghie. «Mica posso decidere che sentimenti provare» disse con un filo di voce. «Ammettiamo che sia l'uomo giusto: io non sono innamorata di lui».

«Ma l'amore è solo una parola» disse Marty. «L'importante è stare bene».

Liz scoppiò a ridere. «Queste sono chiacchiere da rammolliti. Mi spiace, ma io me ne strafotto dello 'stare bene'. Io voglio qualcosa di eccitante, voglio sentirmi provocata, stare col fiato sospeso... Toni è fantastico e, in tutta sincerità, penso addirittura che possa essere l'uomo giusto accanto a cui invecchiare. Ma solo come amico. È il tipo che si fa voler bene, non quello di cui ci si innamora. Io voglio qualcuno che mi respinga anche, che mi tratti male, che si faccia desiderare».

«Ma perché? Chi può volere una cosa del genere?»

Liz si strinse nelle spalle. «Semplicemente esistono donne a cui non bastano sicurezza e accudimento».

Marty le andò vicino. «Ah, già. Prendi mia moglie, per esempio. Intendiamoci, questo è un esempio estremo. Mi ha visto, ha pensato: 'Mmh, 'sto tizio promette bene', e così mi si è messa alle costole per vent'anni.

Perché magari sono un po' noioso e non proprio il principe azzurro, però in compenso sono simpatico e benestante. E anche se lei da ragazza forse sognava qualcosa di diverso, per un matrimonio basta e avanza. Meno male che suo marito la pensa allo stesso modo e che tutti si sono accontentati di un'*aurea mediocritas*. Ci siamo, all'incirca?»

Subentrò un silenzio imbarazzato, perché in effetti era proprio quello che a volte pensavamo del suo rapporto con la moglie.

Mio fratello lo capì, evidentemente. Prese in fretta e furia le sue cose e si diresse verso la porta. «Visto e considerato come la pensi, non vedo un futuro roseo per te» disse a nostra sorella. «Perché in questa maniera sarai infelice per tutta la vita».

Sparì nella tromba delle scale.

«Almeno io me la vivrò, la mia vita» concluse Liz, ma lui non poteva più sentirla.

*

Di norma Alva per la sua tesi andava in biblioteca, una sera però – si era nel tardo autunno – restò a casa a scrivere. Lo studio era illuminato da una luce soffusa, io stavo sulla porta e la osservavo. All'improvviso le comparve la ruga tra le sopracciglia; iniziò a guardare nel vuoto e a mordicchiarsi le unghie, sovrappensiero. Mi piaceva quando aveva l'aria concentrata e mirata. Da tempo, dalla postura delle sue spalle, ero in grado di capire se era tesa; la maniera in cui aveva accostato la porta tradiva invece il suo desiderio di compagnia. Tra noi c'era una confidenza infinita; eravamo due specchi che si riflettevano a vicenda.

Tagliai in due una banana, presi il mio laptop e mi sedetti alla scrivania di fronte a lei. Mangiammo la banana scrivendo in silenzio, di tanto in tanto ci lanciavamo rapide occhiate. In simili momenti, mentre Luise e Vincent dormivano lì accanto, mi sentivo al sicuro come non era più accaduto dalla mia infanzia.

Mi tornò in mente il bambino impavido, sicuro di sé che ero stato allora. Tuttavia, alla morte dei genitori, non si era dimostrato forte a sufficienza, cedendo il passo a un altro lato della mia personalità. Lui non mi mancava. Mi mancava, a volte, la sfrenatezza a cui mi abbandonavo spesso a dieci anni. Si sarebbe ripresentata, nella mia vita, l'occasione di venir catapultato di nuovo in quella ebbrezza lieve, spensierata, anche solo per breve tempo?

«Rimugino su una faccenda, ora come ora».

«Sputa il rospo».

Richiusi il laptop. «Mi viene da pensare a cosa sarebbe successo se io mi fossi trasferito in Francia e fossi rimasto a vivere lì. Se avessi avuto un incidente. Se noi non ci fossimo mai conosciuti. Nella mia vita ci sono state tante di quelle diramazioni, tante di quelle possibilità di essere un altro». Un'occhiata ad Alva. «Tu non ti sei mai chiesta chi saresti diventata, se tua sorella non fosse scomparsa? Adesso saresti di sicuro diversa».

Rifletté. «Sì, senza alcun dubbio».

«La questione è: che cosa invece non sarebbe cambiato? Qual è l'elemento invariabile in te? Cosa sarebbe rimasto uguale in ogni vita, qualsiasi corso avesse preso? Ci sono aspetti, in un individuo, che resistono a tutto?»

«E dunque?»

Pensai a Liz, che era sempre stata molto scostante e individualista, già quando i nostri genitori erano ancora in vita. Anche la sua passione per i ragazzi sembrava essere parte di lei, così come la predisposizione per le dipendenze e il fatto che le piacesse cantare e disegnare brevi storie. Non aveva nessuna importanza se per anni aveva smesso di farlo e si era persa. Perché – sia che a un certo punto trovasse in un negozio un libro per bambini che la ispirava, sia che si imbarcasse in un trip all'LSD con i suoi fratelli – il fattore scatenante non contava, nella sua vita ci sarebbe stato sempre il momento in cui si sarebbe risvegliato in lei il desiderio di tornare a disegnare o a fare musica. E vero è che Marty non era diventato un medico o un ricercatore, ma forse l'elemento invariabile in lui consisteva nell'avere dentro di sé un raro propellente che gli consentiva di raggiungere qualsiasi meta. Probabilmente sarebbe diventato professore anche in altre discipline, come biologia o fisica.

«Non so...» Guardai Alva. «Tu che ne dici? Che ne pensi?»

«Mmh... Kierkegaard ha detto al riguardo: 'Il Sé ha da essere infranto per divenire il Sé'».

«Che significa?»

Aggrottò la fronte. «Be', uno viene al mondo ed è plasmato dal proprio ambiente, dai genitori, dalle disgrazie, dall'educazione, da esperienze casuali. A un certo punto sembra scontato poter dire: 'Io sono fatto così e così', ma con ciò si prende in considerazione solo il primo strato, l'io superficiale». Si sedette sulla mia scrivania. «Per trovare il proprio vero Io è necessario rimettere in questione tutto quello che si è trovato alla nascita, talvolta anche perdere qualcosa, perché spesso solo nel dolore si impara cosa ci appartiene veramente... È nelle lacerazioni che ci si riconosce».

Dondolava i piedi nel vuoto. «D'altro canto non posso sapere che cosa sarebbe successo se la mia vita fosse stata diversa, o più semplice. Nel qual caso non sono poi tanto sicura che ci saremmo incontrati. Probabilmente mi sarei trovata un tipo più spensierato, più spavaldo, meno riflessivo. Ma così come sono andate le cose, tu eri quello giusto. Tu e solo tu».

«Questo è vero, ma fa un po' male».

Mi diede un bacio tenero su una tempia.

«E perché sarei io quello giusto?» chiesi.

«Perché tu capisci tutto».

Breve riflessione. «Per nessun altro motivo? Per la mia bellezza, per la mia notevolissima intelligenza... per la mia modestia?»

«Sì, forse, per la tua modestia...» Mi esaminò la zazzera. «Neanche un capello grigio, ancora. Come fai?»

Per tutta risposta protesi la mano e le sfiorai la guancia. Lei chiuse gli occhi.

Pensai al nostro matrimonio, qualche anno prima. Alla piccola festa nel giardino di mio fratello, addobbato di lampioncini, e al discorso pronunciato dal padre di Alva. Lui e Alva avevano un rapporto singolarissimo. Benché fossero uniti da un vincolo profondo, si vedevano di rado. In compenso si scrivevano spesso e suo padre aveva anche voluto a tutti i costi occuparsi dei preparativi del matrimonio.

«Pensi ancora spesso a Phine?»

Lei annuì. «Credo che non smetterò mai».

Con un sospiro Alva si tolse gli occhiali e pulì le lenti. Era pallida. Nelle ultime settimane aveva un'aria stanca e a volte la febbre.

Le imposi di fare una pausa e andai a prendere una bottiglia di vino in cucina, lei mise George Gershwin. A me quella musica restava estranea, invece Alva amava appassionatamente il *suo* Gershwin: lo chiamava sempre 'il mio George'. Una volta l'idea di invecchiare mi spaventava, ora immaginarmi tra quarant'anni ancora al suo fianco aveva un che di tranquillizzante. Avremmo passato il tempo insieme, leggendo, parlando o giocando a scacchi, talvolta punzecchiandoci e tornando poi ad attingere al tesoro di ricordi accumulati insieme. Pensai a come sarebbe stato il suo viso con le rughe e a come si sarebbe vestita dopo i settant'anni. Nello stesso momento mi resi conto che tutto ciò per me non avrebbe avuto alcuna importanza e l'idea della vecchiaia perse ogni aspetto angosciante.

Più tardi andai in camera dei bambini. Dormivano entrambi, restai ad ascoltare i loro respiri leggeri. Dapprima mi sedetti a fianco del letto di Luise. Una bambina vivace, gioiosa, quasi fin troppo sicura di sé. Sapeva già quanto valeva, sapeva che noi tutti la consideravamo una delizia e che per questo eravamo disposti a chiudere un occhio su molte cose. Ancora le piacevano le mie coccole, ma già sapeva capirmi nel profondo. Con istinto sicuro si ribellava solo a me, mentre alla madre obbediva. Le diedi un bacio sulla fronte e andai accanto al letto di Vincent. Nel sonno aveva nuovamente scalciato via la coperta. Era più introverso di Luise e aveva paura di tutto quello che non conosceva. Spesso mi teneva compagnia nello studio, mentre valutavo i manoscritti; gli piaceva quell'atmosfera calma e pacifica, giocava per terra con le macchinine o mi raccontava le storie che gli leggeva Alva. Era sempre stato tranquillo, anche in tenerissima età, ma perché? Quando si era decisa quella sua peculiarità?

Lo coprii, poi andai a prendermi una birra in cucina e uscii sul balcone. Un soffio d'aria fresca mi lambì, dal cortile saliva l'odore di frasche umide. Bevvi qualche sorso, mi sentii sommergere dal flusso di pace della notte e all'improvviso fui sopraffatto da una sensazione di malinconia quasi piacevole.

*

Nel gennaio del 2013 andai per qualche giorno a Berlino, per lavorare con uno dei nostri autori al suo manoscritto. Una sera incontrai Liz a cena e con mia grande sorpresa venne insieme a Toni, che raccontò di uno show di magia a Edimburgo, in cui si era esibito come ospite. Aveva un aspetto decisamente migliore dell'ultima volta. Lui e Liz non si erano messi insieme, ma lei sembrava trattarlo con più serietà, senza tormentarlo ulteriormente con le sue storie d'amore.

Nel volo di ritorno, l'aereo sorvolò Monaco mentre calava la sera e la scena piombò in un crepuscolo saturo di ombra e di nuvole. Quella vista mi provocò una diffusa inquietudine, che peraltro si placò subito dopo l'atterraggio. Una volta a bordo del metrò di superficie guardai il cellulare. Alva aveva chiamato più volte, senza lasciare un messaggio. Richiamai, ma lei non rispose.

'Arrivo tra poco' scrissi. 'Cosa c'è?'

Entrando in casa notai che i bambini stavano litigando. Luise aveva preso una giraffa di pezza di Vincent e voleva farla sposare con uno dei suoi peluche, ma lui era contrario. Si contendevano la giraffa e mi toccò intervenire.

«Ridagliela» dissi, scimmiottando il ruolo del padre

severo, ma Luise corse via, e quando le gridai di tornare, scoppiò in una risata così insolente che poco ci mancò che ridessi anch'io.

Alla fine Vincent riebbe la sua giraffa, ormai per Luise non aveva più alcuna importanza. Andò a prendere una spazzola in bagno e attaccò a cantare a squarciagola.

Vincent si toccò la tempia con un dito. «È matta».

Li esortai entrambi a prepararsi, perché saremmo andati subito dagli zii, l'invito era programmato da tempo.

«Ma la mamma ha detto che non andiamo più» disse Vincent.

«Perché?»

Si strinse nelle spalle. Solo allora mi accorsi che Alva non era in casa. Cercai in camera da letto un segno o due righe, ma non trovai niente. La chiamai ripetutamente e scoprii che aveva lasciato il cellulare sul comodino.

«A mamma è venuta voglia di fare un giretto» disse Luise alle mie spalle.

Trasalii. «Quando?»

«Poco prima che tu arrivassi».

«Ha detto dove andava e quando torna?»

Luise scosse il capo. «No, ha solo detto che tu stavi per arrivare e che preparavi la cena».

Mi innervosii. Che Alva avesse lasciato soli i bambini non era da lei, anche per pochi minuti soltanto. Poi mi autoconvinsi che non c'era motivo di preoccuparsi; probabilmente era passata un attimo in biblioteca o era andata a fare delle fotocopie per la sua tesi. Preparai la cena per i bambini, giocai con loro a Scale e Serpenti e li misi a letto. Solo quando mi ritrovai da solo in soggiorno, circondato da un silenzio fattosi opprimente, fui di nuovo preso dall'ansia. La biblioteca a quell'ora era chiusa. Telefonai a Elena e Marty, ma non ne sapevano niente. Per un momento valutai se chiamare la polizia, ma decisi di aspettare.

Tenendo gli occhi fissi sul cellulare, bevvi due birre. Tenendo gli occhi fissi sul cellulare, feci il giro dell'isolato. Tenendo gli occhi fissi sul cellulare, rimasi seduto a lungo, con un freddo polare, sulla scaletta davanti alla nostra porta, scrutandomi intorno in cerca di Alva. Suonarono le due, le tre, le quattro. Preparai un caffè forte e cercai di pensare ad altro. Feci zapping a casaccio tra i programmi televisivi e iniziai *Un amore di Swann*, il libro preferito di mia madre. Ma per la stanchezza, mentre leggevo, mi si chiudevano gli occhi.

Nel momento preciso in cui decisi di stendermi un po' sentii girare la chiave nella serratura. Sollievo allo stato puro. Mi affrettai verso l'ingresso. Sì, Alva era tornata, ma i suoi occhi erano cupi, segnati dal pianto. Mi sembrò trasformata, come una creatura della notte che avesse appena ripreso sembianze umane.

«Dove sei stata?»

Appese in silenzio il giaccone allo schienale della seggiola.

«Maledizione, parla, dove sei stata?»

«Avevo bisogno di rimanere un po' da sola».

Mi serviva una buona scusa. O almeno una motivazione logica per la sua scomparsa. Qualsiasi cosa che mi calmasse, non certo una frase del genere.

«Di nuovo le tue passeggiate? Ricominci con queste storie?» Le stavo addosso e mi resi conto che non mi controllavo. «Hai due figli, maledizione. Cosa ti salta di andartene e farci prendere un simile spavento?»

Mi fissava, gli occhi che lampeggiavano cupi. Al tempo stesso era intimidita dalla furia delle mie parole.

«Me la sono fatta sotto al pensiero che non tornassi più». Tremavo dall'agitazione. «Con me puoi parlare di tutto. Insomma, puoi immaginarti che razza di...»

«Ho un cancro».

Trascorse un secondo, poi feci un passo all'indietro barcollando, come se una mano invisibile mi avesse dato un colpo. Quelle tre semplici parole liberarono una forza talmente arcaica che io mi azzittii all'istante, mi privarono di ogni sentimento e per un momento non seppi cosa dire o cosa fare.

«Ho provato a chiamarti» riprese lei, nel silenzio. «Più volte. A un certo punto ho sentito il bisogno di uscire. Mi spiace, non avrei dovuto farlo».

Un formicolio paralizzante si diffuse, partendo dal petto, nelle mie braccia e gambe, per un attimo ebbi la sensazione di dissolvermi.

«Che tipo di cancro?» riuscii finalmente a dire. Era come se qualcuno mi avesse abbassato al minimo la voce.

«Leucemia».

«Sei sicura? Come lo sai?»

«Sono stata dal dottore settimana scorsa, quando tu eri a Berlino. Avevo di nuovo la febbre, ma già prima mi sentivo male. Mi sono sottoposta a diverse visite, non volevo dirti niente, per non farti preoccupare. Oggi è arrivata la diagnosi definitiva».

Constatai di essermi seduto. Quando mi sentii sulla nuca la mano di Alva trasalii involontariamente, e lei la ritirò.

«Guardami» disse.

In silenzio alzai lo sguardo su di lei.

«Sopravvivrò, Jules. Me lo sento». Era stranamente calma. «Sopravvivrò».

La guardai negli occhi e le credetti ciecamente.

*

La prognosi di Alva non era molto favorevole, tuttavia le erano state prospettate reali possibilità di sconfiggere il cancro che aveva nel sangue. Le fu subito somministrata una chemioterapia e dovette restare in ospedale settimane per i primi trattamenti. I farmaci li assumeva per via parenterale. 'Citostatici', altro nome della speranza. Altro nome del veleno.

Una nuova realtà iperreale, difficilmente tollerabile a mente fredda. Ero come annebbiato, ammutolito nello spirito, sedevo al suo capezzale e la vegliavo. Ma, anche quando le caddero i capelli, Alva non si lasciò abbattere. Sopportava iniezioni dolorose e nausea infinita, a volte ci scherzava persino su. Ai bambini diceva che non stava poi così male e che presto sarebbe guarita. Io tentavo di emularla. Fiducia, fiducia. Una sola volta mi scappò detto che il destino si era nuovamente accanito con noi, ma Alva mi interruppe subito.

«Cose del genere non voglio sentirle» disse con forza. Poi, più amabile: «Potrai lamentarti quando starò di nuovo bene».

Annuii. Eravamo a casa, in camera da letto. Aveva avuto il permesso, per la prima volta, di lasciare per qualche giorno la clinica. Dovevo avere ancora un'aria depressa, perché mi prese per mano e fece qualche passo di danza. Fu una sorpresa per me; da quando la conoscevo non l'avevo mai vista ballare, a eccezione di un maldestro tentativo al nostro matrimonio.

Ci muovevamo al ritmo della musica, abbracciati stretti, lentamente, perché Alva era ancora debole. Aveva chiuso gli occhi. Che la vita di quell'essere – a me tanto vicino e caro, di cui sentivo il respiro, il calore e lo sgomento – fosse in pericolo, in quel momento mi parve inconcepibile.

«Dove sei, ora?» le chiesi.

«Sono qui» rispose tenendo gli occhi sempre chiusi. «Ballo con te e cerco di non pensare a nient'altro».

«Non è strano che non abbiamo mai ballato insieme?»

«Non mi piace un granché, come forse avrai capito».

Le pareti della camera da letto arretrarono e si dissolsero, la nostra pelle tornò liscia, ci ritrovammo in collegio. Avevamo diciannove anni, ci eravamo riparati dalla pioggia in camera mia, dove, sbronzi di gin, io...

«Ti ricordi quella volta che ti ho invitata a ballare?»

«Non l'hai mai fatto».

«Sì, invece, avevo anche messo una canzone che, secondo mia madre, avrebbe fatto capitolare ogni donna, ma tu non hai voluto ballare con me. E naturalmente io ho pensato di non piacerti».

Alva fece una smorfia. «Era la *sua* passione, capisci? Non la mia. Era lei quella più dotata tra noi due, fin da piccola prendeva praticamente ogni giorno lezioni di balletto e, dopo la sua scomparsa, io non ho più voluto sentirne parlare. Me la ricordava troppo».

Fu come se mi investisse un vento gelido. «Se solo l'avessi saputo...» dissi, più che altro a me stesso.

Per un po' ballammo in silenzio seguendo la musica. Inalavo l'odore familiare del suo profumo, sandalo e gardenia.

«Raccontami qualcosa di bello di tua sorella» dissi. «Quando penso a lei, l'unica cosa che mi viene in mente è che è stato ritrovato solo il suo giubbotto. Raccontami una cosa che mi faccia associare a lei un'altra immagine».

Alva rifletté. «Phine era molto vivace, ipersensibile» disse. «E amava l'opera. Già da bambina ascoltava spesso Mozart. Una volta, a una rappresentazione del *Flauto magico*, lei era così eccitata che durante lo spettacolo ha avuto una crisi di iperventilazione e il medico del teatro ha dovuto farla uscire». Scoppiò a ridere. «Eravamo entrambe piuttosto scatenate, quando giocavamo insieme. Prima di dormire avevamo un rituale fisso. Ogni sera, quando nostra madre veniva a darci la buona notte, io e Phine facevamo due capriole sul letto. Una in avanti e una all'indietro: solo allora la mamma poteva spegnere la luce». Scosse il capo, ma io mi accorsi che quell'immagine salvata dalle macerie le piaceva.

Facevo tutto quello che potevo per Alva, la circondavo di cure, cercavo di esaudire ogni suo desiderio, non mi scostavo, o quasi, dal suo fianco e tuttavia mi sentivo inutile. Ci dava un po' di sollievo il fatto che mio fratello venisse da noi quasi ogni giorno, e anche Elena passava ogni sera direttamente dallo studio. Con i suoi modi dolci contribuiva a tenerci tutti tranquilli.

La prima fase aggressiva della cura era conclusa, ora iniziò la terapia di mantenimento, lunga mesi. Nell'intervallo tra i cicli di terapia Alva poteva tornare a casa per alcune settimane, per riprendersi. A volte, dalla stanchezza, dormiva fino a sera, nei giorni fortunati restava spesso in cortile, da lei trasformato praticamente in un giardino. Ero felice di osservarla dal balcone mentre, inginocchiata per terra, rivoltava la terra o metteva a dimora qualche pianta. Più di tutti però mi piaceva il momento in cui, a lavoro concluso, contemplava il risultato. Allora si asciugava la fronte o si fregava le mani, ma soprattutto aveva l'aria soddisfatta.

In estate ancora non era stata formulata una prognosi chiara. Ormai ragionavamo solo in termini di blastociti o leucociti e per diversivo facemmo un viaggio a Berdillac. Alva era felice, per prima cosa volle andare al mare.

«Siete pronti?» gridò allegra ai bambini, prima di salire di sopra a prendere le sue cose.

Sistemai Vincent e Luise in macchina, con le cinture allacciate, e rientrai in casa. Passando accanto al bagno, scorsi il viso di Alva nello specchio. Non le avevo mai visto un'espressione simile. Nemmeno quando mi aveva raccontato per la prima volta di sua sorella. Aveva la bocca contratta, le guance rigate di lacrime. Quella che vidi sul suo volto era paura allo stato puro.

Appena si accorse di me, si asciugò gli occhi. «Ho avuto il presentimento che non ce la farò». Si tolse la parrucca. «E se tra poco non ci fossi più? Non riesco a capacitarmene».

Si osservava la testa nuda nello specchio.

«Questa non sono io, Jules. QUESTA QUI NON SONO IO!» gridò all'improvviso, facendomi sobbalzare.

Poi si lasciò cadere sulle piastrelle del bagno. «Hanno solo sei anni» mormorò. «Sono troppo piccoli».

*

A settembre i bambini iniziarono la scuola. Io mi sentivo come quando Alva era alle soglie dell'adolescenza e avevo capito che da quel momento in poi avrei dovuto spartirla con il mondo. Per lei invece era penoso doverli accompagnare, quel primo giorno. «Con la parrucca faccio schifo» disse. «Mi guarderanno tutti».

«Macché, stai benissimo».

Lei sospirò. «Jules, come bugiardo non sei mai stato un granché, ma adesso hai superato te stesso».

Ciononostante volle essere presente.

Mentre Luise era felicissima di tutto, Vincent era scettico. «Non potrei fare un altro anno all'asilo?» mi chiese.

«Non hai voglia di imparare?»

«Sì. Ma lì era così bello».

«Anche la scuola sarà bella».

Di nuovo quei suoi occhioni sgranati, increduli.

«Be', a me sembra fantastico» disse Luise.

«Be', a me sembra fantastico» la scimmiottò Vincent.

Benché fossero gemelli, avevano ben poco in comune. Luise era sempre più vivace, scatenata, già quasi ribelle. Con un entusiasmo che a me ricordava quello di Liz da giovane, ardeva dalla voglia di far sapere ai bambini della sua classe che lei sapeva già leggere e scrivere. Anche Vincent era in grado di leggere qualche parola, ma il suo ego era molto fragile. La malattia della madre l'aveva reso ancora più diffidente e solitario. Ormai mi raccontava raramente cosa gli passava per la testa e tendeva a isolarsi sempre di più. Solo il calcio lo faceva uscire da se stesso. A volte giocavo con lui e Luise in cortile, allora mi tornava in mente mio padre, quando da libero calciava con mosse eleganti nel Giardino Inglese, dribblando in avanti. Me lo immaginavo ora, settantenne, giocare con i miei figli, vecchio e pieno di rughe, ed erano i momenti in cui mi mancava di più.

Di mattina io e Alva rimanevamo soli, come non succedeva più da anni. All'inizio non sapevamo che farcene del tempo libero, ma ben presto imparammo a goderci le lunghe colazioni rilassate sul balcone, commentando articoli di giornale e ascoltando musica. Dopodiché prendevo qualche manoscritto e lavoravo in camera, per starle vicino. Quando era stanca rimaneva a letto; altre volte si sedeva, anche lei con un libro, sul cassettone, la schiena contro la parete. La sua postazione preferita. Era rimasta la bizzarra creatura gattesca che evita poltrone e seggiole e predilige sedersi nelle nicchie, sui ripiani, o sui tavoli.

Se stava meglio facevamo anche delle lunghe passeggiate. «Mi manca l'università» disse una volta, con la sua voce lieve, in una di queste occasioni, toccandomi il braccio. «Peccato che non abbia mai potuto condividere questa esperienza con te. La sensazione di prendere sul serio il proprio intelletto, di imparare qualcosa, che è così...»

Fece un gesto ampio con le mani, perché non trovava le parole giuste. «Jules, vorrei tanto che l'anno prossimo, se starò un po' meglio, tu frequentassi un corso con me. Lo so, sembra vagamente un ricatto, ma la malattia servirà pure a qualcosa di buono».

L'autunno aveva steso un tappeto di foglie sul Giardino Inglese. Un cigno uscì dal laghetto e si diresse goffamente verso di noi. Alva mi diede una piccola gomitata. «E tu invece cosa desidereresti per l'anno prossimo? Che cosa faresti, potendo scegliere liberamente?»

«Andrei in moto» risposi, senza riflettere.

«Davvero?»

«Lo desideravo già da bambino. Ho sempre invidiato Toni, quando montava in sella e poi diceva che somigliava un po' a volare. Sono certo che esagerava, ma mi piacerebbe sperimentarlo di persona».

«E perché non lo fai?»

«Be', insomma... Potrebbe capitarmi qualcosa».

«Milioni di persone vanno in moto senza che gli capiti niente».

«Questione di fortuna».

«Può darsi» si limitò a dire. «Ma perché tu non dovresti averla?»

Più tardi, in cucina, mentre preparavamo il pranzo, il cellulare di Alva vibrò. Dopo una breve esitazione, rispose. Ci scambiammo un'occhiata.

«La clinica» sussurrò.

Subito mi aumentarono i battiti. Deposi il cucchiaio di legno e presi a girellare nervosamente per la stanza, osservando in continuazione il viso di Alva, in cerca di eventuali segni di buone o cattive notizie. Perché durava così tanto? Per un attimo lei chiuse gli occhi, cosa che mi gettò nella più nera disperazione, ma subito dopo riprese ad ascoltare con attenzione.

D'un tratto una sensazione calda, quasi elettrizzante, mi invase. Sulle prime non ne afferrai il motivo. Poi capii: Alva sorrideva. Continuava ad annuire, con il viso raggiante. «Sì, certo» stava giusto dicendo, e mi afferrò d'impeto la mano. Mi attirò a sé, voleva che sentissi anch'io, ma a quel punto la telefonata era terminata. E poi tutto prese un ritmo rapido, lei appoggiò il telefono, ci abbracciammo, mi sentii esclamare qualcosa, che forse fui io il primo a non capire, poi la strinsi di nuovo a me. Mi accorsi che le tremava tutto il corpo.

Il medico curante le aveva comunicato che il cancro era completamente debellato. Consigliava di evitare lo stress e i rischi di un trapianto di midollo, iniziando invece la terapia di mantenimento.

Volevo risentire in continuazione quella notizia, con altre parole, un'altra volta, e poi ancora, ancora. Chiamai Elena e Marty, subito dopo Liz e Toni, che era in metrò e sentiva pochissimo, l'ideale per me, così potei gridare a squarciagola: «Ho detto che Alva ha sconfitto il cancro!»

Ma il vero piacere non fu quella prima gioia spumeggiante, bensì il sordo, profondo sollievo che seguì. Nel pomeriggio ci recammo al parco con i bambini e fino a sera giocammo a calcio, andammo in altalena con i piedi a penzoloni nel vuoto, mangiammo patatine in un chiosco e chiacchierammo, tutti con lo stesso fulgore negli occhi. Nessuno di noi voleva andare a casa e interrompere troppo presto quel momento magico.

Di notte, a letto, io e Alva non riuscimmo a prender sonno. L'euforia ci ardeva ancora dentro, eravamo sveglissimi. Mi pregò di andare a prendere il suo gelato preferito al distributore di benzina più vicino: vaniglia con frammenti di biscotto. Sulla strada di ritorno dapprima camminai normalmente, poi affrettai il passo, alla fine feci gli ultimi metri di corsa con il sacchetto in mano, fino alla porta di casa, ridendo.

Mangiando il gelato facemmo piani per il futuro. Negli ultimi mesi non eravamo andati oltre la successiva chiamata dalla clinica, ora i nostri orizzonti si ampliavano e parlammo di desideri condivisi, possibili viaggi o di quello che volevamo fare con Vincent e Luise, appena fossero cresciuti un po'.

«Ammettilo» dissi accarezzando le due cicatrici sottili sul suo collo. «Tu l'hai sempre saputo che sarebbe andata a finire bene».

«Certo, in definitiva è un...»

«Un gioco a somma zero, lo so».

«Oltretutto non avrei potuto lasciarti solo con i bambini. Sarebbe stato un peccato, non tanto per me, quanto per loro, poverini».

Discutemmo di quello che sarebbe successo se io avessi dovuto tirar su i gemelli da solo, e ci figurammo il peggio. Luise nei panni di una punk strafatta con tanto di cresta alla moicana, che suonava il basso in una pessima band e mollava la scuola. E Vincent in quelli di un mistico che aderisce a una setta equivoca e sparisce per sempre con i suoi nuovi amici nelle regioni più selvagge del Canada.

«Una setta? Sarei davvero un padre così incapace?»

«Be', forse non proprio...»

«Non mi danno ascolto, tutto qui. A te invece sempre, come fai?»

Si strinse nelle spalle.

«Potenza innata» mormorai.

Quando Alva si addormentò, io rimasi sveglio a contemplarla. Fuori pioveva, le gocce tamburellavano contro i vetri, ma lei aveva un'aria pacifica, il sonno sembrava aver dissolto tutti i pensieri cupi. Si girò verso di me, un braccio sul mio petto. Io lo tenni stretto. Ondate di stanchezza mi travolsero, tuttavia continuai a guardarla, finché mi ritrovai in un sogno, in cui passeggiavo con il cane di mio fratello in un bosco sconfinato.

*

Quando arrivò l'inverno, i capelli di Alva erano già ricresciuti di parecchi centimetri. Il Natale lo passammo in casa di mio fratello, dove lo spazio per simili occorrenze non mancava. Un edificio moderno, attorniato da fitte siepi, isolato al centro di un ampio terreno. La location ideale per il cattivo di un film, con un'infinità di stanze superflue, un giardino enorme e giochini tecnologici dappertutto, come un frigorifero smart o uno schermo estraibile per i video.

«Marty è il re dell'inutile» aveva detto una volta mia sorella.

C'erano tutti, anche il padre di Alva; un ometto robusto, piuttosto originale, con il naso aquilino e un sorriso malinconico che si addiceva poco ai suoi modi altrimenti allegri. Aveva lo sguardo fermo e la pelle del viso cotta dal sole di innumerevoli arrampicate sulle Alpi. Subito abbracciò a lungo la figlia, poi sollevò entrambi i nostri bambini. Li tempestò di domande e loro non si scostarono dal suo fianco per tutta la serata.

Cantammo insieme. Liz suonò la chitarra, ma rifiutò ancora una volta di eseguire *Moon River*.

«Quella canzoncina idiota la canterò solo quando avrò io stessa dei figli».

«Be', allora mai» disse Marty.

Lei gli lanciò un'occhiata di rimprovero.

Alla fine i bambini ebbero il permesso di aprire i regali – libri e Lego da noi genitori, vestiti da Elena, videogiochi da Toni e Marty e colori ad acquarello da Liz – mentre noi, seduti al tavolone del soggiorno, li osservavamo. L'anno che avevamo alle spalle era stato difficile, cosa che rendeva ancora più bello starsene lì tutti insieme e poter guardare al passato come a un brutto sogno.

Mio fratello era con Toni davanti allo stereo, discutevano a chi toccasse la scelta. Si avvicinò al tavolo scuotendo il capo. «Da oggi è definitivamente appurato che Toni non capisce niente di musica».

«Non dategli retta» esclamò lui. «In collegio ha ascoltato per anni black metal, mi ha rovinato il resto della vita».

Come sempre, quando i due si rivedevano, all'inizio si punzecchiavano per l'eccitazione e poi si mettevano a chiacchierare per ore, in fraterna confidenza.

Liz invece rimase sulle sue per tutta la sera. Sul suo viso un tempo perfetto erano comparse le prime piccole rughe. Se sorrideva, non si notavano, altrimenti le conferivano un'aria tesa. Vero è che non prendeva più droghe, ma io sapevo che beveva ancora troppo; il bicchiere di vino rosso era un suo attributo fisso, come i capelli biondi. Mia sorella aveva quarantaquattro anni e sembrava indifesa di fronte all'invecchiamento. Si era sempre e solo goduta l'attimo fuggente, per tutta la vita aveva reciso ogni vincolo, per sentirsi libera, e ora si ritrovava praticamente a mani vuote.

Quando la interrogai sul suo lavoro, fece una smorfia. «Io divento sempre più vecchia, loro restano sempre diciassettenni. Loro avranno sempre tutta la vita davanti, io invece ne avrò sempre di più dietro le spalle».

Eravamo da soli in cucina, era piuttosto tardi. Liz mi stava raccontando di aver appena lasciato il suo compagno, un giornalista. L'ennesimo flop. Passava e ripassava un dito sul bordo irregolare del tavolo, e di colpo dal suo viso era sparita ogni traccia di ottimismo. La bocca le tremava, cercò di dominarsi, ma il tremore tornò. Infine mi si avvicinò da dietro e mi cinse con le braccia, come da bambina. Io gliele strinsi e pensai a una barca che, tempo prima, era stata sospinta lontano dalla riva, con tocco lieve. Solo che, in tutti quegli anni, non c'era mai stato niente in grado di frenare quel minuscolo primo impulso, e così la barca se ne andava alla deriva, sempre più al largo, in mare aperto, sola...

«Non so» dissi. «Forse, una buona volta in vita tua, dovresti tenerti qualcosa fino alla fine, invece di passare subito oltre».

«Sapevo che l'avresti detto». Si staccò da me. «Ma non porta a niente, vivere in questa maniera. Tutto passa a una tale velocità, non si può trattenere niente. Si può solo *essere*».

Mi lanciò di nuovo quell'occhiata – la *sua* occhiata – e quella volta la sostenni, perché ora sapevo di cosa stava parlando.

*

Nell'anno nuovo iscrissi Vincent a una società calcistica. Reagì con il panico, mentre Luise dichiarò che era ingiusto, perché avrebbe voluto andarci anche lei. Io però ci tenevo che Vincent avesse un ambito tutto suo, dove la sua versatilissima sorella non potesse primeggiare. Inoltre volevo che mio figlio imparasse un gioco di squadra e non si ritrovasse, più tardi, a correre i cento metri da solo, in gara con se stesso e con il tempo.

Pian piano riaffioravano alla nostra coscienza i momenti bui dell'anno passato. Intanto vedevo di nuovo Alva ogni giorno davanti al suo laptop, nello studio, intenta a scrivere la tesi. E aveva ripreso a minacciarmi di cercare un corso che potessimo frequentare insieme nel prossimo semestre. «A meno che tu mi faccia finalmente leggere qualcosa del tuo romanzo».

«Non me la sento ancora. Ma lo leggerai presto, promesso».

«Anche Sasha diceva sempre così, e alla fine non mi ha mai fatto leggere niente».

Nel frattempo i nostri figli si erano abituati alla scuola. Durante il giorno facevano una vita tutta loro, di cui io sentivo solo parlare, senza mai parteciparvi. Una volta Vincent, a cena, raccontò che in classe avevano parlato di 'Muhma Dali'. Alla mia richiesta di spiegazioni, disse che era un pugile.

«Ah, vuoi dire Muhammad Ali!» esclamai. «È stato il più grande boxeur di tutti i tempi».

Vincent mi guardò con una faccia, come per dire: 'Se lo dici tu...' Anche mia figlia non fece il minimo sforzo per mascherare il suo disinteresse.

«Ali era un grande. Ha sempre avuto una parlantina pazzesca. Sentite un po'». Mi alzai dalla sedia e gridai, sbarrando gli occhi: «Sono il più grande. Settimana scorsa mi sono battuto con una balena. Ho ucciso una roccia, ferito una pietra, spedito in ospedale un mattone. Sono così cattivo che persino la medicina si ammala. Librarsi come una farfalla, pungere come una vespa».

Ballonzolavo per la sala da pranzo. I bambini guardavano esterrefatti quell'exploit inatteso di loro padre.

«E Ali ha sempre offeso gli avversari. Così». Mi avvicinai a Luise con aria provocatoria. «Sei così brutta che quando piangi le lacrime ti risalgono sulla faccia e scappano dalla nuca». Scoppiò a ridere. Boxai a vuoto come uno scemo e andai da Vincent. «E scommetto che tu ti spaventi a morte, se ti guardi allo specchio. Brutto orso!»

Mi cimentai poi nello 'shuffle' di Ali e ballonzolai rapido su due piedi, cosa che però non mi riuscì più tanto bene. Mi venne subito il fiatone, ma non mollai. I bambini morivano dal ridere, e quando Alva scosse il capo stupefatta, le ballonzolai intorno finché scoppiò a ridere a sua volta.

*

A fine febbraio andai a prendere Marty all'università per pranzare insieme. Quando uscì dall'istituto, stava discutendo con un gruppo di studenti, alcuni dei quali avranno avuto la metà dei suoi anni. Che gusto nel vestire aveva ora mio fratello, al contrario di quando era giovane! Indossava un elegante completo grigio, una camicia azzurra, scarpe stringate di cuoio chiaro e una coppola, verosimilmente per nascondere la calvizie. Ascoltava Springsteen, i Talking Heads e Van Zandt, portava un paio di occhiali praticamente invisibili e aveva un'aria al cento per cento affidabile.

«Di che cosa stavate discutendo?»

Marty spinse la porta del ristorante. «Ah, un ragazzo alla fine della lezione ha chiesto se esiste il libero arbitrio».

«E dunque?»

«Naturalmente deve esistere. Ma la questione in sé è meno importante del modo in cui la si considera. Perché, se anche la ricerca scientifica sul cervello dimostrasse che noi non abbiamo mai la possibilità di scegliere consapevolmente, io non lo accetterei».

Sorrise. «Se anche il libero arbitrio fosse un'illusione, sarebbe comunque tutto ciò che ho».

Stavo per rispondere, quando mi squillò il cellulare. Alva.

«Vieni subito a casa, per favore» disse.

Sentii una fitta al petto. Per qualche motivo pensai subito a Vincent. Se era successo qualcosa, era successo di sicuro a lui.

«È capitato qualcosa ai bambini?» chiesi entrando in casa. «Vincent si è fatto male?»

«No».

Sollievo. Le andai vicino. «Che cosa c'è allora?»

Alva sorrideva, ma non era un vero sorriso. Gli occhi le brillavano, poi li abbassò e io mi lasciai cadere in silenzio accanto a lei, sul letto.

*

La vita non è un gioco a somma zero. Non deve niente a nessuno e le cose accadono come accadono. A volte in maniera giusta, così che tutto appare sensato, a volte talmente ingiusta che viene da dubitare di tutto. Ho tolto la maschera al destino e sotto ho scoperto solo il caso.

*

Da quando avevo saputo che la malattia di Alva si era ripresentata, vivevo i miei giorni come inebetito. Il cancro si era diffuso, formando metastasi nel fegato e nella milza. I medici le avevano prescritto chemio e radioterapia in dosi elevate. Una quantità immane di veleni le vennero riversati in corpo e di nuovo si affacciò la domanda: chi veniva ucciso? Il cancro o lei?

In quei giorni Elena e mio fratello si trasferirono da noi e ci prendemmo cura in tre dei bambini. Marty giocava con loro, Elena la sera leggeva a entrambi le storie e la mattina li accompagnava a scuola prima del lavoro, quando io già ero avviato alla clinica. Ognuno di noi ce la metteva tutta per sprizzare ottimismo, ma Vincent fu il primo a capire come stavano le cose.

«Morirà?» chiese.

Lo guardai costernato. «No, certo che no».

«E allora perché sta via così tanto?»

«Per essere curata meglio. Tua mamma è invincibile, non preoccuparti. Anche l'ultima volta è guarita, no?»

La cosa sembrò calmarlo. Luise pareva più fiduciosa del fratello, ma andava a trovare Alva in clinica tutte le volte che poteva e si infilava nel suo letto. Ancora oggi la rivedo lì, accanto alla mamma; entrambe tacevano, una per debolezza, l'altra per paura.

«Facciamo noi tutto il necessario» mi diceva in continuazione Elena. «Non devi preoccuparti di niente riguardo ai bambini».

«Grazie».

«E se ti va di parlare...»

«Lo so».

Fino a quel momento avevo sempre potuto contare sulla certezza che Alva avrebbe continuato a sperare e a resistere, ma ora sentivo che non si aspettava di poter avere una recidiva così in fretta. Volevo dare un segnale, e alla fine mi decisi a chiamare Toni.

Un mese più tardi – si era già in maggio – salii di corsa le scale della clinica e feci irruzione nella camera di Alva. Stava sonnecchiando, il letto cosparso di libri per la tesi. Sinora la primavera era stata magnifica e anche quel giorno il tempo era radioso, la piccola stanza esplodeva quasi di luce.

«Riesci ad alzarti?» L'accompagnai alla finestra e indicai la moto, parcheggiata di sotto. Lei guardò dapprima la moto, poi me.

«Ma se hai sempre avuto una gran paura».

«È superata» dissi. «Non ho più paura».

Mi diede un lungo bacio e mi abbracciò. Tenevo ancora in mano il casco e lo gettai sul letto. Poi mi accorsi che Alva stava piangendo. Senza dire una parola, la sorressi.

«Io però ho paura» mi bisbigliò all'orecchio, come se mi confidasse un segreto. «La chemio non fa l'effetto dovuto».

«La aumenteranno o proveranno un'altra terapia».

«Ormai sono praticamente sempre qui».

Impiegò un po' di tempo a calmarsi, poi si fece raccontare delle mie lezioni di guida clandestine e di come Toni mi avesse consigliato nell'acquisto della moto. Era sempre bello raccontare qualcosa ad Alva. Sgranava gli occhi, si protendeva in avanti, ti prendeva sovrappensiero per un gomito e si abbandonava tutta alla curiosità. Neanche al cinema si addormentava mai, nemmeno se era stanca morta; voleva sempre sapere come andava a finire.

«Quando sarai fuori ti faccio fare un giro in moto».

Mi diede un'occhiata scettica. «Sai guidare bene?»

«Be', qui sono arrivato senza incidenti».

Ci sdraiammo entrambi sul letto, benché fosse troppo stretto.

Alva si strinse al mio fianco. «Mi piace tanto stare qui distesa con te». Le sue dita mi carezzarono il mento, la bocca, mi sfiorarono le sopracciglia e le tempie. «Lo sai che mi piacciono le tue orecchie?»

«L'ho intuito, chissà come».

«Le tue piccole orecchie sono la cosa più bella che hai».

Mi osservò a lungo, come se mi vedesse per la prima volta consapevolmente. Alla fine mi toccò i capelli. «Quanto grigio» disse, poi non parlò più.

*

Mia sorella venne a trovarci un paio di volte, badava ai bambini o faceva una passeggiata con me, e naturalmente andò anche in ospedale da Alva. Avvertivo, però, che aveva un suo rovello. Il lavoro la annoiava e il pensiero che non avrebbe mai avuto figli non le dava pace. Una sera vedemmo alla televisione un documentario sull'India e Liz disse che non ci era mai stata. Sembrava un'osservazione di passata, ma io notai che gli occhi le splendevano di sete di vivere e capii che presto avrebbe fatto qualcosa. Quando spegnemmo il televisore, mi diede un abbraccio consolatorio. O io a lei, non fu molto chiaro.

Ormai lavoravo per lo più di notte, visto che comunque non riuscivo a prender sonno. Dissi ai medici che dovevano dirmi la verità, ma mi tranquillizzarono. Ancora non c'era motivo di perdere la speranza. Questo bastò a farmi andare avanti. Ogni mattino facevo jogging nel parco, spesso con l'husky di mio fratello al mio fianco. Poi cercavo di sfruttare ogni secondo della giornata per essere d'aiuto ad Alva: riordinavo casa, sbrigavo commissioni, facevo la spola tra la clinica e la casa, badavo ai bambini. Mi annullai totalmente nel desiderio di essere presente per entrambi. Nonostante ciò, Vincent e Luise litigavano sempre più spesso, e quando io volevo mettere pace o portarli a letto, scappavano via gridando tra le lacrime che rivolevano la loro mamma.

Marty mi era d'aiuto, simulava ottimismo, ma a volte lo coglievo a fissare il vuoto con aria cupa e scoraggiata. Sapevo che voleva molto bene ad Alva e che nella sua visione nichilistica del mondo c'era ben poco che potesse tirar su il morale in una simile circostanza. Le persone nascevano, vivevano, morivano, i loro corpi imputridivano ed era tutto finito. Da parte mia, un paio di volte pregai che Alva tornasse in salute. Sebbene non avessi niente a che fare con le religioni, non ero mai stato davvero ateo. Ricordo una discussione con Romanov. Eravamo nel suo studio e parlavamo della teodicea.

«Jules, la finisca per favore» aveva detto lui. «Ad alcune questioni non può esserci risposta, va da sé. Noi uomini quaggiù infatti siamo affidati completamente a noi stessi. Del resto che mondo sarebbe, se ogni preghiera venisse ascoltata e noi sapessimo con certezza che dopo la morte tutto continua? A che servirebbe vivere ancora, saremmo già in paradiso. Conosce il proverbio: dai un pesce a un uomo, e lo nutrirai per un giorno, insegnagli a pescare e lo nutrirai per tutta la vita? La stessa identica cosa succede qui. Dio vuole che impariamo a badare a noi stessi. Non ci dà il pesce e non esaudisce tutte le nostre preghiere, ma ci ascolta e osserva come affrontiamo le cose, la malattia, l'ingiustizia, la morte e il dolore. La vita è fatta per imparare a pescare».

Quelle parole ora mi furono di conforto. Pensai alla generosità di Romanov, che mi aveva accolto in casa sua, e a quanto doveva aver amato Alva, riproponendomi di far visita alla sua tomba a Lucerna.

*

Arrivò luglio e, benché Alva fosse troppo sfinita per lavorare, a letto continuava a leggere libri per la tesi: Spinoza, Locke ed Hegel. Era come se volesse ignorare il suo corpo, che la tradiva.

«Tutti pezzi da novanta» dissi.

«Mi piace. Mi è sempre piaciuto confrontarmi con il pensiero degli altri».

Non potevo dire quello che avrei voluto, ma lei capì ugualmente.

«Se davvero devo morire» disse, «voglio farlo a testa alta. Quindi vivere il più a lungo possibile così come ho sempre vissuto. Leggendo e imparando».

Ero sicuro che sentisse la mancanza delle sue spedizioni notturne. Spesso la immaginavo vagare di notte per la clinica, mi auguravo quasi che lo facesse. Che la sua dipartita non avesse modalità terrene, bensì somigliasse a un misterioso svanire per sempre nell'oscurità.

«Che fanno i piccoli?»

«Luise sta benissimo, è solo molto silenziosa negli ultimi tempi. Mi ha chiesto se poteva saltare la scuola e venire qui con me. E Vincent ha fatto a botte con un compagno».

«Guarda cos'ha disegnato».

Alva indicò un disegno sul tavolo. Raffigurava lei con un cane, chiaramente quello di mio fratello. Accanto, Vincent aveva fatto un tondo nero. Doveva aver usato tutte le matite per arrivare a quella tonalità così cupa. Il tondo scuro è la morte, pensai spaventato.

«Mi sa che dovremo rinviare il corso di filosofia insieme» disse, in apparenza allegra. «Ce l'hai fatta ancora una volta a evitarlo».

Abbozzai un sorriso, ma la paura mi attraversò, violenta e fisica, come un pugno che mi scavava in continuazione nello stomaco. Un dolore che ridusse il mondo a un nodo serrato.

Alva mi prese una mano. Sensazione familiare, bella, tenere la sua nella mia, le nostre mani erano fatte una per l'altra. L'avevo constatato già ai tempi della Fiat rossa, davanti al bar del paese. Restai con lei fino all'imbrunire, poi montai in sella alla moto. Ma non andai a casa, dove Marty aveva già messo a letto i bambini, bensì fuori città. Sulla provinciale alzai la visiera. Il vento mi tagliava la faccia, era una sensazione che amavo.

A volte fissavo talmente la carreggiata che tutto scompariva. Allora la vedevo sedersi accanto a me, a scuola. Capelli rossi, timida, occhiali di corno troppo grandi, molto graziosa, nonostante un incisivo leggermente storto. Alva, la misteriosa Alva.

Ora invece sapevo tutto quello che a quel tempo ignoravo. Sapevo che quella ragazza aveva perso la sorella e che in seguito sarebbe andata in Russia e si sarebbe sposata. Sapevo che l'avrei ritrovata e che avrebbe avuto dei figli con me, sapevo delle sue passeggiate notturne e che sarebbe diventata una madre fantastica e sapevo che alla fine si sarebbe ammalata e sarebbe stata ricoverata in una clinica. Allora, quando Alva si era seduta accanto a me a scuola, non c'era modo di presagire tutto ciò. Era semplicemente una ragazza di campagna, accanto a un ragazzo di città appena diventato orfano. L'inizio di una storia. Della nostra storia.

Poi pensai alla morte e a come la immaginavo spesso, un tempo: una distesa sconfinata, una sorta di paesaggio innevato sopra cui volare. E là dove il bianco si faceva tangibile, il nulla si riempiva dei ricordi, dei sentimenti e delle immagini che ognuno portava dentro di sé, e acquistava un volto. Spesso il risultato era così bello e strano che l'anima vi si immergeva, per rimanervi fino a quando non riprendeva il suo cammino, sulla via del nulla.

*

A fine luglio, nel tardo pomeriggio, mi ritrovai in casa da solo. Il silenzio aveva una consistenza estranea. Osservavo il vento perdersi nel cortile e infilarsi nei cespugli. Era piovuto ininterrottamente per ore, ma adesso tra le nuvole color ardesia si facevano strada ampi fasci di luce. Decisi di cercare la lettera che avevo scritto ad Alva a diciannove anni, poco prima che prendessimo strade diverse. Allora, con decisione combattuta, non gliel'avevo data, la trovavo troppo patetica e puerile. Le avevo invece citato quell'assurdità di mio padre, secondo cui lei era il mio miglior amico. Così che non aveva mai letto queste righe, scritte di mio pugno il 26 maggio del 1992:

Cara Alva,

spero ti siano piaciuti i racconti brevi che ho scritto. In caso contrario, non essere troppo severa, ti prego. Questo fine settimana finalmente ho terminato Il cuore è un cacciatore solitario. *Adesso capisco perché ti piace tanto McCullers, anch'io sono rimasto scosso dalla storia. E capisco anche benissimo perché tu abbia voglia di diventare come un personaggio del romanzo e di andartene in futuro sempre in qualche caffè, dopo mezzanotte. Ma in realtà tutti quei tipi, che si incontrano ogni notte, sono rosi dall'inquietudine e un po' fallimentari. Io spero tanto che tu non diventi così. Inoltre mi ha colpito moltissimo come un personaggio distingua tra vita interiore ed esteriore. Ci ho riflettuto molto negli ultimi giorni, perché mi sono reso conto di fare lo stesso.*

Il mondo esterno è quello che le altre persone definiscono realtà. Un mondo in cui i miei genitori sono morti, in cui non ho neanche un amico, in cui i miei fratelli si sono allontanati senza voltarsi verso di me. Un mondo in cui prenderò un indirizzo di studi qualsiasi e farò un lavoro qualsiasi. Un mondo in cui non so aprirmi agli altri, in cui forse do l'impressione di essere freddo e in cui ho perso una parte, o forse tutto, di me. Un mondo in cui alla fine non c'è che la morte e in cui, a volte, ho la sensazione di scomparire.

Il mondo interiore invece è diverso, esiste solo nella mia testa. Ma non esiste tutto solo nella testa? Tu mi chiedi sempre a cosa penso, quando sono trasognato o non sto attento a scuola. La verità è: io non penso, sono semplicemente. A volte in quei momenti mi immagino di essere cresciuto in America, o che mia madre e mio padre siano ancora vivi. Oggi, per esempio, durante le lezioni, ho fatto un viaggio in Italia. Con i miei genitori, mia zia e i miei fratelli, tutti insieme in una comoda roulotte. Era tutto talmente intenso che mi è difficile renderlo a parole. Eravamo di nuovo bambini e percorrevamo la costiera amalfitana, e ti potrei esattamente descrivere che profumo c'era, di limoni e di alghe, e che colore avevano le foglie già autunnali e come il rosso delle fette di anguria che mangiavamo splendeva alla luce del sole. Potrei dirti di che cosa parlavamo, io e i miei fratelli, e che sguardi ci lanciavano i nostri genitori e come, mangiando nel piccolo ristorante italiano, mia sorella sorseggiasse per la prima volta un po' di vino, fingendo che le piacesse, benché le ripugnasse, lo so per certo.

Naturalmente mi è chiaro che queste sono solo fantasie infantili. Eppure sono sicuro che nell'universo debba esistere un luogo visti dal quale entrambi i mondi siano allo stesso modo veri. L'autentico e l'inventato. Perché se ogni cosa passa e viene dimenticata, se tra miliardi di anni il tempo avrà reso tutto lontano e non ci sarà più la prova di niente, allora non ha nessuna importanza stabilire quale sia la realtà. Allora le storie che ho architettato nella mia testa saranno forse vere o non vere come quella che gli uomini hanno chiamato realtà.

Sicuramente ti stai chiedendo perché io ti scriva tutto ciò. E di certo vorresti sapere perché ti chiedo solo di dividere con me un appartamento a Monaco, invece di dirti semplicemente cosa provo per te, anche se forse è evidente. Non lo faccio perché voglio offenderti, al contrario. La verità è che ancora non ci riesco. Perché non so cosa pensi di me, cosa provi per me. E ho paura di rovinare tutto quello che c'è tra noi e di perdere anche te, dopo i miei genitori e i miei fratelli.

Ma questa lettera è, dopo tanti anni, il mio primo grande passo verso il mondo esterno. Ti ho confidato cose che non ho mai detto a nessuno. Perché so che è sbagliato chiudersi così in se stessi. Vorrei stare dove stai tu, questa è la realtà.

Il tuo
Jules

*

Un giorno d'agosto, non ricordo più quale. L'illuminazione sul soffitto dell'atrio della clinica funzionava a intermittenza, cosa che mi infastidiva molto. Il puzzo di disinfettante mi irritava il naso, qualcuno correva in corridoio, le scarpe da ginnastica cigolavano sul pavimento. Osservavo i movimenti della bocca del medico, avevano un che di meccanico, le parole penetravano in me con estrema lentezza. La terapia non sortiva più il suo effetto, si erano formate altre metastasi, la battaglia ormai era persa. Il cancro era dappertutto nel corpo indebolito dai farmaci di Alva, e ora aveva gioco facile. I medici suggerivano di interrompere il trattamento e passare a cure palliative.

Le davano poche settimane. Me lo ripetei tra me più e più volte. *Solo poche settimane.*

Anche se in cuor nostro ce lo aspettavamo da un pezzo, fino all'ultimo noi tutti avevamo sperato ardentemente in una guarigione miracolosa. E persino dopo quella inaccettabile diagnosi io non riuscii a crederci. Doveva trattarsi di un abbaglio, tra poco ci saremmo ritrovati tutti a tavola, a cenare insieme, poi avremmo giocato a dama. Non poteva essere vero. Non doveva.

Ridotto all'insensibilità quasi totale, percorsi come un automa il corridoio della clinica e aprii la porta della camera di Alva. Entrai nella piccola stanza, come avevo fatto centinaia di volte nelle ultime settimane, solo che adesso era tutto diverso.

«Ci siamo, dunque» disse Alva, quando mi vide. «*Game over*».

Mi sarei aspettato di trovarla in lacrime, non certo intenta a leggere un libro. Ancora non aveva rinunciato alla sua tesi, anche se a quel punto era certo che non l'avrebbe mai finita. Mi sedetti sul suo letto, feci per abbracciarla, ma lei mi respinse delicatamente.

«Al momento non sopporto nessuna vicinanza» disse. «Devo incassare il colpo da sola. Dammi ancora un po' di tempo, ok?»

Mi tirai indietro. «Certo».

«Domani la prenderò certamente meglio».

Distolse lo sguardo. La fissai ancora un momento, poi uscii.

*

In città c'era troppa luce per me, il sole si riversava sulle strade e le case. Non telefonai a nessuno, mi lasciai trascinare dal flusso della folla. Profumo di brezel davanti a un panettiere. Operai che aggiustano il selciato. Una coppia di anziani che passeggia sul marciapiede, mano nella mano. *Solo poche settimane.*

A casa, Elena aveva preparato la cena per i bambini; a quanto pareva sapeva già la notizia, perché mi abbracciò senza una parola. Luise e Vincent erano a tavola, silenziosi. Supponevo che nessuno avesse detto loro niente, eppure era come se sentissero che qualcosa di fondamentale era cambiato.

Abbracciai prima mia figlia, poi mio figlio, mangiai un boccone, andai in camera e mi sdraiai dalla mia parte del letto. L'altra sarebbe rimasta vuota per sempre. Mi arrabbiai subito per tutta quella autocommiserazione, una cosa patetica. Alla fine mi addormentai.

Alla sera mi svegliò mio fratello. Senza dire una parola si sdraiò accanto a me, là dove aveva sempre dormito Alva. Il viso cinereo.

«Ho parlato al telefono con Liz» disse. «Non ha detto un granché, comunque si capisce che è molto giù. Con tutto quello che sta succedendo, il fatto che stia male passa un po' in secondo piano. Di recente mi ha confessato che avrebbe una gran voglia di licenziarsi. Le ho detto di venire da noi, durante le vacanze». Si girò verso di me. «E Toni mi ha raccomandato di dirti che per te c'è sempre, se hai bisogno di lui. Viene subito, se vuoi».

Ci scambiammo un'occhiata.

Marty scosse il capo. «Non so proprio cosa dirti... È tutto il giorno che cerco qualche parola che ti possa consolare, ma non esiste, ecco tutto... Almeno i tuoi bambini potranno darle l'ultimo saluto. Non è molto, ma sempre più di quello che abbiamo avuto noi».

«Hanno solo sette anni» dissi. «Fra trenta si ricorderanno a malapena di loro madre».

«Starà a te parlargli di lei».

Restammo sdraiati lì per alcuni minuti, poi Marty si alzò. Insieme a Elena si occupò per tutta la sera dei bambini. Io invece rimasi inerte in camera, sentii Luise e Vincent chiedere di me, l'acciottolio di piatti e il rumore di un rubinetto aperto. Ma non ero in grado di muovermi e di alzarmi. Rimasi disteso finché a poco a poco in casa calò il silenzio e tutti si addormentarono. Allora accesi la luce e lessi alcune pagine dell'ultimo libro di Romanov.

*

Non intendo descrivere lo scempio arrecato dalla malattia al corpo di Alva. E nemmeno soffermarmi sui momenti in cui perse il controllo e si disperò. Avevo l'impressione che stesse sull'orlo di un baratro e si tenesse aggrappata solo con una mano, mentre la malattia le staccava un dito dopo l'altro.

Eppure in quel suo corpo intento ad autodistruggersi abitava ancora uno spirito forte. Dopo alcuni giorni di totale sconcerto e impotenza, Alva aveva deciso di opporsi coraggiosamente alla morte. Non sapevo da dove traesse quella forza, dal momento che era a malapena in grado di alzarsi e sonnecchiava sempre più a lungo, inebetita dalla morfina. Eppure, non appena si svegliava, quella forza si riaccendeva di colpo.

Alva era stata trasferita nell'hospice. Niente più spazi bianchi e monotoni, bensì una camera confortevole, con il parquet, acquarelli alle pareti e una poltrona di finta pelle rossa accanto al letto, dove io stavo da mattina a sera. Sfruttavo ogni secondo in cui era in grado di parlare, volevo rubare quanti più ricordi possibile degli ultimi momenti insieme che ancora ci rimanevano. Talvolta, conversando in quella maniera, io perdevo il controllo e mi lasciavo sopraffare da un sentimento di perdita; lei invece sorrideva, anche se non era più il suo sorriso di una volta, e diceva che dovevo ricompormi, altrimenti che cosa avrebbe pensato di me la morte?

«Puoi parlare apertamente, senza problemi» disse. «Per lei non ho segreti».

I momenti più difficili per Alva erano le mattine, quando se ne stava a letto immobile e silenziosa, incapace di parlare con me. «Quando sogno, passa tutto» mormorò una volta. «Ma quando mi sveglio, devo imparare ogni giorno daccapo che morirò tra poco. E poi di notte lo dimentico di nuovo».

Ormai era troppo debole e stanca per leggere, i suoi libri di filosofia erano abbandonati sul comodino. In compenso ero io a leggerle brani di romanzi, e anche poesie. La sua preferita era di Rilke, ormai la sapevo a memoria.

Grande è la morte.
Noi siamo suoi,
con labbra sorridenti.

Quando ci crediamo nel fiore della vita,
azzarda un pianto
nel nostro cuore.

La cosa che però preferiva in assoluto era che io le leggessi qualcosa dei miei due racconti compresi nel libro di Romanov. Quello dell'uomo che nei sogni conduceva una seconda vita e quello che fino alla morte viveva in solitudine, perché rubava il tempo agli uomini e non trovava nessuno disposto a rinunciare a una lunga vita per trascorrere qualche anno con lui.

«Il tuo romanzo purtroppo io non potrò più leggerlo, in questa vita» disse Alva in una delle nostre ultime conversazioni articolate. Più tardi, quando i medici aumentarono la dose, era quasi sempre troppo stanca o intontita dalla morfina per poter parlare davvero con me, ma quel pomeriggio era vigile.

«Ci sono tante di quelle cose che vorrei ancora fare. Tanti di quei posti che vorrei ancora vedere». Mi guardò. «Tu volevi cucinare per me».

«E l'ho fatto spesso».

«Ma non come quella volta, a scuola».

Dovetti ammettere che era vero.

«E i bambini...» disse. «Avrei voluto vederli crescere. Mi sarebbe piaciuto tanto parlare con Luise quando, nell'adolescenza, avrà dei problemi. O con Vincent, alle prese con il primo amore». Mi afferrò una mano. «Adesso tocca a te».

Nelle settimane precedenti mi ero convinto che, in un modo o nell'altro, ce l'avrei fatta, ma d'un tratto traboccai di disperazione e di rabbia. Mi alzai e presi a girare per la stanza. «Non sono capace» gridai. «Non posso sostituirti. NON SONO ANCORA PRONTO».

«Sei un bravissimo padre».

«Ma solo perché avevo te. Sei tu che li hai tirati su, che hai fatto tutte le cose importanti. Io mi sono limitato a giocare con loro. Non sono ancora pronto a provvedere a loro, da solo. Già adesso i bambini non mi danno retta, non mi ritengono credibile nel ruolo».

Alva scosse il capo, stanca. «Pian piano entrerai nella parte, ne sono sicura. Quando loro avranno bisogno di te, tu sarai pronto».

«Non voglio assolutamente che facciano la vita che ho fatto io, ai tempi». Mi lasciai cadere su una seggiola, un piede che ballonzolava nervoso.

Lei restò calma. «Ti capisco. Ma io in te, come padre, non vedo tanto l'allegro mattacchione che sei con i bambini, quanto piuttosto l'uomo serio che sei sempre stato. E tuo fratello e tua sorella ti daranno una mano».

«Liz è in India» dissi io, ancora incredulo.

«Non lo sapevo».

«Tre giorni fa si è licenziata e se l'è filata a Mumbai, invece di aiutarmi qui. Se l'è svignata, come sempre».

Per un momento Alva non seppe cosa rispondere.

«Comunque sia» disse alla fine. «Non saprei immaginarmi un padre migliore per i nostri due figli. Su questo punto devi fidarti più di me che di te».

Mi sedetti accanto al suo letto. «Ok» bisbigliai.

La sua mano di nuovo nella mia.

«Hai paura?» chiesi.

«Ogni tanto. Quando ancora non riesco a immaginarmi che morirò presto, mi viene paura. Ma ormai sono in grado di farlo molto spesso e allora mi sento bene. Prima o poi sarebbe comunque dovuto succedere».

Annuii. Quella nostra conversazione era come una gara, entrambi volevamo superare noi stessi. «Sono solo otto anni» dissi. «Solo otto anni che stiamo insieme. Quanto tempo sprecato».

«Anch'io ci ho pensato spesso». Alva si sollevò a fatica e mi guardò. «Jules, ti ricordi quando ci siamo parlati l'ultima volta a scuola?»

«Al ballo di fine anno?»

«No, lì non mi hai neanche guardato. È stato prima».

«Giusto» dissi. «Sei venuta da me all'improvviso e mi hai chiesto se facevamo qualcosa insieme nell'ultimo fine settimana di scuola. Volevi parlarmi a tutti i costi. E io non mi sono fatto vivo, per orgoglio, suppongo. Anche se, naturalmente, avevo voglia di vederti. Ma quando poi te ne ho fatto cenno, tu comunque non ti ricordavi nemmeno. Non te ne importava niente».

Lei ritrasse la mano. «No» fece. «È andata in un altro modo. Sono stata *io*, dopo quel fine settimana, a chiedere a *te* perché non ti eri fatto vivo, ma tu...»

La sua voce mi arrivava ovattata. Per l'ennesima volta la realtà si incrinò e io mi rividi nitidamente in classe, mentre, con un ghigno compiaciuto, le raccontavo la frottola di essermi dimenticato del nostro appuntamento e di aver avuto un'avventura con una ragazza a una festa.

Alva mi lanciò un'occhiata. «Ho sperato tutto il weekend che tu mi chiamassi. Ti avrei finalmente...

capito, Jules. Tutte le volte che squillava il telefono speravo che fossi tu».

«Davvero?»

«E visto che non ti sei fatto vivo, ero triste e arrabbiata, soprattutto con me stessa. Allora ho desiderato solo di andarmene».

Per un attimo cercai le parole. Poi, quando iniziai a rivolgermi dei rimproveri, lei mi interruppe subito.

«Semplicemente, non era ancora il nostro momento».

«Ma così avremmo passato molto più tempo insieme».

«Lo abbiamo avuto comunque» disse. «Meglio otto anni con te che cinquanta senza di te».

Posai la testa sul suo letto. Se chiudevo gli occhi, mi era facile tornare a quell'estate della nostra giovinezza e riconoscere i timidi segnali di Alva. L'album di ricordi, che mi aveva regalato così, di punto in bianco, e che conteneva solo foto di noi due, accompagnate da piccole poesie di suo pugno. O la volta che aveva detto, in tono beffardo, che voleva andare all'estero e che l'unica condizione per restare sarebbe stata innamorarsi. In quegli anni era un continuo mancarsi a vicenda: avevamo riconosciuto troppo tardi quello che provavamo uno per l'altra, legati com'eravamo al bisogno di amicizia. Adesso ero in grado di correggere i nostri errori, era diabolicamente facile. Ovunque fossimo – nella sua Fiat, nella mia camera in collegio o nel rifugio in montagna – bastavano solo poche parole, pochi gesti, e tutto prendeva un'altra piega...

Tuttavia dovetti riaprire gli occhi e affrontare quello che mi aspettava. L'elemento invariabile.

*

Alcuni vicini e compagni di studi di Alva passarono all'hospice per accomiatarsi da lei e suo padre veniva regolarmente, da Augusta, portandole dei fiori. Soltanto all'ultimo non resse più, non sopportava l'idea di perdere, oltre alla prima, anche la seconda figlia. Mi pregò di darle una lettera.

Infine arrivò il giorno in cui i nostri bambini videro per l'ultima volta Alva. Dal momento che in camera c'era il medico, aspettammo su una panca in corridoio. Entrambi tacevano, visibilmente provati. Avevano solo sette anni e di certo non erano consapevoli della definitività di quell'addio, ma a un altro livello, più profondo, capivano fin troppo bene che cosa li aspettava.

Due infermiere passarono discutendo accanto alla nostra panca, poi tornò il silenzio.

«Esiste davvero Nangijala?» domandò Luise.

«Che cos'è?» feci io.

«È in una storia che ci ha letto Elena».

«*I fratelli Cuordileone*» aggiunse Vincent a bassa voce. «Nangijala è un paese dove si va dopo morti».

«È un bel posto?» chiesi.

«Sì» dissero entrambi. Mi guardavano speranzosi, come se dipendesse da me cosa sarebbe successo ad Alva dopo la morte.

«Sono sicuro che ci andrà, se vuole. Ma forse ha voglia di andare da un'altra parte. In ogni caso sarà di certo un posto da cui potrà vedervi benissimo».

Ci credettero all'istante, e per un attimo ci credetti anch'io. Poi il medico uscì dalla sua stanza ed entrammo.

Temevo che Alva dormisse o fosse inebetita dai farmaci. Invece constatai con sollievo che aveva l'aria abbastanza vigile. Quando vide i bambini, l'espressione del suo viso cambiò. Dapprima sembrò felice, poi, quando capì perché li avevo portati, nei suoi occhi comparve un dolore per me quasi intollerabile.

Senza una parola i bambini deposero i loro regali sul comodino. Vincent, come regalo di addio, le aveva fatto un disegno con i suoi animali preferiti e uno con loro due insieme. Luise aveva portato una pietra particolarmente bella, trovata giocando nel parco, che doveva portarle fortuna.

Abbracciarono Alva, poi si stesero ancora una volta accanto a lei sul letto. Quando si misero a piangere, distolsi lo sguardo e uscii dalla camera. Con gli occhi gonfi mi sedetti di nuovo sulla panca, così impotente, così inutile. In me un vuoto come non avevo provato nemmeno alla morte dei miei genitori.

Dopo qualche minuto Vincent e Luise mi raggiunsero in corridoio. Non ricordo più cosa dicemmo o facemmo dopo.

*

Ormai erano mio fratello ed Elena a prendersi sempre cura dei bambini, in modo che io potessi stare con Alva. Per me non c'erano più orari di visita. Non volevo lasciarla sola, neanche di notte.

Ogni tanto ascoltavamo musica con il lettore CD che le avevo portato. Album di Nick Drake o del suo amato Gershwin. Nella maggior parte dei casi Alva si addormentava ascoltando, allora mi stendevo al suo fianco e talvolta le parlavo piano delle mie angosce riguardo al futuro senza di lei.

Se invece era cosciente le raccontavo di come, ai tempi, mi fossi iscritto ai corsi di atletica leggera solo perché lei aveva un debole per gli sportivi, o dei mesi di totale libertà, quando ci eravamo trasferiti insieme a Monaco. Di come spesso osservavamo i bambini dormire. E naturalmente le ripetevo in continuazione che la amavo e le dicevo quanto fosse importante per me, e che un giorno avrei scritto di lei.

Alva ascoltava, immobile nel letto.

«Oh no» mormorò una volta.

«Che c'è?»

«Mi è venuta in mente la volpe congelata, proprio come avevi previsto allora».

E nel suo viso smagrito affiorò un accenno del suo sorriso di un tempo.

*

L'ultimo giorno non le lasciai praticamente mai la mano. Non volevo che se ne andasse sentendosi sola, perché intuivo che le riusciva ancora difficile. L'enormità del fatto che potesse morire da un momento all'altro, abbandonando tutto, precipitando nell'ignoto, era palpabile. Fuori splendeva il sole, avevo abbassato le veneziane, ma la luce filtrava dalle fessure e cadeva in strisce sottili sul pavimento. Alva teneva gli occhi quasi sempre chiusi, ma tutte le volte che le stringevo la mano mi rendeva la stretta. E quando provai il desiderio di un caffè, corsi via a più non posso per poi tornare a riprenderle subito la mano. E lei di nuovo me la strinse un attimo, io feci lo stesso, e lei era ancora lì.

L'ultima volta che aprì gli occhi fu nel pomeriggio. Mi guardò e, quando vide che piangevo silenziosamente, parve angustiata, come se si stesse dando la colpa di tutto. Di nuovo mi strinse la mano, poi richiuse gli occhi. Riuscivo quasi a sentire i suoi pensieri sfrecciare nello spazio e nel tempo, in cerca di un'ultima cosa preziosa, di un ultimo bel momento a cui aggrapparsi. Forse pensò ai bambini e a me, o alla sorella e ai genitori, al passato e al futuro. Un ultimo grande caos di pensieri e sentimenti, un groviglio di paure e di speranze, mentre il suo io svaniva, a velocità sorprendente, e si faceva estraneo, infinitamente lontano.

Un'altra vita

E se il tempo non esistesse? Se tutto ciò che si vive fosse eterno e non fosse il tempo a passarti accanto, ma tu a passare accanto a ciò che hai vissuto? Me lo chiedo spesso. In questo caso sarebbe necessario mutare prospettiva e distaccarsi dagli amati ricordi, ma questi ultimi sarebbero sempre lì e, se si potesse tornare indietro, li si ritroverebbe nello stesso punto. Come in un libro, che si può sfogliare a ritroso, ritornando all'inizio. Mio padre e io passeggeremmo in eterno nel parco, alla sera, e Alva e io saremmo per sempre alle prese con il nostro viaggio in Italia, seduti in auto di notte, diretti verso un futuro pieno di speranze. Tento di consolarmi con questo pensiero, ma ancora non lo sento davvero. E io riesco a credere solo a quello che sento.

*

C'è voluto del tempo perché Liz venisse a sapere del mio incidente in moto era in giro per l'India senza cellulare e aveva letto le mail solo dopo parecchie settimane. Il giorno del suo ritorno andiamo tutti insieme al Nordfriedhof, uno dei cimiteri di Monaco. Insieme ai miei fratelli percorro zoppicando, appoggiato al bastone di Romanov, il viale tra le tombe. Liz alla mia sinistra, Marty alla mia destra. I funerali si sono svolti senza di me, per via dell'incidente; è la prima volta che faccio visita alla tomba di mia moglie. Una semplice lapide di marmo nero, su cui sono incisi il nome e la data di nascita e di morte. Una sigla al posto della sua storia: *Alva Moreau, 3.1.1973 – 25.8.2014.*

Nel momento in cui mi ritrovo lì davanti, si scioglie il nodo nel mio petto. 'La morte è l'opposto dell'inautentico' penso. Desidero restare un momento da solo. Marty porta via i bambini, anche Liz si fa da parte. Nel cimitero regna la pace, si sente solo il lieve stormire del vento. D'un tratto mi vergogno di essermi rifugiato, nelle settimane precedenti, nei miei mondi di sogno. Come un bambino. Ma solo in quei mondi Alva poteva esistere ancora. Solo lì potevo incontrare ancora i miei genitori.

I ricordi, l'ultimo rifugio dei morti.

E rivedo di nuovo Alva davanti a me e parlo con lei, ma stavolta l'immagine si dissolve subito, scacciata da un'altra: di me, in sella alla moto, mentre percorro una strada secondaria. Ascolto musica con le cuffie, la visiera alzata. Altro non ricordo. Quella mattina ho fissato la data delle esequie, poi ho parlato con i bambini, e nel farlo mi sono di nuovo reso conto di non essere pronto per tutto ciò.

Accelero, vado sempre più forte e sì, è vero, l'impressione è un po' quella di volare, come ha sempre sostenuto Toni. Ma sono convinto che sia possibile salire ancora di un livello. Nelle mie orecchie un debole arpeggio di chitarra, *Heroin* dei Velvet Underground, poi si inseriscono cautamente batteria e voce, la musica diventa più incisiva, furiosa, il canto esplode. Metto il volume al massimo. Il mio battito cardiaco accelera, il vento mi spinge la faccia all'indietro, e all'improvviso riemerge tutto: la morte di Alva, il pensiero di non essere in grado di provvedere da solo ai bambini, l'angoscia di perdere ogni cosa, finché mi vedo davanti Romanov che mi dice con occhi colmi di paura di non farcela a uscire di scena. A me però non accadrà.

E in quell'istante esco di scena.

La moto non segue la curva, prosegue dritta, va fuori strada e io penso che sia *davvero* come volare. Per un secondo sono libero come mai in vita mia, niente più è in mio potere, niente più può essere controllato da me, accada quello che deve accadere.

Poi, per una frazione di secondo, mi vedo davanti i miei bambini. All'ultimo momento sterzo a sinistra, impatto contro l'albero solo di striscio e tutto si oscura, fino a quando torno in me nella stanza di una clinica.

*

Pochi giorni dopo la visita al cimitero vengo dimesso dall'ospedale. Per il momento Liz abita da me, anche mio fratello ed Elena vengono spesso. Non possono avere figli, ora si occupano dei miei. Quando vado a spasso con il cane, Elena prepara il pranzo; quando me ne sto a letto come paralizzato e ascolto la casella vocale di Alva per sentire la sua voce, Marty gioca con i bambini in cortile. Un periodo tetro, in cui non mi reggo letteralmente in piedi. Anni prima di morire, Alva mi aveva detto di non voler sapere se quello che stava facendo sarebbe stato per l'ultima volta, e ora io elucubro su quando, dove e come abbia fatto qualcosa per l'ultima volta. L'ultimo bacio, a letto. L'ultimo sesso, breve e di fretta, a casa, nel fermo convincimento di poterlo rifare presto. L'ultima volta in cui ha giocato con i bambini è stato nella stanza dell'ospedale; hanno fatto una partita a Memory e ha vinto Luise, addirittura con quattro coppie di vantaggio. Già, te lo ricordi ancora penso, tieni a mente particolari così inutili.

I bambini hanno capito che ho bisogno di aiuto, mi obbediscono quando li metto a letto o mi chiedono di essere aiutati con i compiti. Come noi tre fratelli ai tempi, anche loro dovranno adattarsi a un'altra vita. La loro vita vera, quella insieme alla mamma, è finita, l'attuale ha preso un'altra strada. E in questo nuovo percorso, più difficoltoso, hanno bisogno di qualcuno che li guidi in tutto, e questo qualcuno sarò io. E capisco che forse sono proprio io la persona giusta per farlo, dal momento che ci sono già passato.

Questo pensiero basta a darmi speranza. O almeno ad attivarmi. Sono di nuovo capace di ridere, se devo, di leggere qualcosa ai bambini, se lo desiderano, di cucinare per loro o far fronte alle incombenze quotidiane. Ma se all'improvviso alla radio passa una canzone che celebra gli anni Ottanta, un tempo in cui ero un ragazzino spensierato, e ascolto questi semplici versi del ritornello, per un momento resto completamente scombussolato:

Things are better when they start,
That's how the 80s broke my heart

Dopo alcuni mesi la nostra vita è tornata a essere il più normale possibile. Che non sarà più normale del tutto lo testimonia il fatto che io e i bambini ci trasferiamo in casa di Marty ed Elena, nei pressi del Giardino Inglese.

Avevano sempre avuto troppe stanze vuote, e ora non saremo più soli, né noi né loro.

Il giorno in cui lasciamo definitivamente la nostra vecchia casa, ormai spoglia, osservo le stanze disadorne e immagino quali cambiamenti avremmo apportato io e Alva nel corso degli anni. Vedo le stanze dei bambini trasformate in camere di adolescenti, nella mia fantasia abbatto pareti o ridipingo la cucina.

Marty è di fuori, accanto al camion della ditta di traslochi, e mi chiama.

«Jules, vieni?»

Lascio vagare per l'ultima volta lo sguardo, fisso il cortile, l'altalena e la casetta sull'albero. Poi mi giro e lo raggiungo.

*

Luise all'inizio era contraria al trasloco, ma Vincent è affezionato allo zio ed è felice di abitare con lui. Spesso se ne stanno insieme nella stanza dei bambini e Marty passa ore e ore, come una volta, a montare con estrema attenzione un modellino d'auto che va a benzina o a spalmare piccole quantità di preparati sui vetrini. Il bolide e il microscopio li ha regalati lui a Vincent. E un po' anche a se stesso. In generale questo è il tempo dei desideri esauditi: ogni due settimane andiamo allo stadio con i bambini, o allo zoo, visitiamo il Museo della scienza e della tecnica o un salone nautico. Di domenica sposto il televisore in camera loro, preparo la cioccolata calda con la panna e il pane tostato con lo speck, poi guardiamo insieme i loro cartoni preferiti.

Mentre Luise manifesta spesso la sua tristezza per la perdita della mamma, e un attimo dopo torna allegra, i sentimenti di Vincent fioriscono in segreto. Non lo si vede mai sorridere, il che è un peccato, perché secondo me mio figlio ha un bellissimo sorriso, un sorriso che scaccia all'istante ogni preoccupazione dal suo volto. Ha accantonato la passione del disegno, che lo aveva accompagnato per mesi, e da poco ha paura del buio. Dobbiamo lasciare sempre la porta della camera dei bambini accostata, così che la luce consolatoria del corridoio lo raggiunga.

Una volta, nonostante questo espediente, non riesce a dormire e mi raggiunge con la sua coperta in soggiorno, dove io come sempre guardo la TV di notte. Tutto avviene senza una parola. Vincent mi lancia una breve occhiata per chiedermi il permesso e, quando lo accarezzo sulla testa, capisce e si stringe a me. Trasmettono un documentario sui cristalli di rocca e su come alcuni di questi crescano e prosperino solo al buio e all'ombra. *Cristallizzazione.*

D'un tratto gli occhi di Vincent si riempiono di lacrime. Non emette il minimo suono e continua a fissare lo schermo, come se volesse tenermi nascosto il suo dolore. Lo abbraccio e solo allora scoppia davvero a piangere.

«Manca tanto anche a me» continuo a ripetere.

Dopo un po' si calma e si addormenta. Non guardo più la TV, ma solo lui. Vecchie immagini mi passano di nuovo davanti agli occhi: io, solo nella camera del collegio, dopo la morte dei miei genitori, ancora con la neve nei capelli. Io all'intervallo, in preda all'insicurezza, mentre osservo gli altri bambini giocare in cortile. Io che desidero solo andare via, via, via.

Porto Vincent a letto, lo copro bene, sento un profondo affiatamento. Mi rivedo tanto in questo ragazzino da farmi male.

*

Nel tardo autunno vado a trovare Liz a Berlino. Ha definitivamente lasciato il suo posto di insegnante, ha in mente di scrivere e illustrare libri per bambini. Mi pare un'ottima idea, soprattutto quando vedo i primi disegni e i primi schizzi. Marty e io le abbiamo comunque assicurato il nostro appoggio finanziario.

«Non ti sarai pentita di esserti licenziata?» chiedo.

«Neanche un po'. I miei allievi non mi mandavano più lettere d'amore. A quel punto ho capito che era ora di smettere».

Liz si è trasferita in un appartamento a Kreuzberg, si è disfatta della maggior parte delle sue cose. Scatolette e cassettoni, bambole e pupazzetti, tazze asiatiche e brocche africane. La sua nuova casa è chiara, luminosa e vuota. Solo in cucina c'è ancora una vecchia foto dei tempi del collegio. Ci siamo io, sul finire dei tredici anni, minuscolo e trasognato; Marty sedicenne, uno spilungone con il soprabito di pelle e i capelli lunghi; infine Liz diciassettenne che, con un mozzicone tra le labbra, da sotto il cappuccio della sua felpa verde guarda fisso l'obiettivo con aria ribelle.

«Mi dispiace aver tagliato la corda» la sento dire. «Vorrei tanto essere la sorella maggiore che bada sempre ai suoi fratelli. Invece ti ho mollato già ben due volte, due volte di troppo. Non posso sfuggire a me stessa, ecco tutto».

Distolgo gli occhi dalla foto. «È tutto a posto».

«Tu dici sempre: 'È tutto a posto', ma puoi anche lamentarti, una volta tanto. Non è a posto un bel niente, a pensarci bene».

«Forse. Ma non serve dirlo».

Annuisce. «Ah, ci vado a letto».

«Con chi?»

«Con chi vuoi che vada a letto?»

Non ci arrivo, davvero.

«Con Toni».

Al primo momento è tale la sorpresa che riesco solo a lanciarle un'occhiatina beffarda. «E perché proprio adesso, all'improvviso?»

«Perché voglio un bambino».

«E tutto il resto...»

«Non c'è nessun resto, mi serve solo per procreare. Lo so che suona strano, visto che una volta ce l'avevo a morte con tutta la storia della maternità e sostenevo sempre che il sesso è una cosa selvaggia e soprattutto che dev'essere divertente. Ma adesso è tornato a essere anche quello per cui forse è stato inventato».

Faccio per ribattere, ma lei mi fa segno di tenere la bocca chiusa.

Non mi stupisce dunque che Toni in questi giorni sia particolarmente euforico. Quando lo metto in guardia da eccessive speranze, fa un cenno noncurante.

«*You can't be wise and in love at the same time*».

«Chi l'ha detto?»

«Bob Dylan». Un gran sorriso gli traversa la faccia.

«Però sai che lei non ti ama».

«Mi amerà, forse, una volta che ci sarà il bambino». Toni mi dà una piccola gomitata. «Tra l'altro, trovo bello che abitiate tutti insieme».

«In effetti la cosa mi ricorda un po' il collegio. Sto cominciando a pensare che nella vita tutto ritorni».

«Il collegio... Come si chiamava quel localino dove giocavamo sempre a biliardo?»

«Jackpot».

«Giusto, Jackpot. Come fai a ricordarti tutto? Ho l'impressione che tu non dimentichi niente». Toni indica la mia fronte. «Tutto chiuso lì dentro».

'Sei uno che ricorda e fa tesoro, non puoi fare diversamente' mi aveva detto Alva anni addietro, e forse è vero. Sua sorella Josephine e le capriole prima di addormentarsi, mia zia Helene, la nonna arcigna, vecchi compagni di scuola, conoscenti sparsi, il mio ex capo nella casa discografica e naturalmente anche Norah: nella mia testa c'è un vero e proprio regno con tutti questi compagni di strada, spesso semidimenticati. Voglio salvarli tutti prima che spariscano, altrimenti ho la sensazione che non siano mai esistiti.

E così ricomincio a lavorare al mio romanzo e a riscriverlo. Talvolta temo che possa prendere una piega troppo cupa e so anche che sarà difficile rendere giustizia a tutti, soprattutto a *lei*. In definitiva è questo che mi prefiggo, con Alva: trasformarla in un personaggio letterario immortale. Ma anche se non porterò a termine questa storia, non smetterò mai di scrivere. Perché ho capito una cosa: solo scrivendo posso essere tutti in una volta sola. Tutti i possibili me stesso.

Perché il ragazzino che ha paura di tutto sono io. Così come il bambino spericolato che si lancia in bicicletta da un'altura, si rompe un braccio eppure non si ferma. Io il bambino asociale che, dopo la morte dei genitori, si chiude in un mondo di sogni tutto suo. Io lo scolaro estroverso, amato dalle bambine, con i genitori ancora in vita. Io il teenager che non osa dichiarare il suo amore e sprofonda nella solitudine. Io lo studente allegro, sicuro di sé, sulle soglie della vita. Io lo sbandato che interrompe gli studi e lavora in una casa discografica di Berlino. Io l'uomo che, all'oscuro di quell'impiego, si è trasferito all'estero, dove vive ancora. Io il fotografo, dotato di una determinazione tale da ottenere infine il successo. Lo scrittore che ha fatto in tempo a riconciliarsi con suo padre e quindi non ha dovuto espiare facendo il fotografo. Io ignorato da Alva che, non essendo scomparsa sua sorella, non ha alcun bisogno di me. Io che ignoro Alva, perché dopo la scuola tutto va per il meglio e riesco a dimenticarla. Io che ho trovato la donna della mia vita e l'ho persa troppo presto. Io che sto con lei fin dall'adolescenza, sfruttando appieno il tempo. Io che non l'ho più vista, non ho lasciato Norah e ci ho fatto un figlio. Io che, cresciuto a Montpellier, sposato e senza figli, non ho mai conosciuto Alva.

Tutto ciò sarebbe stato possibile, ma il fatto che, tra le infinite varianti, esclusivamente una sia divenuta reale mi pare già da tempo frutto del caso. A partire dalla morte dei miei genitori ho avuto, fin da bambino, la sensazione di vivere la vita sbagliata. Mi sono chiesto, con più foga ancora dei miei fratelli, quanto le vicissitudini della mia infanzia e della mia adolescenza mi abbiano condizionato, e solo più tardi ho capito che in realtà sono solo io l'architetto della mia esistenza. Lo sono sia che permetta al passato di influenzarmi, sia che, al contrario, opponga resistenza. E mi basta pensare ai momenti con Alva e con i miei figli per capire: quest'altra vita, in cui ormai ho lasciato tracce tangibili, non può più essere quella sbagliata.

Perché è la mia.

*

Come già in passato, Marty a colazione ci legge gli articoli più interessanti del giornale, e ora abbiamo persino un tavolo da biliardo nel seminterrato. «Non è strano che noi due siamo diventati amici?» gli chiedo una sera, mentre giochiamo. «Da piccolo ero convinto che ti avrei odiato».

Per tutta risposta Marty manda in buca la palla verde. Mi dà delle piccole pacche sulle spalle e, in apparenza imperturbabile, mi racconta di uno studente particolarmente dotato. Ma io lo vedo che è a disagio.

«Giusto per saperlo» dico. «Quella volta che mi hanno messo sotto la doccia... Non mi hai sentito davvero?»

«Quand'è stato?»

«In collegio. Ti chiamavo, urlavo, proprio davanti alla tua porta. Mi hai sentito o no?»

Marty si stringe nelle spalle. «Non mi ricordo».

Rido. «Carogna! Ti ricordi, eccome».

Nel suo viso guizza un sorriso che tradisce il senso di colpa, poi Marty manda in buca un'altra palla con un magistrale tiro di sponda.

«Non darti tante arie» dico.

Più tardi siamo di sopra, in cucina, e mio fratello prepara i 'chicken-sandwich' con insalata e maionese, la sua specialità. Mi porge il piatto, poi mette sul fornello un pentolino con il latte.

«Inaudito! Adesso mi fai anche la cioccolata?»

Lui si limita a sogghignare. Con i nostri piatti ci sediamo davanti al televisore.

«Devo ammettere che questo sandwich è proprio superbo». Mi appoggio comodamente allo schienale e do ancora un morso; in TV c'è un film in bianco e nero, Charles Foster Kane entra nella redazione sonnacchiosa del *New York Inquirer* e dà una bella scossa a tutti.

«Jules, ti ricordi quando eravamo nella camera da letto tua e di Alva? Quel giorno avevi saputo che lei era spacciata. Io volevo dirti qualcosa per consolarti, ma non mi è venuto in mente niente».

Annuisco, non l'ho dimenticato.

«Sul momento la cosa mi ha molto irritato» prosegue Marty. «Io sono tuo fratello maggiore, alla nostra età non vuol più dire molto, e tuttavia... nelle ultime settimane ho riflettuto parecchio su quello che avrei potuto dirti. Quando poi siamo andati al salone nautico, mi è venuto in mente. Una sorta di metafora, un po' scema».

Bevo un sorso di cioccolata. «Avanti, spara».

«Dunque... Noi tutti siamo sul *Titanic*, fin dalla nascita». Mio fratello scuote il capo, è a disagio nel fare simili discorsi. «Voglio dire: affondiamo, non abbiamo modo di scamparla, è già deciso. Niente può cambiare la situazione. Ma possiamo scegliere se gridare e correre di qui e di là in preda al panico, o se fare come gli orchestrali, che continuano a suonare, con coraggio e dignità, benché la nave coli a picco. Proprio come...» Abbassa lo sguardo. «Proprio come ha fatto Alva». Mio fratello vorrebbe aggiungere qualcosa, ma si limita a scuotere il capo. «Scusa, proprio non sono bravo per certe cose».

*

È solo con lentezza che familiarizzo con la morte di Alva. Intanto mi sono iscritto all'università e seguo lezioni di filosofia e anglistica, mentre di notte vado spesso in giro. La mia nuova compagna è l'insonnia e così, spesso, dopo mezzanotte, mi aggiro tutto solo per il quartiere. Le mie scorribande mi portano di frequente in un certo caffè, uno dei pochi ancora aperti a quell'ora tarda. È di buon gusto, discreto, al pianoforte c'è un signore anziano che improvvisa. «Ah, ecco qui il fan di Gershwin» dice quando mi vede, perché l'ultima volta l'ho pregato di suonare qualcosa di George Gershwin. Gli faccio un cenno con il capo, poi torno a osservare i pochi avventori che si ritrovano lì, notte dopo notte, e mi chiedo perché non siano a casa. Tutti hanno la loro storia, i loro motivi, e io vorrei indovinarli in segreto.

In questo periodo non vado più molto spesso a trovare Elena nel suo studio, ma in compenso andiamo di tanto in tanto a passeggio nel Giardino Inglese.

«Pensi spesso a lei?» mi chiede un giorno.

«Sì» rispondo immediatamente. Poi rifletto. «Ma non più così spesso come mesi fa. Ci sono momenti in cui la dimentico, e poi ci sto male».

«Non dovresti» dice. «È importante che inizi a guardare avanti. Vincent e Luise avranno bisogno di te, nei prossimi anni. Si faranno degli amici, entreranno nell'adolescenza, si innamoreranno, avranno qualche difficoltà e cercheranno aiuto. È questo che ti aspetta. E tu te la caverai bene».

Mentre parla mi rendo conto che Elena ha ragione, come accade spesso. Il passato sbiadisce a vista d'occhio, ma anche il futuro è ancora lontano. Posso solo pensare al momento presente, ai miei figli, ai loro problemi a scuola o al mio compito di tirarli grandi. La mole dei loro bisogni torreggia talmente smisurata davanti a me che stento a riconoscere cosa vi si celi dietro: il mio invecchiare. Un pensiero tranquillizzante, in qualche modo.

Mi fermo e le prendo una mano. «Forse non ti ho mai detto quanto mi renda felice il fatto che tu ci sia» dico. «Vorrei tanto trovare il modo di ringraziarti, per tutto. Hai salvato mio fratello, e i miei figli ti vogliono bene».

Elena si ferma a sua volta e si libera la fronte dai capelli. «Quando a suo tempo sono venuta a sapere che non potevo avere figli, qualcosa in me si è spezzato. Naturalmente ho accettato questa realtà, ma ho temuto che avrei patito in eterno una mancanza. Una perpetua, sorda sensazione di lutto. Tu e i tuoi figli avete fatto in modo che questa sensazione pian piano si dileguasse».

È un dialogo piuttosto solenne, noto divertito, come se ci fossimo scambiati un importante attestato. Io le faccio ancora un cenno di assenso, poi proseguiamo. Mi accorgo che sto meglio.

*

Il Natale lo passiamo a Monaco, oltre a Liz e a Toni viene anche il padre di Alva. Quando vede i nipoti, rifiorisce. Addobba l'albero insieme a loro e descrive di ottimo umore un'arrampicata spettacolare sul Monte Bianco, ma subito dopo lo vedo seduto sul divano, ammutolito e assente. Nel momento preciso in cui faccio per avvicinarmi, Elena si siede accanto a lui e intavola una conversazione.

Annuncio ufficialmente che cucinerò per tutti e passo il resto della giornata in cucina. Solo i miei bambini hanno il permesso di tenermi compagnia.

Vincent si annoia presto e scappa via, mentre Luise mi guarda con interesse.

«Che cosa stai facendo?»

«Farcisco il tacchino. Questo è il ripieno».

«E cosa ci metti?»

«Datteri, peperoncino, cipolle, un po' di salvia e di pepe... Vuoi farlo tu?»

Le insegno come si fa e, visto che si diverte, le mostro anche un paio di altre cose. Passiamo ore e ore in cucina, Luise mi aiuta a fare la salsa verde e il pasticcio di patate e più tardi anche il 'dolce irresistibile'. Io resto a osservarla e mi commuovo, ma lei pare non accorgersene, sfreccia verso il frigorifero, torna indietro di corsa e fa sciogliere il cioccolato in un tegame, sorvegliandolo con occhio attento. Mi torna in mente mia madre, quando preparava quel dolce, e di nuovo penso: tutto torna.

Non accade più tanto spesso che mi catturino immagini del passato, ma quando succede resto ogni volta sorpreso di quanto la luce del ricordo dia risalto a determinati momenti. Una normalissima sera dei tempi del collegio diventa a posteriori un'avventura magnifica. Mi vedo accanto ai miei compagni sulla riva del lago, beviamo e sbeffeggiamo uno di noi, immaginiamo il futuro. La mia memoria tuttavia mi sospinge più vicino agli altri di quanto in realtà io fossi, mi colloca amorevolmente al centro degli accadimenti. D'un tratto rido spensierato con i compagni, eppure so che ci sono stati momenti ben diversi. Tuttavia ho la precisa sensazione di essere stato felice. La memoria è un giardiniere paziente, e il minuscolo seme che ho piantato quella sera nella mia testa è cresciuto nel corso degli anni, divenendo un ricordo lussureggiante.

Prima di aprire i doni cantiamo, gli adulti scambiandosi occhiate autoironiche, i bambini con candore, felici; dopo cena, quando a tavola ci crogioliamo sazi, Toni fa un paio di giochi di prestigio. Trasforma carte da gioco in banconote, poi prende una forchetta dalla tavola – la mia – e la sfrega finché si lascia annodare come una funicella. Non facciamo in tempo a smaltire lo stupore che Toni già punta lo sguardo sulla sua scarpa sinistra, che ha le stringhe slacciate. Scuote la caviglia con nonchalance e le stringhe si allacciano, come mosse dalla mano di un fantasma, addirittura con il doppio nodo.

«Pazzesco!» grida Marty. «Dicci subito come hai fatto».

Quando, più tardi, mettiamo a letto i bambini, il padre di Alva ci saluta. Dà un abbraccio ai nipoti, breve ma intenso, poi lo accompagno alla porta. «Grazie di tutto» dice prima di avviarsi verso la macchina.

«Forse non sai, ma quando Alva era piccola la cosa che più le piaceva era andare con te a pattinare sullo stagno ghiacciato».

Si ferma.

Per l'imbarazzo parlo a testa bassa: «E tutte le volte che, negli ultimi anni, venivi a trovarci, lei cominciava a essere euforica ed emozionata già con diverse ore di anticipo. Alva capiva la tua sofferenza, il motivo per cui venivi così di rado e perché all'ultimo non ce l'hai più fatta ad andare in ospedale. Ha sempre capito tutto e ti voleva tanto bene, questo lo so per certo...»

Avverto la mano del padre di Alva sul mio braccio e alzo stupito lo sguardo. Per la prima volta in tutta la serata mi guarda dritto in faccia. I suoi occhi sono verdi, non chiari come quelli della figlia, ma molto miti e malinconici. Sembra voler dire qualcosa, ma poi si limita a farmi un cenno.

Una volta partito, lo sguardo mi cade sul cassettone italiano in corridoio, che proviene dalla mia casa precedente. Alva si sedeva sempre molto volentieri su quel mobile: lo faceva come un animale bizzarro, con le gambe raccolte, leggendo assorta nei suoi pensieri, ascoltando musica o discutendo con me. E benché sia stato un Natale bellissimo, il mio umore cola a picco, la vista mi si annebbia. Mi mordo un labbro e ripenso all'hospice in cui Alva ha trascorso i suoi ultimi giorni. In questo momento mi manca così tanto che, invece di andare dagli altri, esco sulla veranda e guardo nelle tenebre. Bagliori di brina sui ramoscelli e sui rami degli alberi, il lastricato ricoperto di un delicato manto di cristalli. Fa freddo, ma non mi importa.

Dopo un po' mi raggiunge Liz. Mi mette in mano una busta rossa. «Il tuo regalo bis. Che porti più fortuna a te di quanta non ne abbia portata a me».

Nella busta trovo una pedina bianca. Una di quelle che si usano per giocare a Barricata. Commosso, cingo con un braccio le spalle di mia sorella.

«Non credere di essere il solo a osservare noi». Liz si appoggia a me. «Anche tu sei sotto osservazione. Ci penso spesso, al mio Jules, e a cosa starà rimuginando, a come starà».

Contempliamo il cielo trapuntato di stelle. A quella vista, un profondo senso di sicurezza si impadronisce di me, per la prima volta recepisco l'indifferenza del cosmo come una consolazione.

Liz mi guarda di sottecchi, la bocca increspata in un sorriso.

«Che c'è?» chiedo.

Non ottengo risposta.
«Avanti, parla, cosa c'è?»
Ma lei rientra semplicemente in casa.
Più tardi, quando tutti dormono e io mi accingo alla mia sortita notturna per raggiungere il caffè, vedo Liz in pigiama, seduta sul divano del soggiorno, che imbraccia la chitarra. Non si accorge di me, sulle prime strimpella a casaccio, ma poi suona le note di una canzone che mi è familiare fin dalla più tenera infanzia. Non ci arrivo immediatamente, ma quando Liz attacca a cantare, la riconosco.

*

È tipico di Liz aver tenuto nascosta la gravidanza per settimane. Marty e io la prendiamo in giro dicendo che sarà la mamma più vecchia del mondo, ma lei replica che è semplicemente il tempo di cui ha avuto bisogno.
Va da sé che Toni sia entusiasta. Solo il fatto che Liz non vada più a letto con lui lo arrovella. «*Mission accomplished*» dice con il suo accento viennese. «È finita la pacchia. Ma non avrei mai creduto di uscirne così provato».
«Già, è davvero stupefacente».
«Spara pure le tue sentenze» mi dice, «io sono comunque convinto che tornerà da me, non appena arriverà il bambino. Magari ne vorrà un altro, e faremo una nuova magia».
«A quel punto avrebbe quarantasei anni».
«Chi se ne frega. Le lancette non corrono uguali per tutti».
L'amniocentesi rivela che è tutto a posto. Sarà una femmina. Soprattutto Luise ne è felice e annuncia che

'insegnerà' assolutamente qualcosa alla cugina, che cosa di preciso non sa dire. Ormai pare aver in qualche modo superato la morte della madre. Frequenta ogni settimana una scuola di circo (e tanta è la sua baldanza che fa la ruota anche a casa), invita spesso a pranzo delle amiche e la sua insegnante mi ha assicurato che è una bambina allegra e benvoluta.

Vincent invece è ancora in mezzo al guado. I suoi voti a scuola sono crollati, parla a stento, gli altri bambini cominciano a evitarlo. Ha solo due amici, introversi come lui, che va a trovare spesso il pomeriggio per giocare ai videogiochi. So che devo assolutamente fare qualcosa perché non diventi chiuso e pauroso come un tempo suo padre.

Comunque il ragazzo è tosto. Vado a tutte le sue partite di calcio. Per lo più sta in panchina e viene chiamato a fare qualche sostituzione solo verso la fine del gioco. Gli altri bambini sembrano tutti più alti, più robusti, più ambiziosi, lui spesso in campo ha un'aria trasognata, cosa che fa andare fuori dai gangheri l'allenatore. Gli viene assegnato sempre il ruolo di difensore, ma non è il suo, perché è troppo magrolino e leggero e si lascia spintonare via dagli attaccanti rivali.

Una volta, però, in un giorno piovigginoso e desolato di fine marzo, viene richiamato di nuovo in campo verso la fine del gioco. Invece di stare nelle retrovie, Vincent si porta sempre in attacco. L'allenatore gli grida di stare indietro, ma mio figlio non sente ragione. Poco prima del fischio finale, un giocatore della sua squadra compie un lungo assolo. Tutti e quattro i difensori avversari gli stanno addosso, una *slapstick comedy*, e all'improvviso Vincent si ritrova solo davanti alla porta. Tira freneticamente, la palla viene respinta dal portiere, gli torna indietro, lui tira di nuovo e stavolta la spedisce in porta. Il suo primo goal in assoluto. Vincent si gira a occhi sgranati, non riesce a capacitarsi di quello che è successo. Gli altri bambini corrono da lui e lo abbracciano, l'allenatore lo loda con una certa reticenza, lui è sempre lì che si guarda intorno incredulo. Poi alza gli occhi verso di me e all'improvviso sorride. Il suo bel sorriso raro, enigmatico e quasi un po' saggio.

Un sorriso che può salvare il mondo.

Gli faccio un cenno di risposta, che però sembra già imbarazzarlo, perché corre via asciugandosi il naso nella manica della maglia.

*

Nelle vacanze di Pasqua vengono a trovarci Toni e Liz: in ossequio alla tradizione vogliamo metterci in viaggio per la Francia. Siamo già in macchina, il bagaglio è caricato. Solo mio fratello tergiversa, come al solito è l'ultimo. A quel punto mi viene in mente che ho dimenticato la palla dei bambini. Corro a casa, e già in veranda sento il ben noto rumore.

Davanti all'ingresso vedo Marty che abbassa concentrato la maniglia, a più riprese, secondo lo stesso schema. Otto volte veloce, otto volte lentamente. È così assorto dal suo tic che per un po' non si accorge di me. Sulle prime si sente colto in fallo, poi si stringe imbarazzato nelle spalle. «Vabbe', ognuno ha i propri piccoli, oscuri segreti».

Ci guardiamo in silenzio.

«Non dirlo a Elena, per favore» dice infine.

«Quante volte lo fai?»

«Sessantaquattro in tutto. Otto è il mio numero fortunato, per cui otto per otto vale il doppio. Prima lo facevo ventitré volte, ma non funzionava. Adesso invece un multiplo di otto. Prima abbasso la maniglia velocemente, per i colpi di fortuna, poi lentamente, per una felicità costante».

Taccio, entro in casa e prendo la palla.

«Sai che adesso devo ricominciare daccapo» dice mio fratello sulla porta. «Mi spiace».

«E agli altri, dove dico che sei finito?»

«Inventati qualcosa».

«Lo sai che puoi sempre parlarne con Elena?»

Marty si limita a scuotere il capo e a sorridermi nervoso. Un guizzo di follia, come scotto della normalità. Torno da solo alla macchina, facendo rimbalzare la palla sul selciato. Intanto sento mio fratello abbassare di nuovo la maniglia.

*

Il sole primaverile batte fulgido sugli alberi. Attratto dallo splendore del paesaggio della Linguadoca, porto Vincent e Luise a fare una passeggiata. Strada facendo vogliono sapere a chi appartenesse prima la casa di Berdillac, perché non parlo quasi mai francese, chi è il migliore calciatore del mondo e se lo zio Toni ha davvero poteri magici ed è stato a Hogwarts, come sostiene. Rispondo paziente, al colmo della felicità per il fatto di averli entrambi con me.

Giungiamo ai piedi di un'altura. «Chi arriva prima!» grida Luise e spicca la corsa. Vincent la segue immediatamente, io lo imito a una certa distanza. Per un attimo parrebbe che, dopo un lungo inseguimento, sia io a dover vincere; gridano tutti e due, quando li sorpasso, ma poi, a un soffio dalla meta, li lascio in vantaggio.

Ridendo e ansimando arriviamo in cima all'altura. Sotto di noi la valle. Quando passiamo davanti alla piccola panca panoramica, i miei figli reagiscono come me e i miei fratelli ai tempi.

«Qualcuno qui ha tagliato un ramo». Vincent ha seguito il mio sguardo e indica il punto ancora scoperto e rigonfio del tronco.

«Lo so» dico. «Probabilmente è stato tuo nonno a segarlo con le sue mani». Non ho voglia di raccontare ai miei figli la favoletta che mi ha propinato mio padre.

«L'ha segato tuo papà?» mi chiede Luise. «E perché?»

Mi stringo nelle spalle, mi coglie un leggero brivido. Luise ricalca più e più volte con un dito le parole incise nella corteccia. '*L'arbre d'Eric*'. Scritte con un coltello da mio padre, più di cinquant'anni prima.

*

Le due settimane a Berdillac trascorrono veloci. Spesso penso a come i miei fratelli e io ci siamo persi di vista dopo l'adolescenza. A come siamo stati costretti a confrontarci troppo presto con la finitezza dell'esistenza, reagendo in maniera del tutto diversa. Mia sorella, assaporando la vita avidamente; mio fratello, esercitando un controllo ossessivo. Eppure, dopo tanti anni in cui ognuno è andato per la sua strada, nei fatti siamo seduti qui, di nuovo insieme, al tavolo della colazione. I posti scarseggiano, i miei bambini litigano, Elena li calma, la voce di Toni risuona allegra per la stanza, Marty fa frusciare il giornale e commenta un articolo,

Liz lo contraddice, cade una seggiola, si alzano delle grida, un mulinare di voci... Sono l'unico, in tutta la tavolata, che sta zitto, che si limita a chiudere gli occhi e ad ascoltare: amo questo trambusto. La solitudine in noi si può combattere solo insieme.

L'ultimo giorno facciamo un pic-nic su un prato. Il sole si riversa da un cielo senza nuvole e scotta sull'erba. I miei fratelli distendono una coperta, l'husky annusa eccitato i sandwich al prosciutto. Nel frattempo i bambini scappano da Toni che li insegue con urla selvagge, strillando di essere un mostro della foresta che vuole acchiapparli e divorarli.

Liz, ormai in gravidanza avanzatissima, sospira. «È proprio un bambinone!» Ma un lieve sorriso si insinua sul suo volto.

Osservo mio figlio che fugge da Toni con sguardo serio, come sempre bravissimo nel dissimulare il divertimento. E mia figlia, che caccia urletti striduli. Stamattina abbiamo avuto un lungo litigio, dato che, con suo gran dispiacere, dopo le vacanze dovrà mettere l'apparecchio ai denti. È corsa in camera sua, in lacrime. È stato uno di quei momenti in cui ho sentito la mancanza di Alva e mi sono chiesto come si sarebbe comportata lei in quella situazione. E al tempo stesso ho riflettuto su un fatto: sarò davvero così diverso, io, nella sostanza, da mio padre?

Luise ora ha dimenticato da un pezzo il litigio mattutino, si nasconde dietro le mie spalle, strillando che devo proteggerla dal mostro della foresta.

Toni si avvicina e mi punta contro l'indice.

«Levati di torno» ringhia con un vocione profondo, contraffatto.

«Fila via, mezza calzetta!» ribatto.

Sento mia figlia ridere, dietro di me.

Toni si avvicina ancora di più, minaccioso. «Un'altra frase così e sei morto».

Sto per rispondere, quando vedo Vincent aggirarsi da solo ai margini del bosco. Mormoro che torno subito e vado da lui.

«Sbrigati, però» dice Toni, «dobbiamo giocare a calcio».

Mi addentro di buon passo nel bosco, dove mio figlio sta spezzando un ramo con gesti indecisi per poi lanciarlo lontano. Gli metto un braccio intorno alle spalle e proseguiamo per un po' insieme. Alla fine arriviamo al fiume sassoso traversato da un tronco, e immediatamente mi risuonano nelle orecchie le ammonizioni di mio padre sull'eccessiva pericolosità di quel passaggio.

Mio figlio osserva il tronco incuriosito.

«Guarda com'è profondo, sotto» dice.

«Più di due metri».

«Pensi che qualcuno ci sia già passato?»

«Certo».

«Non ci credo».

«Be', caro il mio ragazzo, alla tua età ci sono passato spesso». Faccio due calcoli e rido. «Più di trentaquattro anni fa».

Vincent mi rivolge un'occhiata stupita. «Non ci credo» ripete. «Ci si può fare veramente male».

Penso a un verso di Wordsworth: 'Il bambino è il padre dell'uomo'. Guardo mio figlio negli occhi, che ha colmi di terrore, e la mia decisione è presa. Mentre ancora cerca di trattenermi, già salgo sul tronco. Vincent urla di lasciar perdere, ma io metto un piede dopo l'altro. Il tronco oscilla, ho le vertigini e la precisa sensazione della paura che fa blocco nel mio petto. Mi torna in mente Alva che, molti anni addietro, durante la sua prima visita a Berdillac, era passata con andatura lieve e le braccia spalancate. Devo farcela anche per lei.

All'incirca a metà, Vincent capisce che non ha più senso cercare di farmi desistere, e da lì in poi fa un tifo sfegatato per me. Do una sbirciata di sotto, ai pietroni levigati dall'acqua che sbucano dal fiume, e mi vedo di nuovo in ospedale.

Eppure ce la faccio. Una volta di là, guardo mio figlio, fermo sull'altra sponda. Vincent fa di nuovo quei suoi occhioni increduli e sembra per un attimo senza parole. Il ritorno si prospetta più arduo dell'andata, ripercorro lentamente il tronco viscido e una volta sono quasi sul punto di scivolare. Ma so che non c'è via di fuga, perché questo è un momento di semina. Metto a dimora questa scena in mio figlio, e mi auguro che sbocci tra qualche anno, così che lui si disfi per sempre di parte della sua paura.

*

Appena rimetto piede a terra, però, scivolo e cado, sporcandomi la camicia. Vincent mi guarda spaventato, io mi rialzo con un sorrisetto.

«Non è niente». Indico il tronco. «Lo vedi, è stato facilissimo» dico, anche se in realtà il cuore mi batte all'impazzata. Devo calmare il fiatone e riprendermi da quell'impresa azzardata.

Vincent torna di corsa dagli altri, che ci chiamano dal prato, perché vogliono mettersi finalmente a giocare a calcio.

«Giochi anche tu?» mi chiede.

«Tra poco».

Mi fermo all'ombra di un gruppetto di alberi al limitare del bosco e rimango a guardarli per un po'. Toni sta in porta, una porta fatta con due pullover. Mia figlia calcia la palla verso di lui, ma subito se ne impossessa mio figlio. Esegue una triangolazione, tecnicamente raffinata, con Marty, dribbla Elena e tira: la palla si schianta contro la gamba di Toni. Liz accorda la chitarra limitandosi a osservare quanto accade e anche il cane di mio fratello è accucciato in disparte. Di tanto in tanto si fa sentire con un latrato, ma non si muove. Una volta sarebbe di sicuro corso dietro alla palla, ma ormai si è fatto vecchio e flemmatico. Se gli va bene, ha davanti ancora una o due estati. Alla fine avrà avuto una vita piena, mentre un altro cane, molti anni fa, non lontano da qui, è annegato nel fiume. Le cose vanno e vengono; a lungo non sono riuscito ad accettarlo, ma adesso mi riesce improvvisamente facile.

Quando i bambini si accorgono di me, mi chiamano e chiedono se finalmente sono pronto a giocare con loro.

Esco dal bosco.

«Sì» dico spazzando via un po' di terra dalla camicia. «Sono pronto».

Ringraziamenti

Innanzitutto un grazie ai miei genitori. A mio padre per il suo humour e per le mille piacevoli chiacchierate, fonte d'ispirazione. A mia madre per il suo incrollabile buonumore nei periodi difficili e per aver creduto in me.

Grande sostegno ho ricevuto anche da Ursula Baumhauer. Che fortuna averla come redattrice! Un grazie anche a Thomas Hölzl, Anna Galizia e Georg Grimm, a Roger Eberhard, Tanja Graf, Marie Gronwald, Clara Jung, Daniel Kampa, Ronald Reng, Muriel Siegwart, Veronika Vilgis, Daniel Wichmann, Anne Wiebung, Frieder Wittich e Klaus Cäsar Zehrer.

Philipp Keel mi ha lasciato tutto il tempo che volevo per questo libro. La sua fiducia e il suo impegno indefesso hanno avuto grande importanza per me. Un sonoro «*¡Muchas Gracias!*» anche a tutti gli altri della Diogenes, in special modo a Mario Schmuki e a Ruth Geiger, sempre disponibile e presente.

In memoria di Daniel Keel, che mi ha voluto nella sua casa editrice, diventando così una figura chiave della mia esistenza. Quante le cose belle che ho avuto la possibilità di vivere, da allora. Non potrò mai dimenticarle, né mai lo farò.

Indice

Fotocomposizione Compos 90 S.r.l.
Milano

Finito di stampare
nel mese di giugno 2017
per conto della Adriano Salani Editore s.u.r.l.
dalla ELCOGRAF S.p.a.
Stabilimento di Cles (TN)
Printed in Italy